我的囚租人生

All The Houses I've Ever Lived In

Finding Home in a System that Fails Us

租客面試、畸形格局、房東消失⋯⋯

25年租屋經驗如何影響歸屬感，以及對居住文化與家的想像

Kieran Yates 吉蘭．葉慈 ◎著 李斉 ◎譯

獻給所有為家奮戰過和奮戰著的人士

以及我的母親——讓我始終有家可歸的人

目次

序

每個人生來都渴望家。對我而言，家是在我不斷搬遷的歲月裡學會了建立、失去、眷戀的地方。長到二十五歲，我已搬過二十幾次家，我對社群營造、室內設計、政府失能的一切所知，都是我住過的那些地方教我的。

本書每一章都以我的一間故居當引子。它們不是我住過的所有房子，只是其中最能說明居住議題的幾間——每間都揭露了關於住房危機、其政治與歷史，以及今天我們居住方式的某些事。有些嚴格來說甚至稱不上房子，只不過，家和房子在我心中好似成了能互換的字詞。在公宅生活的日子裡，我親身體驗了何謂被國家忽視；以汽車展示場為家時，我明白了住在不是用來居住的空間會發生什麼事；頻頻參加租屋甄選那會兒，我學會在網路上營造自己最好的一面；近距離看見仕紳化（gentrification）冷冰冰的乾淨美學，我意識到多少時候，品味被人們當作槍砲刀械。為寫書進行的研究和報導領我走入各個領域，回溯七〇年代英國的亞裔青年運動、追蹤千禧世代對龜背芋的迷戀，乃至於探討牆壁另一側的聲音如何衝擊我們的聽覺。

本書重點不在每棟房子的樣貌，而在我們如何共同面對不安穩。不過，書中仍會稍稍提及室內的文化史。若說房子的外觀述說著我們的歷史——從維多利亞排屋上倫敦大轟炸的傷痕，到戰後公宅的粗獷主義（brutalist）風格——，那麼房子的內裝則透露了我們的現在。我們向來喜歡窺探住宅內部，看看客廳裡的裝潢擺設、猜猜房屋的年代與價值，打從一九〇八年第一屆「理想家居展」（Ideal Home Exhibition），直到當今名媛金・卡戴珊（Kim Kardashian）為《Vogue》拍攝的居家風格影片，這點從來沒變。政治、社會、經濟陷入大亂的二〇一〇年代，許多人的家換上了淡泊的灰。疫情的禁足令下，人們於牆上繪出拱門，營造逃脫的幻覺。當商品化的女性主義成為新主流，千禧粉紅攀上了我們的牆面。構成我們居所和居家生活的種種細節，像個裝滿居住故事的寶箱，裡頭有偌大的窗、仿絨屑填充的浮雕壁紙、淡奶黃的木蘭色油漆、寶藍的絲絨沙發，每樣我都曾鍾情一時。

想寫這麼一本關於家之意義與構成的書，不光是因為許多關於家的著作都只談中產階級生活或勞工階級白人對於公營住宅（council housing）的經驗，也是因為我們的社會仍然缺乏坦白的對話，討論在這個國家四處搬遷的真實感受，以及沒有固定「家園」者面對的不安穩。搬遷有許多形式，文化脈絡上，有著游牧根源的吉普賽／羅姆人／旅行者（Gypsy, Roma, Traveller）族群之遷移，顯然不同於租金或房東變動導致的徙居。然而，我希望透過本書探討搬遷的感受，以及我們留戀故居的某些原因。我們住在我們身處的空間裡，那些空間給了我們一些什麼，我們也給了它們一些什麼。

這本書是寫給所有擔心過還有多久要搬家的人，所有嚮往過某些物品——粉彩香氛蠟燭、IKEA燈罩、印花壁紙——又為這種嚮往愧疚的人，所有曾被房東禁止粉刷牆壁、參加過租屋面試，或者單純為繳房租痛苦過的人。它是寫給所有買過房子並對此五味雜陳的人。寫給比例愈來愈高為住處焦慮的人，也寫給擁有安穩居所的人。寫給所有盼過、住過、築過、愛過某個家的人。

這也是一本呼籲行動的書，呼籲抵抗和積極作為，透過出席社區會議、寄信給國會議員、建立臉書社團、發行小誌（zine），為所有曾經覺得自己太渺小、太無力的人們賦權（empowering）。我們每個人都能做些什麼，聲援住房危機下首當其衝的人們——被迫搬進危樓的跨性別者、受到房東集體歧視的黑人社群、除了流離別無選擇的移民。公平的居住權對人人有益，對社會有益，對你我有益。因為居住問題關乎正義。

我搬家的次數或許比大部分人多一點，但這樣的經驗並不特別。我們都渴望有個家，而我們生活和尋家的許許多多經驗，都深深地被二〇〇八年金融海嘯、十年多的保守黨執政、當前的氣候危機與全球疫情形塑。沒有藉口能正當化住房危機，它是我們容許資本主義的獲利動機（profit motive）肆虐之直接結果，依附在一個神話上——只有特定人群可以享有安穩的生活，只有特定人群才有資格在一個空間有限、資源有限的國家取得居所。我們能從誰被排除在外，看見滲透整個居住體系中的種族主義、階級主義、跨性別恐懼和健全主義。這些是令人坐立難安，卻必須承認的真相。承認之後，方能真正開始理解它們如何衝擊我們生活的方方面面，包括居住地景。

一九一九年，英國通過了《艾迪森法》（Addison Act），保障國內最弱勢的某些群體擁有平等的居住權。住過西倫敦公營住宅的我，也是受惠於艾迪森夢想的一人。然而百年後的今天，我們的社會離平等依然遠得叫人心急。根據全國住房聯盟（National Housing Federation）的統計，全英格蘭有八百四十萬人住在負擔不起、不安全或不宜居的家裡。我們身陷住宅品質低落、流氓房東橫行、仕紳化失控的危機之中。

從事報導工作多年，我曾有幸走進英國各地人們的家裡。他們與我分享故事，讓我看他們心愛的小擺飾，告訴我一塊蕾絲圓墊、一條窗簾、一片LV窗戶貼花的價值。有段短暫時期，我為關注居住問題的慈善機構「庇護所」（Shelter）發行的雜誌《此地》（*Here*）工作。在那裡，我初次體會到兩種動機間的衝突，一邊是希望讓居住成為人權的倡議者，另一邊則是讓一些最脆弱的租屋族幾乎永無安居權利的政府。關於居住的法律素有特別複雜的惡名，縱使影響著所有國人，卻並未設計得讓市井小民能夠看懂。

家從未感覺如此珍貴，或如此岌岌可危。全民的居住權——尤其是勞工階級非白人——乃是一個政治議題。以往可能從沒想過自己有權發聲的族群，如今正學習怎麼在一個不給他們空間的國家裡自己製造空間：學習怎麼讓一個地方更像家園。住房危機持續宰割我們，搬遷在生活中的分量變得比任何時代更重了。英國的人口結構正在轉變，來自全球的多樣族裔於此築居。與此同時，房價卻使穩定的長期住處對於整個世代而言遙不可及，社會住宅（social housing）的安全網更是淒慘地、緩慢地被磨損殆盡。

本書中，我一方面會以新聞工作者的角度，報導英國各地的故事。另一方面，我某程度上也算一個案例，始終不會完全消失在這些故事裡。我關於居住的經驗，許多都糟糕到滑稽可笑（事後想來），所幸總還有一些喜悅，使那些歲月不至於徹底貧瘠。本書會將「擁有家」和「追尋愛」視為生命不可或缺的部分，並且援引「自我照顧」（self-care）的概念——在本書中，這指的是人可以自己去找到和界定任何形式的家，作為一種抵抗的方式。面對著住房危機對我們愈來愈嚴重、愈來愈殊異的影響，共同發現家的快樂並且試著一起反擊，就像最療癒傷痛的膏藥。

過去曾有、未來也會有無數關於家的文字。我們都想找到家。移民家庭的孩子天生容易成為游牧者。貧富差距、國家忽視、市場動盪也造就了許多都市裡的牧人。這個故事敘述了當這一切都發生在你身上，你會遭遇什麼。它既是個傷心故事，也是個愛情故事。搬家可能成為慢性壓力的源頭，但也是重新開始的契機。它教給我最重要的一件事是在家的小小角落裡發現美——油漆剝落處纖巧脆弱的捲子、公宅薄牆之間迴盪的響聲。我們都四處遷徙過，在住過的那些房子裡尋得了構成我們的故事。以下便是一些我的故事。

貝里斯福路：追溯家的運動史

我來自一個愛做夢的家族。在北印度旁遮普邦的霍希亞普縣，有個叫巴荷瓦（Bahowal）的小農村（人口：一千二百九十八人）。我的阿公（nanaji，旁遮普語，母親之父）住在那裡，天天做著白日夢，幻想關於未來的可能。他最喜歡的聲音是多爾鼓（dhol）原始、渾厚的咚咚聲。這種木頭、金屬和皮革做的圓桶雙頭鼓，可以像個娃娃一樣背在胸前，低音重得足以喚醒沉睡的歷代先人。阿公告訴過我他為何喜歡那種聲音：「聽起來像在醞釀什麼。」他微微一笑。那是做夢者的主題歌。

阿公還是個瘦削、樂觀的小伙子時，住在一棟土磚造的房子裡。磚頭散發陽光曬乾的熱土香，混合了泥巴、竹子、稻草，砌成兩公尺高一點的一大間平房，展示著造屋者的才華。蓋那棟房子是阿公爸爸的夢想。他在田間工作，養育十一個孩子，盼望他們出去逐夢，離開小村的

粗重農活。阿公二十二歲那年如爸爸期待的離開了故鄉，因為年輕的他也醞釀著什麼。

阿公在六〇年代初期來到「英國」（Yookaay），在隆冬當中抵達西倫敦的紹索爾（Southall），冷得骨子發寒，一心想在此落地生根。這種常見的老夢有許多名稱：「海外打拚」、「爭取一席之地」、「給下一代更好的生活」。它源自於一種歷史悠長、滿懷希望、甚少被承認的對平等的追求。南亞人已在不列顛生活了四百多年，但五〇年代以來，紹索爾尤其成了移民的大本營（甚至一度是印度境外最大的旁遮普社群，還得了個「小旁遮普」的別名）。這裡鄰近希斯洛機場，附近又有不少工作機會，例如沃爾夫（R. Woolf）橡膠工廠。據說他們的總經理曾在英印軍中與錫克（Sikh）❶士兵並肩作戰，所以十分歡迎印度兄弟。

我阿公在希斯洛機場擔任行李員。他和朋友兩人合租一室，住在紹索爾的瑪格麗特夫人路（Lady Margaret Road，紀念亨利七世之母）。那路名似乎提醒著初來乍到的人，莫忘了這個國家骨子裡的君主優越意識。雖然比鄰機場，又據傳是全倫敦印度優格飲（lassi）最好喝的地

❶ 譯注：信奉錫克教的族群，傳統上不理髮、不剃鬚、男子纏頭巾。錫克教十五世紀末發源於旁遮普地區，今日全球錫克教徒仍有八成以上住在旁遮普。

❷ 原注：紹索爾迄今仍是南亞裔為主的社區，二〇一一年的人口普查顯示，此區亞裔人口占百分之七十六．一，黑人占百分之九．六，白人占百分之七．五。倫敦伊靈區的紹索爾大道坊（Southall Broadway ward）是全英國白人比例最少的一個區域，共有百分之九十三．七的居民為黑人、亞裔或少數族裔。

方[2]，但紹索爾最吸引人之處在其低廉的房價。阿公得益於此，也得益於許許多多前人驗證過的成功模式：經由某個表親幫助來到倫敦、找到工作、租個房間、把我阿嬤（nanji）接來、生養五個小孩，在有錢買房之前都擠在狹小的租處度日。靠著阿公的薪水和阿嬤縫紉副業的補貼——她自己做精緻的紗麗服來賣——，他們在六〇年代末終於存夠了錢。一九六八年我媽媽出生時，一家已經住在新宅裡了。這裡的家支撐著別處更大的家，每一分多的錢，都會被寄回巴荷瓦。一年一年過去，阿公的印度老家慢慢多了鋼筋混凝土牆、鐵大門、玫瑰雕花欄杆，還有三間臥房。

於是，在我們家族的想像中，貝里斯福路（Beresford Road）逐漸大過了一間房子。它成為魔法和驚奇的代名詞，像閃閃發光的綺想，在七〇年代倫敦的慘澹背景前化為現實。房子本身其實平凡無奇，只是另一棟有著凸窗和紗簾的制式排屋（terraced house）。如果這些排屋感覺起來到處都是，那是因為事實如此。它們擁有好認的三角屋頂、弧形的客廳窗戶。大蕭條後的一九三〇年代，倫敦築起了數以千計這樣的房子。當時相對便宜的新造屋方法，加上低頭期款的貸款可能，使住宅建築業蓬勃發展，並在三〇年代中期達到巔峰，每年約可造出三十五萬戶（約為今日之兩倍）。[3]

那條路上只有少數白人家庭，其中兩戶正巧就是我們的左右鄰。左邊是依索（Ethel）家。她是一位獨居的老太太，經常請我們幫忙，從路旁各種樹上把她的貓救下來。右邊住著友善的一家人，總是用著迷的眼光打量我們。那家的爺爺強森先生（Mr. Johnson）是位熱情的可愛木匠，為了稱呼方便，他自告奮勇為我們家半數成員起了小名。這就是我舅舅穆克比（Mukhbir）神祕地被喚作弗雷的原因。

走進我阿公家，你會先來到客人專用的前廳。前廳的招牌是臺桃花心木外殼的根德牌（Grundig）收音機，時而播放旁遮普歌曲的唱片，時而收聽黎明廣播電臺（Sunrise Radio）的新聞，歡快的電臺主題歌拖得老長，迴盪在房間裡。再沿走廊前進，才是家人常用的飯廳，裡頭有仿皮黑沙發、玻璃咖啡几，還有開向花園的落地窗。廚房的一塊空間被挪出來擺雙槽洗衣機，一個大冷凍櫃因此坐鎮在樓梯頂的平臺上，打開掀蓋式的冰箱門，裡面塞滿蒜泥和洋蔥丁。如果上樓去，你會看見浴室，聞到凡仙洗髮精（Vosene）和帝國皮革肥皂（Imperial Leather）的藥草香。經過主臥室之後，先是我舅舅睡的小房間，然後是家中四姊妹的臥房（她們名叫蘇賓德、雅賓德、妲賓德、芭賓德〔Sukhbinder, Jasbinder, Dabinder, Balbinder〕——這是我們家的繞口令）。我媽媽小芭和雅姨合睡一張雙人床，另外兩個阿姨睡上下鋪。房裡還有一臺她們四人共用的小唱片機，用來聽Jackson Five、Blondie、Bananarama，以及據我所知，一大堆ABBA的唱片。多年後，這棟房子將成為我學步的地方。

❸ 原注：不少排屋外觀已被改造過，貝里斯福路兩側的房子也是。窗框換成了白色uPVC，門窗周圍或部分外牆刷上了米色水泥，試圖掩飾那些婚禮或排燈節時，掛燈串留下的小孔（但未必很成功）。

阿公在樓梯下方替阿嬤建了一間小工作室，她會帶著她的勝家牌（Singer）縫紉機坐在那裡，頂著頭上微弱的燈光，配合三角形的空間彎腰製衣。我孩提的記憶中，若在那兒找不到她，阿嬤就會在焦糖色瓷磚的廚房裡，手指沾著淺黃的雞豆粉團，靈巧地於熱油和柔軟的粉丘間轉來轉去。廚房小得幾乎只容她伸直雙臂，我則跟在她腳邊，待上好幾小時看她精湛的展演。整棟房子裡，我最喜歡的房間是那纖塵不染、難得一用的前廳。因為幼小的我深深為一樣獲得殊榮並被放在咖啡几上的物品著迷。那是一個金塑料與黑絨布做的面紙盒。我阿公從巴荷瓦帶來的。

就當你的人生是真金做的

每個家裡，都有一些能帶我們跨越時空的小東西。我自己家裡的這麼一樣東西，是一個和阿公家類似的面紙盒，彷彿一段衰頹史的紀念品。今天許多南亞人家裡的面紙盒，是過去以貴重金屬製作的飾物之復刻版，改用比較廉價的原料，在工廠大量生產。這些盒子表面飾有仿絲絨的布，通常不是黑、紅，就是海軍藍。布料上鑲著藤蔓或花草造型的精緻塑膠浮雕，塗得黃澄澄，模仿印度22K金的顏色。出廠後又被運到世界各地販賣，讓想要的人都能為生活添點奢侈感。

小時候，我總是好奇又敬畏地打量阿公的面紙盒，覺得那是一塊不知從哪挖來、特地為我們雕好的真金。某次，有人送我一支金色筆，我努力試了一番，想把家裡其他不起眼的東西——螺絲釘、椅子、門框——也用我的點金術變成黃金。不過，雖然那些面紙盒的外觀能騙倒一個孩子，聲音卻洩了它們的底。若用壓克力材質的美甲片敲敲它們，就像現在我時常做的，盒子不會發出清脆的叮，只會傳出空洞的喀噠喀噠。我們的聽覺風景形成得較早，而且緊密關係到生活的室內環境。我幼稚的雙眼深受矇騙，以至於有段時期，我還以為那種喀噠喀噠真的就是黃金的聲音。幾年後，我才意識到盒子材質和我媽媽的金鐲子不一樣，後者我確實知道是很珍貴的。

這些面紙盒怎麼會來到英國，背後故事不太容易釐清。南方世界依然爭奪著它們的所有權，但目前看來，它們似乎最有可能源自一五二六年到一八五七年統治印度的蒙兀兒帝國。蒙兀兒帝王喜歡將裝香水的金屬盒或放檳榔菸草的小罐兒，用華美的布料和寶石裝飾，將宮廷變為豪奢舒適的居所。有些探討這類盒子起源的研究認為，它們可能是經由闊綽的印度大君（maharajas）[4]流傳下來。十八世紀初，這些君王會用類似的盒子裝擦手的巾帕。到了工業化腳步加快的十九世紀，人們可能發現了這些漂亮的小玩意，開始大量複製它們。也有歷史學者認為是英國總督找到這些盒子，將之從印度偷回倫敦的家中，好讓客人驚豔，直到它們不再流行

[4] 譯注：梵語對帝王的一種稱呼，意為「偉大的君主」，泛指印度王公。

為止。若上述推測為真，這些五鎊一個、裝便宜面紙、全球各大城市、市場都能找到的盒子，每個都承載著五百年的歷史。像這樣的物件，述說著某些關於我們是誰、我們來自何方的訊息。套用我最喜歡的社會學家席瓦南丹（Ambalavaner Sivanandan）的一句話：金面紙盒來到這裡，因為我們曾在那裡。[5]

古埃及的葬禮傳統中，金被認為與神祇相關，可作為一種凡間通向天界的渠道。印度與金的關係較為特殊，重要原因之一是此地豐厚的自然資源——近期研究指出，印度仍有約十億公噸的金礦。在有「黃金之地」稱號的印度，金是歷史暴力的一個源頭。具體而言，英國人到此挖掘了皇宮和神廟，許多殘破的傷痕今日仍然可見。印巴分治時，女人們將金飾深埋在屋子或附近的地面下，期盼衝突結束之日回來收取，卻從未等到這麼一天。多年後的現在，許多珠寶都已被掘出，旁遮普名符其實成了藏滿黃金之地。阿姆利則（Amritsar）的錫克教聖地是座被金箔覆蓋的金廟。廟的照片掛在許多旁遮普家庭客廳的相框中，幾乎總是從同一個角度拍攝，看起來就像我每次實地走訪的感覺——彷彿想像的幻影。

英國各地旁遮普家庭的審美品味，有一部分來自移民之間的互助網絡，我的第一個家也不例外。除了金色塑膠飾物，大家還會把毯子和桌布轉讓給新來的人們，協助他們打造居所。小一點的時候，在不同的家裡一再瞥見同樣的桌布，我總會不可置信地多瞧兩眼。後來我才了解，那是一種制服，必要時，也能變成一種鎧甲。（當然了，預設英國白人的家和移民後裔的家完全不同是非常荒謬的。畢竟，住在伯明罕（Birmingham，位於英格蘭中部）近郊一座公宅的我媽媽與她的白人鄰居們，屋內就擺滿一模一樣的掛毯，都是趁著同一次B&M家居打折時買的。而那些長輩傳下、壽險公司送的金色旅行鐘，似乎超越了任何文化框架。我也見過不只幾戶力爭上游的移民，用中產英格蘭（Middle England）❻喜歡的「live, laugh, love」標語裝飾牆壁。）

這類物件特別有趣，因為它們能夠影響品味的階級政治。勞工階級家庭的裝潢擺設，可能因此混合與借取正往中產階級轉移的家庭的東西，直到創造出某種好似一致的美學。許多社群為特定家飾賦予了國族認同的涵義。在英國，一條粉紅或藍色的Cath Kidston小碎花擦手巾是有意義的，經常代表一種優越的英（ㄅㄞˊ）式（ㄖㄣˊ）居家品味。這些物件提供一套一致的語言，讓人們更符合社會常規。邊緣社群裝飾房屋的動機則與此不同。當周圍的人都和你不一樣，你自然會希望至少家能反映出你是誰。

南亞美學中，有些更功能性、用於維護和保護家具的用品一直留到了今天。包括浴室裡的洛塔水罐（lota，一種清潔用的水罐，歷史可溯至西元前二千三百年）、鋪在桌上的印花塑

❺ 原注：「我們來到這裡，因為你們曾在那裡」（we are here because you were there）被認為出自席瓦南丹。他是種族議題方面，英國最重要、最具影響力的馬克思主義者之一。

❻ 譯注：一個有政治經濟意味的標籤，通常指住在英格蘭非都會地區、生活安穩、思想保守的中產階級。

膠布、走廊地毯下的泡泡墊（用來止滑）、遙控器和沙發的塑膠套（會發出有特色的吱乖吱乖）[7]、藍黃紅等色的豔麗門簾（在印度原本是防蚊用的），還有堆在衣櫃頂和床底下的皮箱（隨時可以走）。

心理學家將人們家中的懷舊物件分為兩類：「個人物件」與「連結物件」。「個人物件」是指能帶我們回到過去某個時空的一些東西。好比一個蜜月旅行時買的馬克杯，或一個小時候在奧爾頓塔樂園（Alton Towers）得到的鑰匙圈。看見那個鑰匙圈，你就想起去遊樂園玩的那一天。「連結物件」則不同，它們喚起文化或祖先記憶，將我們帶到某個遠方去。我們可以用一塊蕾絲圓墊（doily）的例子來說明。這是一種保護家具或為科技添上人性色彩的裝飾品，據說名稱來自十七世紀倫敦的一位布商。牙買加家庭經常使用這種飾物，你在布里克斯頓（Brixton，南倫敦的小加勒比海區）的市場花三．五鎊，就能買一包五個。然而，看見咖啡几上的蕾絲圓墊，你並不會想起上市場採購的那個平凡雨天，而是彷彿與某個更廣泛的時空相連。也許你心中浮現兒時的炎熱午後，你坐在京斯敦（Kingston，牙買加首府）的家裡，看著牙買加電視臺（TVJ）的節目。這些「連結物件」將無形的記憶化為有形的東西，將我們對家鄉的幻想詩篇寫進我們的客廳裡。

容易替換和複製的「連結物件」，珍貴卻又處處可得，我們能藉此確保自己永遠不會失去它們帶我們回到的那個地方。對於家鄉只存在想像中的人而言，這類物件的意義變得格外重大。例如家園已變樣的戰爭難民、不敢返鄉的無證移民，或者與父母的國家失去連結的孤兒。

我朋友哈妮（Hani）有個高嶺土做的白色小香爐。那種爐叫達布卡（dabqaad），是用來燒乳香（uunsi，英文：frankincense）的傳統器皿，她堅稱無論在英國或世界各地，「基本上，每個索馬利人家裡都會有。」❽達布卡爐通常刻有美麗的紋飾，爐上挖出鑵狀的開口，人們會將燒熱的木炭置於爐中，再將乳香擺在炭上。用它燃起香，室內會溢滿芬芳，以濃郁的感官感受勾起你對家的懷想。這些小爐子也述說著關於它們產地的故事。索馬利蘭是世界主要乳香輸出國之一，人們引進這種樹脂來製作香水和香，達布卡爐也跟著貿易商，從非洲之角（東非的一個半島，形似犀牛角而得名）來到了西方市場。然後它們以此類神聖器皿常見的方式旅行——塞在一只超重的皮箱裡，或裝在某個用FedEx、Mailpac、DHL寄給親友的包裹中。乳香在世界各地的屋裡點起，飄進格拉斯哥、盧頓（Luton）、貝德福（Bedford）和史多英國城鎮住宅區的路人鼻子裡。在這些移民被妖魔化、被嫌占空間的地方，將香氣送到街上，就像某種大快

❼ 原注：二〇〇八年歐巴馬的競選活動中，蜜雪兒．歐巴馬曾赴南卡羅來納州一個教友多為黑人的教會演說，在演講中提及「那些家具上有塑膠套的親戚們」。許多評論家認為她那場演說贏得了不少原先存疑的黑人好感。

❽ 譯注：索馬利人（Somali）是居住在非洲之角（又稱索馬利半島，見後述）的民族，今日主要分布於索馬利亞（Somalia）與索馬利蘭（Somaliland）兩個國家。索馬利蘭曾為英國殖民地，後來與索馬利亞合併又脫離，但後者不承認其主權，因此現在還是一個未獲國際承認的民主國家，和臺灣互相設有代表處。

人心的大膽之舉。哈妮的話也許最適合作為總結。我問她，鄰居會不會抱怨她父母家的煙霧警報器老在響？她說：「不然你以為，我們為什麼都住索馬利人隔壁？」

另一位朋友瑪塔（Mahta），曾讓我拍攝她們伊朗風格的客廳，並在旁解說客廳一定要有拉出式的小小邊桌，「以免突然有多的客人來分享八卦。」她還讓我看了裱框的畫毯和架上的波斯文學藏書：哈菲茲（Hafez）的詩歌集和精裝燙金的《列王紀》（*Shahnameh*）。一位作家同行薇拉・卓（Vera Chok）告訴我，她掛在牆上、從馬來西亞帶來的那幾個黑銀色牛鈴，能帶她踏上一趟回家的聽覺旅行。每次空洞的哐噹哐噹在耳邊將她喚醒，她就好像聽見了「家的聲音」。一位同事為我介紹了糖葫蘆顏色的婚禮人偶和祈求興旺的書法掛軸，那些他祖父母家的小東西能帶他返回中國南方的廣東省。我的幾個迦納友人則在對話群組裡，又敬又愛地談起小時候家裡的蕾絲頭靠（離散交集下的眾多跨文化產物之一），而且都很喜歡印有阿坎族（Akan）無所不在的符號「Gye Nyame」——意為「唯獨神」——的塑膠花園椅。

開始報導此主題後，我見到了更多這樣的東西。二〇一七年，我赴薩塞克斯的西福德（Seaford）採訪阿里・海德（Ali Hayder）。他讓我看他收藏的小木漁船模型，是好幾艘孟加拉傳統的諾卡船（noka）。他說，他只要閉上眼，就能想像拍打西福德海岸的浪是孟加拉海邊的浪，懷念起家鄉和新鮮的魚。在溫布利（Wembley），艾德娜・布朗（Edna Brown）告訴我，熱帶植物對她而言意義非凡。它們令她想起故鄉史特奇鎮（Sturge Town）的芒果與麵包果。那裡是牙買加最早自由的村莊之一。

有時候，人們的收藏紀念著已消逝的什麼。二〇一八年，我到伯明罕的漢茲沃斯（Handsworth）採訪諾兒．阿爾巴里（Noor Al Bari）。兩年前，她以戰爭難民的身分逃離了敘利亞。她向我描述，老家轟炸的時候，她收藏的玻璃器皿在架上猛烈搖晃，全都碎了。去採訪那天，她帶我繞她家客廳逛了一圈，來到當地慈善機構捐助的一個木櫃前，裡頭放滿玻璃器皿。她認真注視我的眼睛，然後揮手比比櫃子給我看。「你看！」她燦爛一笑。「現在完全不會晃了。」

不覺得很俗氣嗎？

二〇二一年四月，我訪問了蘇米特．坎納（Sumit Khanna）。他穿著一件黑T恤出現，灰髮理得很時尚、耳裡塞著AirPods，完全是典型的現代CEO模樣。他的確是個CEO，在總部位於新德里的衛生紙大廠——畢塔紙業（Beeta Tissues）——工作。一九九二年進入公司的他，為了帶領品牌現代化，將客群鎖定在「追求時尚的千禧世代」。畢塔如今已成為不少家庭的愛牌，而且，他們的衛生紙無需裝進另外的面紙盒。「金色是王公貴族的顏色，所以人們下意識喜歡金色，」他對我說，「不過，現在印度漸漸超越那個時代了。」他接著談起他們因應一個更「酷」、設計導向、轉變中的市場推出的新衛生紙包裝。以前人們都會把衛生紙塞進面紙盒，根本看不出牌子。他的團隊在設法解決此問題時，意識到漂亮盒裝衛生紙的商機。「我們有一系列設計借鑑了傳統印度風格，採用孔雀的圖案，取名叫『Mirasa』，梵語『傳承』的意思。」他解釋道。

有時候，社群裡大家真心相信的口傳知識會令你看不清事實。我告訴坎納我對金面紙盒情有獨鍾，聽完，他的回答恰好提醒了我這件事。「對呀，」他說，「但那種盒子挺老派的，不是嗎？」

隔天，我參加了一場線上講座。講者之一是齊娜．夏（Chinar Shah），一位駐點在班加羅爾（Bangalore）的藝術家兼策展人，長期研究印度各地的民居。「那天，她談起黃金過去的種種用途，以及在現代印度，黃金與財富的關係。最後提問時，我請教她對於金面紙盒和鑲金裝潢的看法，她謹慎地沉吟片刻。「黃金到現在還是一種財富的象徵，只不過在新的都會世代眼中，黃金普遍被認為……很俗氣。」她淺淺笑道。

印度人的居家風格持續流變是件好事，這個小小的例子說明了離散族群可能模仿「家鄉的老文化」，使那文化最後被簡化成了多餘的神話。擁有一個鑲金面紙盒或類似物件，你就能緊抓某個時期的印度不放，如同在紹索爾大街上高掛印度國旗一樣，你其實是在吶喊離散——而離散最愛時不時介入我們的家常美感。我喜歡那些仿金物件，因為它們俗氣得如此無懼，彷彿在嘲諷真正的富裕，後者總令我提不起興趣。我渴望的是別的什麼：一個與我家族的連結，使我想起我的家人總能看見一些小東西彌足珍貴之處，儘管它們在別人眼裡可能是不值一提、最終該到掩埋場而非美術館去的量產廢物。但對我來說，每當有隻油膩膩的手為了抽張面紙，伸向我捨不得丟掉的那一大塊塑膠，我都能品嘗一小口美好的家族記憶。

這些物件最重要的是，它們向我們透露了某些事。關於我們父母和祖父母可能思念的那個印度，關於他們如何用這些光鮮亮麗的小東西轉移注意力，以便別去想屋外的負面事物。我阿公六〇年代拋在身後的那個印度，只是印度的其中一個版本，存在於快樂靜止的時間真空中，當寶萊塢明星都還很樸素，人們能在熟悉的田間跑來跑去，而回到家（至少某些人的家），桌上總放著金面紙盒。

家園之戰的戰區

貝里斯福路是住宅區最外緣的一條街，再往外就是漢布勞酒吧（Hambrough Tavern）。如果你拐進二十七號右邊的巷子，穿過五十公尺的短巷，然後左轉，直走一分鐘到橋頭，你會看見那不起眼的場址仍在那兒，為一段反抗史作證。

七〇年代間，許多極右派的法西斯白人——例如國民陣線（National Front）黨人——會在龐克搖滾樂風「Oi!」粗嘎鞭笞的音樂中尋釁傷人。一九八一年七月三日星期五，一個叫「4-Skins」[9]的光頭黨（skinhead）樂團，預計帶著他們的眾多新納粹樂迷，來漢布勞酒館開這種樂風的演唱會。附近南亞居民擔心淪為種族暴力的受害者，央求酒館老闆回絕，別讓這些會痛毆移民的人來辦活動。長話短說，酒館老闆並未答應。結果那天，距離我阿公家不過兩百公尺的漢布勞酒館發生一場大火，引燃了英國史上最激烈的種族主義抗爭之一，即日後所稱的「紹索爾暴動」（Southall riots）。

我媽媽對這些事的記憶很模糊。但她記得阿公在門外圍牆上仔細排列牛奶瓶，「只是以防萬一」，免得有人想闖進屋裡。我不知道阿公是否真的相信讓我十二歲的媽媽和她的小兄姊向一群鬧事分子投擲玻璃瓶會有防禦效果，但那些排屋確實就像並肩而立的人，共同守護著社區。隔天的《紐約時報》報導，整車整車的光頭黨抵達紹索爾參戰，貝里斯福路在內的街區彷彿成了「戰區」。「有人投擲汽油彈，到處都是瓦礫和碎玻璃」，店鋪被砸、汽車被燒。

這些事件也關係到一種愈來愈大聲的背景音，源自於前衛生部長、保守黨議員以諾．鮑爾（Enoch Powell）帶起的恐慌言論。他如今臭名昭著的「血河」（Rivers of Blood）演說，被某些人吹捧為族群混居將有何下場的大預言。那場發表於我媽媽出生的一九六八年的演說，十載之後造成她瑟縮地躲在家中。交戰那天，她整天都沒出門，被交代整理樓梯頂那個塞滿特百惠（Tupperware）保鮮盒的冷凍櫃。社群長輩在街上奮戰的時候，我媽媽在整理未來幾餐的冷凍洋蔥。革命的抗爭中，每個人都有自己的戰鬥位置。

鮑爾認為，像我阿公阿嬤這樣已在英國定居的移民，除非送回母國，否則永遠會對社會構成威脅。他的演說將一種「移民非我族類」思想化為語言，將移民、整合和種族關係帶上全國論戰前線。移民開始被視為不受歡迎的外來者，一套滲入英國生活的法西斯語彙也開始出現。[10]像這樣的演說，成為某種法西斯主義興起的警訊，但比起評價已經作古的鮑爾，我們更該關心的是鮑爾主義今天依然影響多少英國政策——從內務部（Home Office，英國負責治安和邊境等事務的機關）對移民的無情攻擊、疾風世代（Windrush generation）[11]遭受的錯誤對待、政治傳統中的伊斯蘭恐懼（Islamophobia），一直到主張工作、空間、資源被搶走的反移民公投。這些都是阿公後來跟我說的，雖然他總是用簡潔的「壞人」兩字敘述。

這些現實條件下，就算口袋裡有足夠積蓄，尋找居所也不容易。租屋環境中的種族主義，展示在窗戶後那些女房東整齊手寫的「謝絕有色」或「限白人」紙板上。移民的住宅安全被忽視，銀行時常拒絕借貸給黑人或亞洲人。房東收了修繕費又不維護房子，占英文不好的房客便

---

⑨ 原注：他們的音樂比團名還糟。

⑩ 原注：這些都造成了實質傷害，種族主義者開始於全國攻擊被認為弱小、溫順、無力還手的社群。在紹索爾，男人會固定拆下頭巾，我阿公曾經幽幽告訴我媽媽，他工作時太常聽見有人在叫「Paki」（對巴基斯坦等南亞人的蔑稱），還以為那是某個同事的名字。

⑪ 譯注：疾風世代指五〇與六〇年代抵達英國、來自加勒比海的前英屬殖民地人及其後代。此稱呼得自載著其中一批早期移民抵英的大船「帝國疾風號」（HMT Empire Windrush）。二〇一八年英國爆出「疾風醜聞」（Windrush scandal），媒體揭露內務部刻意製造艱難條件，企圖使這些移民「自願離開」。

宜。對許多移民來說，這就是他們認識英國居住生態的開始。

就算黑人和南亞裔人真的找到地方住——也許租到私人房屋，或者更可能的是在居住協會協助下，與人合租社會住宅——，往往也會成為白人多數的公寓中凶猛種族主義的攻擊對象。一九七六年，百分之三十四的西印度家庭和百分之四十的亞洲家庭住在「過於擁擠」的住處，而碰上相同問題的白人家庭只有百分之十一。[2]此種情況還造成一種迷思，幻想移民人口過剩而往外擴散，開始進占屬於白人的英國心臟地帶，個個都吃得太好、高頭大馬、虎視眈眈。

移民社群並未坐以待斃。英國各地的許多家庭能找到住處的原因之一，是亞裔青年運動（AYM）和黑人力量（Black Power）等草根組織的努力。他們在倫敦、曼徹斯特、雪菲爾（Sheffield）、伯恩利（Burnley）、萊斯特（Leicester）與更多城市發起運動，爭取居住權立法，並要求制定反種族主義政策，造福了今日成千上萬的英國移民。（當時在紹索爾，亞裔青年運動各團體的青少年成員會陪伴學童走路上學，避免幼小的孩子被種族主義者攻擊。）

受到美國和世界其他地方的黑人力量思想家與知識分子啟發，英國的社運人士主動奔走，在社群之間建立同盟。許多人帶來他們地區的組織技巧，提高了人們對就業、教育和移民歧視等議題的關注。各式各樣的多元團體於焉形成：巴基斯坦進步聯盟（Pakistani Progressive Group）、印度工人協會（Indian Workers Association）、孟加拉居住行動聯盟（Bengali Housing Action Group）、曼徹斯特的阿拉瓦克居住協會（Arawak Housing Association）和高腳屋居住協會公司（Bahay Kubo Housing Association Ltd）——協助菲律賓人尋屋的團體，至今仍是歐洲唯一的此類菲律賓居住聯盟——都開始並肩而戰。⑫

社運人士反擊的策略之一，是透過貸款小組協助移民，讓被主流銀行排除在外的人們能憑一筆頭期款購買房屋。他們會共同集資（有多少出多少，例如一週一鎊亦可），主要用來墊付購屋需要準備的金額，但也有部分用於協助人們了解金融體系、辦理手續和提供翻譯。五〇和六〇年代的一些牙買加社群中，即可見到這樣的例子。人們利用一種無息儲蓄制度「帕德納」（paadna，許多西非社群中也有類似制度，叫「蘇蘇」〔susu〕）⑬，讓較不寬裕的成員能在緊急時，或大銀行不願意貸款時借得現金。參與帕德納的「合夥人」（partner）每週會支付固定金

⑫ 原注：特別值得一提的還包括：有色族群聯合會（United Coloured People's Association）、牙買加工黨（Jamaican Labour Party）、黑人家長運動（Black Parents Movement）、西印度獨立黨（West Indian Independence Party），以及安地卡（Antigua）、巴貝多（Barbados）和聖啟茨及尼維斯（St Kitts & Nevis）的工人運動。

⑬ 原注：疾風世代的早期來英者山姆．金（Sam King）是參與過帕德納的眾多西印度移民之一。在黑人文化檔案館（Black Cultural Archives）與蘭貝斯區檔案館（Lambeth Archives，疾風世代最集中的布里克斯頓所在區域）聯合策畫的「疾風世代傳承展」（Windrush legacy）中，他曾經受訪，分享了不凡的經驗：「我們家是在坎伯韋爾（Camberwell，鄰近該區的南倫敦地名）買房的第二個黑人家庭，那是一九五〇年的事。後來十二年，在坎伯韋爾買房子的黑人，大約有一半是我們家共同資助的。我們沒辦法貸款，只能大家一起合資來幫忙需要購屋的人。我們把這種方式叫『合夥』——在牙買加也是這麼叫的。結果很成功。」

額（稱作「援助金」〔hand〕）給一位受信任的對象（稱作「銀行家」〔banker〕，通常是社群中受尊敬的長者）。這筆錢會由社群共享，使用於居住開銷上，確保社群有穩定的自籌經費。

孟加拉虎的怒吼

最出色、也最受地方愛戴的草根組織是辦公室設在東倫敦的孟加拉居住行動聯盟（簡稱BHAG）。一九七五年，倫敦東區（East End）[14]的孟加拉工人要求改善居住條件卻遭忽視後，瑪拉・森（Mala Sen）與法魯克・東迪（Farrukh Dhondy）在一群租屋族、蹲占族（squatters）[15]、數個工會，以及激進倡議團體「今日種族」（Race Today）的響應下，成立了該組織。BHAG向政府施加壓力，要求修改種族主義的政策。這些政策使許多南亞人不具住進公營住宅的資格，淪為惡霸鄰居和流氓房東欺負的對象。西拉・阿巴斯（Helal Abbas）曾參與BHAG，一九七七年就以青少年之姿加入該組織擔任祕書。他們那個世代的地方社運人士一切自力製作，打頭陣發起了一系列居住運動，那是——他笑道——他更年輕力壯的時候。阿巴斯於七〇年代來到英國，家鄉在孟加拉東北部的大城錫爾赫特（Sylhet）。我遠距訪問他時，他人在塔村區（Tower Hamlets）的家中，自從年輕時代於E1區的尼爾森街（Nelson Street, E1）[16]蹲占以來，他就一直都住那一帶。

「可惜當時的很多人已經不在了，」他在電話上說，「以前每次要示威，我們都會去斯皮塔佛德市場（Spitalfields Market，倫敦東區的著名老市場）拿放紙餐盒的木棧板。在上面塗顏色，做成標語牌。」

「與我父母和哥哥住在惡劣的空間裡，令我更強烈地感覺到社會不公，」他回憶，「孟加拉社群被迫住進不宜居住的房子，屋況奇差，而且非常擁擠。地方議會也以歧視的態度對待我們，」他用友善但急切的語氣說，那種語氣我常自長期從事社運的人口中聽見。「我們都是義工，晚上或週末下班後才來聯盟工作，因為很多人本身工時很長，假日也可能要上班。但那一帶就是孟加拉人常被種族主義者攻擊的區域，所以一定會有風險。」某晚回家的路上，阿巴斯

⓮ 譯注：十九世紀末對倫敦城東聚落的稱呼，過去曾被認為是大量貧窮人口湧入的破敗地帶（也是開膛手傑克作案的地點），後來逐漸以次文化和社會運動蓬勃聞名。二十世紀許多孟加拉移民皆於此落腳。主要範圍包括下文提及的塔村區，即東倫敦最接近市中心的一區。

⓯ 原注：蹲占（squatting）在居住史上是革命性的抗爭手段及行動。人們會占據空屋，邀請他人來一起住，由於幾無其他選擇，而試圖以此方式生存。一九七九年版《蹲占者手冊》（*Squatters' Handbook*）的封面上，可看見知名的社運工作者奧莉芙・摩里斯（Olive Morris）正在爬上一棟房子的屋頂。照片攝於布里克斯頓的瑞登路（Railton Road）一二一號，某次她蹲占被驅逐的時候。當年受訪時，她表示：「公寓或套房的租金都高到我付不起。」四十年後的今天，我家牆上掛著她那張封面照，而房價對我們所有人來說都還是那麼可惡的高。

⓰ 譯注：E1為郵遞區號開頭，會寫在路名標示牌上。英國郵遞區號由有意義的縮寫和序號組成（E1指東倫敦第一區）且分得很細，人們討論地點或告知地址時，經常直接說郵遞區號。

被一群種族主義分子襲擊，打得頭破血流，頭頂縫了五針。「大家都聽說了。」他嘆道。但他並未因此止步。正巧，在孟加拉語中，BHAG就是「老虎」的意思。

阿巴斯辭去祕書、到其他團體效力的多年後，BHAG還在繼續奮鬥。他們的一次重要行動，是早在一九七六年做出的。[3]那年，BHAG寄了十六封信給塔村區議會，訴求更好的居住條件，然皆未獲回音。於是他們在六月三十日舉辦了一場示威，共有三百人走上街頭，群眾帶著小孩來參加，一起遊行到倫敦市政廳。抵達市政廳後，他們在街上的一塊地方靜坐，於酷暑之中堅持不離去，直到有位市議員答應與他們談話。二十分鐘後，市議會承諾討論他們的訴求，其中一項為修改居住政策，以改善當時百分之五十三亞洲移民無法申請公宅的窘境。達成協議後，社運人士便請群眾回家了。

阿巴斯告訴我，在BHAG的時候，「只要可能，我都會盡量安排接駁，以免參加活動的人被種族主義者攻擊。不是人人都有車，當時大眾運輸也不像現在這麼方便，光是車費就可能讓一些想來的人打退堂鼓。」翻閱各種老檔案，你會發現一條不變的真理：在我們社會運動的歷史中，有車的人總是很有用。

話說從頭

回顧這些一九七六年的事，我總覺得它們既是過去的行動，也是現在與未來的行動。這不是一段已經作古、只有想寫本小說的作家會去挖掘的歷史。當代的許多倡議團體仍在對抗種族主義的房東，大量倚重這些目前取得的成果，證明了這段歷史仍是活生生的。

這段抗爭史部分說明了為何今天許多移民依然將家中的美麗擺設當作避風港，用來暫忘外頭充滿敵意的灰暗世界。想到那些我們父母家裡，看似俗氣（在印度的印度人或許會這麼形容）的塑膠飾物能有那麼強大的力量是件很令人開心的事。小時候我們不以為意，離開老家後卻開始想念它們。阿公的面紙盒那樣的物件，帶來一種靜靜的扎實感。說到底，家中有這些東西存在，提醒了我們自己為何身在這裡。那些金盒子不是一句「假的」能打發的。不能否定的事實是，某些嶄新、真實的東西也伴隨它們而生。它們具有歷史意義，而且提醒著我們，我們也有歷史意義。

我媽媽十七歲時，透過家人安排結了婚，與我爸爸一起搬進附近的一間紹索爾房子，隔年便生下了我。他是貓王的樂迷，在旁遮普的賈朗達爾城（Jalandhar）出生長大，婚禮前幾天才從印度飛來英國和我媽媽見面，在幾天內火速取得了簽證和妻子。那並非一段快樂的婚姻，我媽媽多數時候都在父母家度過，以至於我幾乎沒有那棟她和我爸爸房子的記憶。我只記得貝里斯福路的家，還是嬰孩的我穿著自家製、鋁箔般閃亮亮的藍色或金色小洋裝（樓梯下時尚工房的迷你展示場），揮著飄逸的袖子繞過家具的尖角，坐在沙發的塑膠套上撫弄金面紙盒浮雕的稜角。我抽面紙玩的時候，我媽媽正努力面對社群的譴責，因為她試圖結束她的婚姻。當她終於勇敢提出離婚，家人們馬上和才要十九歲、帶著幼女的她切斷了關係。雖然我很幸運，一直都能拜訪我阿公阿嬤和其他親戚，我媽媽卻被禁止再回到父母家，很快便只能獨自無力地在居住的階梯上掙扎。

斷絕關係對個人經濟狀況影響重大。最嚴重的時候，它可以是種讓你再也站不起來的懲罰。斷絕關係代表你不會有祖產、不會有經濟援助、不會有任何能借住的地方。一段不安穩的居住生活由此展開，後來成了我們人生的常態。但我們兩人都從最初就知道，只要有些小小的物件連結我們和某個社群、某段時光、某個地點，何處皆可為家。

那棟我媽媽長大、我學步的房子教了我一課，關於人如何為自己建立熟悉與舒適的感受。我從那裡學到，家是你必須奮力爭取的一個地方，而且有時候，感覺真的像場戰鬥一樣。我媽媽帶著我離開了那棟房子，離開滿室的紹索爾歷史、受尊敬的物件和我阿公的夢想，然後搬進一間新房，準備為我倆造出一個還不存在的家。那便是我人生中的第一次搬家。

綠人巷：面對國家的忽視

一九九三年，經過短暫借宿各種友人和遠親家客廳的幾年歲月，媽媽和我終於在綠人巷公宅（Green Man Lane Estate）四樓的一間房落腳。綠人巷公宅坐落於西伊靈（West Ealing，與紹索爾同樣位在西倫敦的伊靈區），外牆被灰水泥和粗糙的撒石子（pebblecash）包覆，大大的窗俯瞰我經常玩耍的庭院。如果你越過庭院圍牆往下看（七歲矮小的我沒辦法），可以瞧見下方燈光昏暗的停車場，看起來就像小孩玩耍的廣場被挖空了一塊，露出一個屬於破舊廂型車與生鏽老汽車的地底世界。每到下雨天，濕答答的水泥味會飄進我房間，炎熱的日子裡，太陽會曬出騰騰上升的朦朧熱氣，讓整座公宅看起來像海市蜃樓一樣。

我對綠人巷最早的記憶，是被那些陽光下閃閃發亮，猶如紫水晶與黑曜石的細小碎石迷住了。我在碎石的花紋裡發現眼睛的形狀，想像房子有生命，好像某種裝著靈力的容器。實際

上，撒石子只是石灰岩的混合顆粒，有時加入沙礫，再用潑撒的方式撒上抹有水泥的外牆。❶一八九〇年代起，英國建築就開始使用這種材料為住宅提供隔熱效果，但更主要是用來粉飾施工品質惡劣的磚牆。後來，撒石子成了與公宅分不開的風格，如今已經退流行到可使房價貶值達百分之五（而且撒石子非常難去除）。我在石頭碎片中尋找意義，拚命想從牆上掘出鑽石的時候，並不知道撒石子其實掩蓋著一種忽視。

我們家裡的牆壁當然是木蘭色，一種奶黃調的白，全英國幾百萬棟公宅的制式油漆顏色（我媽媽秉持她特有的堅強移民媽媽兼故作高雅風格，把那顏色叫做「香草色」）。❷夜裡睡覺前，我常常盯著天花板，看粉刷痕跡形成的鑲嵌圖案，想像那是一片擠了好多日式紙扇的天空。

從我家窗戶望出去，你能看見庭院裡掉漆的紅黃攀爬架。我會在那裡爬架子玩，被鄰居投以警戒的目光。到了夏天，陽光會照進我房間那幾扇大窗，照著還沒起床的我，睡在我從外牆蒐集來、排得整整齊齊的「寶石」旁。我頭上有張珍娜・傑克森（Janet Jackson）的玉照，原本是《Janet》專輯盒的內襯。被我拔出來，攤成長條形，用藍丁膠（Blu-Tack）黏土黏在牆上。我們家有錢買床是再過幾年、再搬兩次家以後的事（我發現《Janet》封面還有一個上空版本則是更久之後的事），所以我睡在地板的床墊上。我喜歡睡地上，我覺得那是有個「酷媽媽」最棒的地方。我可以在床墊上大跳特跳，隔天說給我嫉妒的朋友聽。

我們家有兩間臥室，我睡一間，我媽媽和兩歲的弟弟睡一間。她離婚後的一段短暫感情帶來了這個美麗又吵鬧的小傢伙。打從第一天在醫院看見他發黃的小臉，我就一直都好愛他。我們對面住著兩位二十幾歲的牙買加年輕人，「扳機」（"Trigger"）和傑森（Jason）。他們聽見奇怪的巨響時會來看看我們怎麼樣，曾在一個陌生人闖進來之後及時抵達。他們會開著窗大聲放音樂，聽沙巴．藍克（Shabba Ranks）或舞場雷鬼（dancehall，又稱 bashment），還跟我說只要喝十罐 Nurishment 能量飲，就會長出六塊肌。我不知道都市傳說怎麼誕生的，但在公宅裡，就像在學校裡，它們傳得像野火一樣快。綠人巷的走廊上時常瀰漫香甜的草莓奶昔味，來自地上散落的 Nurishment 空罐，但好像從沒見過六塊肌的人出現。

這些傳說形塑我們對世界的想像。我爸爸在離婚後，一面學英文，一面在紹索爾大街的 Poundstretcher 量販店工作。他搬到南格林福德（Greenford，位在伊靈區），住進惡名昭彰的高爾夫球場公宅（Golf Links Estate）。我們聽過很多那裡的可怕謠言和犯罪故事，我媽媽嚇壞了，不肯讓我去找他。好笑的是，我爸爸當然也對綠人巷有一樣的擔憂。過了幾個月，他決定從我人生中消失之後，我才聽說他們那兒也流傳著關於綠人巷的恐怖流言。（不過這兩件事無關就是了。）

❶ 原注：YouTube 上有工匠施作撒石子的影片，有興趣的人可以看個過癮。

❷ 原注：木蘭色比純白暖一點，今日許多住宅都用這種顏色當基礎底色。根據色彩心理學，木蘭色給人的正面聯想包括衛生、澄澈、純粹、乾淨、簡單、文雅，負面聯想則為孤立和無生機。

我們家隔壁幾戶是愷莉絲（Carisse）家。她是出身聖露西亞的性工作者，有頭冰金色的俐落短髮，和一個與我年紀相仿的女兒，常跟我玩在一起。她會帶我去她阿嬤家，大啖薑汁蛋糕，學跳大家伴隨〈一分，五分，十分，一元！〉（One Cent, Five Cent, Ten Cent, Dollar，加勒比地區風靡一時的金曲）跳的舞——掛著天真的燦笑，用力扭動我瘦小的屁股。我後來表演給我媽媽看，造成她不小的驚恐。我們樓下住著馬克（Mark），一位白人藝術家。他留著大鬍子和一條長辮，辮尾綁的彩色珠珠每週都不一樣。他瘋狂熱愛蝙蝠俠，在家中手繪了高譚市的壁畫，房裡還有一個蝙蝠車造型的沙發。

我最喜歡的鄰居是我們左邊第二戶的瑪維斯（Mavis）。她是我的「牙買加姑姑」，兼靈恩派（Pentecostal）基督教徒。她見過耶穌和天使。每次我去她家找她，她都會請我喝牛奶，吃奶油抹得滿滿的香料麵包，並且告訴我她見到異象、人生從此不同的故事。她說如果我認真讀聖經上的每一個字，我也會看到耶穌和天使。（她還買了一本插畫版的兒童聖經送我，我因此對舊約中的大部分故事擁有鉅細靡遺的知識，等到我十幾歲迷上GOD頻道和柯克．富蘭克林〔Kirk Franklin，美國福音歌手〕的音樂時十分受用。）她家的牆壁也是木蘭花色，裝飾著許多俗豔的宗教小飾物：仿金的基督受難像、歐丘里歐（Ocho Rios，牙買加城鎮，意為八條河）的河流海報、醫生鳥（紅嘴綬帶蜂鳥的別稱，牙買加國鳥）的精緻小瓷偶，還有藍白壁幔上用紅線繡的行為守則。

我在她家讀了沙德拉赫、米沙赫和阿貝德尼戈（Shadrach, Meshach and Abednego）被扔進火爐，在天使幫助下逃過一劫的故事。我們休息喝熱牛奶的時候，瑪維斯會為我描述那些來拜訪她的天使。我總是佩服地瞪大眼，求她多講一點，回家後轉述給我媽媽聽。我媽媽都邊聽邊點頭，然後轉移話題。我時常幻想瑪維斯和天使們——天使背上長著光做的翅膀——，想到如此不可思議的事，竟然就發生在我們隔壁。瑪維斯姑姑家狹小的廚房和缺角的櫥櫃似乎散發出不屬於凡間的魔力。她教了年幼的我，只有呆子會以為綠人巷這樣的地方不值一顧，以為這裡沒有奇蹟。如果能回到過去，我想再多問問她的人生，探究天使的事。然而沒有答案的我，只能得出一個簡單事實：綠人巷曾有天使降臨。

我會順著公宅狹窄的水泥過道走去瑪維斯家，經過一扇扇防火的綠色前門、丟在樓梯間的保險套，偶爾還會驚見被踹進角落的鴿子屍體。過道看下去就是我的學校：聖約翰小學，公宅大部分孩子都在那裡就讀。有時我們會浩浩蕩蕩一起回家。媽媽們輪流打開門把小孩接進去，好像在演哪齣倫敦西區的歡樂音樂劇。但那些過道也感覺有點邪惡。你可以自己嚇自己，想像你媽媽整天都在看你，因為我們那排的陽臺過道正好面對學校操場。這些高樓過道最好玩之處，不只是孩子可以沿著它們闖蕩去找鄰居，也因為你可以從上面眺望遼闊的倫敦市景。我還記得踮著腳尖，手指緊抓牆緣把自己撐起來，略帶遲疑地越過水泥牆望出去。過道一邊是向外延伸的灰色停車場，另一邊是無限展開、燈火閃爍的天際線，有許多像我的街區一樣的街區，一個等著我享用的世界。

如果你從我家出去右轉，看到轉角的紅色垃圾滑道再右轉，你會遭受突然的心臟爆擊，因為那裡住著我今生見過最令人心動的人——亞希汶（Ashvin）。我腦中的他依然美得那麼深不可測，因為他的形象難得倖免於社群媒體摧殘，被我的記憶完美保存。他也是旁遮普人，總穿一件皮夾克，有頭烏黑的蓬亂髮絲，像我弟弟的阿拉丁玩偶一樣。他比我大五歲左右，身上有股Lynx Africa噴霧香，還有……剛洗好的衣服摻雜微弱二手菸的味道。在我們狹窄的過道上，你常還沒看見人，就先聞到他們的氣味。每次我嗅出風裡送來他的氣味，瞳孔就會倏地擴大。

我深深迷戀亞希汶，那種對情愛一知半解的小女生的迷戀。當時我沒有男偶像能崇拜（我媽媽不讓我在牆上貼男子樂團的海報），於是暗自決定他就是我的偶像。我會追著他到處跑，心裡七上八下，找各種理由跟他搭話。他給我的電力足以燒掉一座發電廠，令電塔嘶嘶作響，全部熔化在地上。某次我們家開派對，慶祝我表親的生日，我朋友不知怎麼辦到的，成功讓他跟我跳舞。所以，我第一次和男生跳舞，便是與亞希汶共舞珍娜．傑克森的〈愛就是這樣〉（That's the Way Love Goes）。現在回想這件事，我還會感覺心臟暖得膨脹。

薄如紙的牆

若說綠人巷的撒石子外牆能藏住見不得人的東西，裡面那些薄得像紙一樣的隔間牆，則完全藏不住牆後的祕密。我對綠人巷最鮮明的記憶，是在看《東區人》（*EastEnders*）連續劇的時候，聽見隔壁傳來慢半秒的同一首主題曲。（前幾年，我花了點時間研究牆壁的平均厚度，我說的「薄得像紙一樣」大約是指十一至十二公釐的牆。）牆壁如此薄，聲音能輕鬆穿過，部分解釋了為何這些環境中，音樂文化往往相當蓬勃。你只能乖乖接受，跟隔壁家一起聽不同步的「咚——噠噠」。我們家自己放的音樂，混雜了邦哥拉（bhangra）❸、R&B和流行樂。我媽媽熱愛瑪麗亞．凱莉（Mariah Carey）和路瑟．范德魯斯（Luther Vandross），還曾輕輕哼唱腦中的寶萊塢電影《迪斯可舞者》（*Disco Dancer*）歌曲。那可能也構成我們鄰居日常的聲音風景。

鄰居摩肩擦踵的社會住宅，也是音樂在英國變異、演化得如此迅速的一個原因，可以從湊合使用的音響，一路說到東歐的高科技舞曲（techno）。移民社群創造新聲的歷史很早便開始有人記錄。過去五十年間，英國公宅至少見證了雷鬼、情人搖滾（lovers rock）、饒舌、車庫饒舌（grime）、非洲流行樂（afrobeats）的萌芽與茁壯。它們今日仍欣欣向榮，迴響在臥室裡、樓梯間、電梯中、車子上，和無數充當派對場地或無照酒吧（shebeens）的客廳裡❹。面對街上許多酒吧的種族歧視規定，那些客廳是人們的反抗行動及避難所。

❸ 譯注：流行於英國旁遮普社群的樂風，融合了旁遮普民俗歌舞與嘻哈、雷鬼等元素。

❹ 原注：特別有名的是一九七〇與八〇年代，南安普敦（Southampton）排屋街區的藍調派對。

薄牆傳來的鄰室聲音，影響著未來製作人與藝術家的耳朵。可惜現在尚無已知研究，探討此類經驗於心理的效果。事實上，似乎還沒人真正研究過住在公宅的文化益處。我花了幾週尋訪相關專家，包括腦神經學家與心理學家，發現目前這方面最有趣的探討是現居倫敦的日本藝術家鈴木有理所作。他是生於東京的聽覺設計師，主要關注人們在不同環境中如何與聲音共同生活。我拜訪他的那個午後，他在西倫敦的工作室中仔細向我說明了這些關係。「不同材質傳導聲音的方式不一樣，例如磚牆或水泥牆，」穿著深色丹寧、理著清爽短髮、戴著書生黑框眼鏡的鈴木對我說，「我們可能覺得理所當然，不會去想，但其實這些細節攸關生活品質，甚至會影響人的行為。聽得見其他人的聲音，人會比較有安全感，太寧靜已被證實不適合人類。所以我們必須謹慎考慮這些細節。在日本，人們就真的會考慮住宅中的聽覺設計。」

這或許解釋了為何公宅中洋溢著音樂靈感。環境音樂（ambient music）先驅布萊恩・伊諾（Brian Eno）曾在一次受訪時告訴我，他會設置「聲音浴」（sound baths）——一種讓人沉浸在環境聲響中，以達療癒效果的裝置藝術。聽他的描述，我想起在綠人巷的時候，鄰家傳來的模糊笑語和電視聲。甚至當隔壁傳來的微弱背景音提高成大喊或吵嚷，你也可能奇怪地覺得安全。我媽媽說，有什麼在發生的聲音總好過鴉雀無聲的詭異，我想我也認同。有些頻率會衝擊人體。例如二萬赫茲的聲音，就會令人不舒服。但想必也有其他聲音會使人類感到放心，那種像許多小原子在共同輕輕振動的聲音。

忽視的歷史

不只牆壁厚薄，人們對公宅的共同經驗，往往是整棟建築決定的。但若要真正理解英國社宅現況和綠人巷的歷史，我們還得檢視一些建築以外的面向。我是某些建築方式的產物，更是英國居住政策的產物。政策造成了我們今日的處境：許多公宅被忽視、被嫌棄、被瞧不起。

這段歷史，濫觴於一九一九年立意良善的《居住與城鎮規畫事務法》（Housing, Town Planning, &c. Act）。更多人稱之為《艾迪森法》，紀念時任衛生部長、主掌居住政策的克里斯多福・艾迪森博士（Dr. Christopher Addison）。艾迪森屬於一類——很遺憾地——愈來愈罕見的政治人物。他出身醫界，支持推動國民保險（national insurance），後來加入工黨，致力於社會公義。《艾迪森法》規定了政府應補助建設案，為勞工階級提供居住空間。這代表英國史上第一次，全國政府機關有責任照顧人民的居住權。該法案誕生的部分緣由是先前呼籲改善勞工階級住宅設計的民間運動，以及時任首相的大衛・勞合喬治（David Lloyd George）做出的承諾。一九一八年十一月，勞合喬治誓言建設宜居的住宅，供一戰歸來的士兵居住，被稱為「為英雄造家」（Homes fit for Heroes）計畫。值得指出的是，這些「英雄」都被預設為白人，方便地抹滅了殖民地黑膚、棕膚士兵們的貢獻。他們應該同樣有權搬進這些住宅，卻經常被拒絕申請入住。

綠人巷公宅落成於一九七七年，是戰後眾多的社會住宅實驗品之一。建築大量使用預鑄混凝土，設計上可屹立長達一百年，標記了英國歷史上大力擴張社宅戶數的一段時期。綠人巷包含多棟高矮不一的建築，網羅不同房型，也代表當時的一種願景——人們希望能永遠住在一座公宅，只在不同房型或建築間遷移。將住一輩子的想法融進公宅設計，並不是此時才有的概念。這類公宅最好的例子，或許是康登區（Camden，倫敦市中心的一區）的少女巷公宅（Maiden Lane Estate）。少女巷由兩位建築師喬治・班森（George Benson）與艾倫・佛塞（Alan Forsyth）設計，一九七九年起建，八二年完工。它的設計環繞一個想法：在這裡家庭房型出生的小孩，長大後可以自己搬進這裡的套房，再然後換到一房一廳，成家後又回到兩房、三房或四房的家庭房型。目前少女巷的居民中，真的就有一生都在這座公宅內搬移的人。

實務上並不總能那麼理想。社會住宅幾乎立刻淪落為被訕笑與忽視的地方。八〇年代起，英國社宅的數量開始持續減少，理由之一是保守黨的「購買權」（Right to Buy）政策。該政策為柴契爾夫人一九八〇年《居住法》（Housing Act）的一部分，提供公宅住戶以補助價買下住處的機會。它基本上導致了房源私有化，與今天的住房危機密切相關。許多社宅被售出卻從未補上，留下巨大的需求缺口。「好」房和「優質」公宅紛紛被購去，只剩下那些沒人想住、遑論想買的地方。

二〇一七年，英國社宅售出的速度，已比興建速度快上將近三倍[1]，然而此警訊似乎未被嚴肅看待。二〇二一年，全英格蘭售出或拆除的社會住宅有二萬八千七百九十六戶，同時期新建的卻僅有六千六百四十四戶。[2]（單是我現居的倫敦一區，社宅需求就超過這個數字。）打從我有記憶以來，社運團體一直在懇籲政府興建社宅，至今依然無果。今日，社宅不足的問題，已來到前所未有的緊急程度。

更令人混淆的是關於房源的詞彙。在英國，政府擁有、租金遠低於市價的房源稱為「出租社宅」（social rented）；私人擁有、租金在市價八成以下的房源則稱為「可負擔住宅」（affordable housing）。而這兩者都是各地居住協會提供的房屋類型。❺這些詞彙常被混用，使人們誤以為「可負擔住宅」是政府經營的，所有國民都租得起。事實上，收入最低的族群未必租得起「可負擔住宅」。與此同時，他們真正可負擔的「出租社宅」卻愈來愈少。

所有族群都受到這些情況影響，然而根據二〇一七年政府公布的「種族不平等調查報告」（Race Disparity Audit），最常承租社會住宅的族群為：非裔、加勒比海裔、黑人其他（不管此分類究竟什麼意思）、孟加拉裔、愛爾蘭裔、阿拉伯裔，以及混合族裔（其他不包括「白人混合族裔」和「亞裔」，也說明我家可能是全國平均的異數）。因此，受社宅窘況衝擊最嚴重的，往往是移民。

❺ 原注：居住協會還提供共享產權（shared ownership，英國政府推出的半租半買方案）房屋和以市價出租的房屋。不少協會與當地機關簽署代理協議，因此實際決定誰能入住社宅的為當地機關。

正因社宅短缺，可想而知，入住競爭非常激烈。二〇二一年，全英國有超過百萬個家庭正在等候入住社會住宅[3]，其中十分之一已等了五年以上。這些候補名單上，包含一些最脆弱的族群——無家可歸的跨性別者、身心障礙者、難民、性工作者。他們都在等待可能決定生死的一個棲身之處。

格蘭菲大火

二〇一七年六月十四日凌晨，一臺故障的冰箱在蘭開斯特西公宅（Lancaster West Estate，位在倫敦市中心的肯辛頓與切爾西區）的格蘭菲塔大樓（Grenfell Tower）引發了一場駭人的惡火。接連數日，醫院不斷傳出噩耗，死亡人數從最初的十人攀升至十七、十八、四十五、六十，最後共造成七十二人喪生。此事震驚了全國，而那之後數月的追蹤報導工作，也是改變我人生最多的一件事——無論以新聞工作者或租屋族的身分。那起事件使舉國上下都注意到，我們國家對居住問題的忽視是多麼欠缺討論。那天早上，我媽媽哭著打電話給我，問我是不是在看新聞，我確實也驚慌地盯著轉播。後來幾天，我在電視上看見記者採訪一位格蘭菲住戶，彷彿想推算大樓人數似的，問住戶認不認識住她隔壁的鄰居。記得我當時想，會問這種問題的人一定從沒住過公宅，不曾在下樓梯時擠過要上樓的人，不曾在心裡區分哪些臉可以打招呼、哪些不能。公宅是活生生的有機體，一顆跳動的心臟，一個裝滿聲音、刺激與鎮定的身體。住在公宅想不認識鄰居，那根本不可能。就算最糟的鄰居你也一定會認識，因為你們通常天天都打照面。我總能憑水槽旁紗簾上的影子，認出是不是瑪維斯姑姑、扳機或傑森來我們家。他們都有獨特的走路姿勢，剪影彎彎的弧度不太一樣。

住過公宅的人想必都知道被以大人對小孩的姿態對待的感覺，知道即使中產階級這時賜你幾句「好可怕」、「好可憐」，他們也沒有要把你的問題當一回事。那些問題你早已抗議許久。每個居住協會的檔案庫裡，都有一大堆社宅住戶反映問題被無視的紀錄，內容五花八門，從瓦斯管漏氣到水龍頭滴水都有可能。過去這些年，我也曾徒勞地指望許多問題獲得解決，站在隊伍中陪我的年輕朋友，看他們在一個他們不完全理解的大人世界裡充當父母的口譯員。（我自己覺得唯一獲得的是，我很早就為了寫信給相關機關委婉表達憤怒，磨練了寫作技巧。）

二〇一六年，「格蘭菲行動聯盟」（Grenfell Action Group）的一群住戶曾試圖自救，但並未成功。該聯盟的網站詳細記錄了二〇一三年大樓曾發生電流過載事件，有關單位卻不予理會，後來他們也多次向「肯辛頓與切爾西租戶管理會」（Kensington and Chelsea Tenant Management Organisation）提出警告。格蘭菲大火本原本是場可以阻止的災難，涉及對公宅建築本身的不重視。所謂不重視，包括大樓外牆包覆層採用了Reynobond PE板——一種內層為聚乙烯、極度易燃的鋁板。大樓於二〇一五年進行修繕時，區議會在預算考量下做出了此項選擇。原本考慮的材質是鋅板，但Reynobond PE板更便宜，能省下近三十萬鎊。這樣的決策過程被稱為價值工程（value engineering），是種壓低成本的系統性作法。面對這種疏忽，火災前後，住戶卻都被以酸言酸語對待。二〇二〇年的調查聽證會中，當時擔任修繕工程承包商、萊敦（Rydon）建設公司合約管理人的西蒙・勞倫斯（Simon Lawrence），將要求注意防火安全與外牆材質的住戶形容為「意見很多、咄咄逼人」。很多時候，勞工階級即便只是提出正當的擔憂，好像也一定要用「合乎禮節」的方式來提才行——天知道那是什麼意思。

格蘭菲火災是再清楚不過的信號，告訴我們整個體系出了大問題。「格蘭菲」如今成為國家忽視的一個代名詞，也是低收入族群被不受約束的國家權力殘害的血淋淋案例。他們之中的許多人來自最容易受忽視的移民社群。格蘭菲大火的罹難者有百分之八十五為少數族裔。[4]而二〇一七年的統計數字顯示，住在英格蘭公寓大廈五樓以上的孩童多數為黑人或亞裔。

火災後不久，怵目驚心的火場照片持續震撼電視機前、推特上和對話群組中所有人的那段期間，我前往西邦爾公園（Westbourne Park）的瑪納文化遺產中心（Al Manaar Cultural Heritage Centre）參加一場賑災集會。那座清真寺被臨時改造成社區中心，討論如何安置家遭祝融吞噬的區民。那天是全年最熱的日子之一，齋戒月（Ramadan）還沒過，我們擠在不通風的寺內，一百多人都站著，留出空間讓災民坐。室內迴盪著哀叫與嘶嚎，來自宣洩未及整理的悲傷女人、高呼要討回公道的男人。有些人正回憶四天前煉獄般的遭遇，母親們用手摀住孩子的耳朵，不讓他們聽。

當時，肯辛頓與切爾西區議會的議員——以及首相——都還沒來關心，實際投入賑災工作的是穆斯林援助團體和來自全國的義工。他們找來居住領域的律師、創傷諮詢師，並制定了搜尋失蹤者以及為災民尋家的策略。與此同時，總部位在倫敦、由三十個居住團體組成的「激進居住聯盟」（Radical Housing Network）及其他組織，也發起了「居住安全行動」（Action for Safe Homes）等運動向政府施壓，要求立即強化居住安全。

我遇見的當地義工，比如塔斯妮雅・奧容哲（Tasnia Aurongozeb）與傑漢吉・馬力克（Jehangir Malik），好幾週都在諾丁丘（Notting Hill，該區知名景點及高級住宅區）度過，幫忙籌組人力及分配物資。格蘭菲行動聯盟繼續工作，將大樓長久以來的問題公諸於世。寄到格蘭菲的郵件，暫時被轉至西道運動中心（Westway Sports Centre）停車場，讓失去家的人們至少有一點點正常生活的感覺。當地社運人士設置了倫敦牡蠣卡（Oyster）加值站，義工可以在那裡為卡片儲值，讓需要的人能利用大眾運輸移動或上學。人行道上為有信仰的人清出了祈禱空間，有些當地居民買來禱告墊，將墊子在地上拼成一片。後來那幾週，我多次造訪運動中心、大樓遺址與清真寺。有一次我帶著朋友們一起去，他們不知道該做什麼，最後分起了Hobnobs燕麥消化餅。

有些受災戶最後被安置在飯店或臨時住處，就這麼住了好幾個月。我訪問三十一歲的亞曼達・費南德茲（Amanda Fernandez）時，她與她七十三歲的母親，已經在西倫敦一家智選假日飯店（Holiday Inn Express）的雙人房生活了超過一年。一個陰冷的上午，我和她在飯店樓下的用餐區碰面。我們一邊談話，清潔員一邊來來去去收拾早餐。亞曼達穿著輕鬆的黑色棉衫及緊身褲，好像已和飯店人員熟得不能再熟了。她擁有西班牙與哥倫比亞血統，是蘭開斯特西公宅的前住戶。她們住在格蘭菲正下方的其中一棟公寓頂樓。大樓燃燒落下的碎塊砸毀了家，倘若還剩下什麼，也被消防車的水柱淹沒了。她告訴我，火災後那幾天，感覺就像「在辦一場大型嘉年華，但毫無喜悅。[6]一切都彷彿……飄在空中，一點真實感也沒有。熱氣令人難以承受……周圍好像擠滿了人，千千萬萬的人」。

還有好幾百個像亞曼達一樣的人，他們未說出的經歷共同構成了格蘭菲的故事，一個我們或許永無機會完整聽見的故事。她說起在熱氣中拖著步伐，詢問商家能不能借用插頭，幫她鄰居的手機充電；她描述了地方政府令人憤慨的明顯疏忽：他們發給阿拉伯裔受災戶的手冊是用波斯文寫的，所以大部分人都無法閱讀；她說西語的母親只拿到一份看不懂的文件，沒人向她作任何說明，她根本不曉得怎麼辦。亞曼達用一隻手撫平濃密的深色頭髮，停下來喘喘氣，順口提到每當負責她們的社福人員休假，她就要一再對新的人重述她的遭遇，和她必須為此付出的身心代價。

最後，亞曼達和媽媽一起住進了飯店的雙人房。她回憶她在窗子打不開的房間裡感覺到的幽閉恐懼：「本來我走進房間，第一件想做的事就是打開所有的窗，讓自己覺得自在一點。」

我們抬起雙腳讓清潔員吸地的同時，她表示住在飯店帶來了新的壓力。她說沒有一副鑰匙，只有一張塑膠房卡，感覺真的很古怪。每次下意識地摸摸口袋，想確認哐啷響的鑰匙在不在，都會又一次記起自己還懸浮在現實之外。飯店沒有提供洗衣服務，所以她總要到洗衣店坐上幾小時，呆望衣物在洗衣機裡翻滾。最慘的是要忍受她最討厭的東西——一幅難看至極的畫，牢牢釘在她們房間牆上，想暫時取下也沒辦法。

但這段期間也不乏溫暖的故事：她和一個與她們母女一樣、還在這家飯店等候去處的醫生成了好友；有一家她從小認識的菲律賓人，原以為在火災中喪生了，幾週後卻和她在飯店重逢，喜極而泣地相擁；「齋戒月期間，一群穿阿拉伯長袍的年輕人來幫忙我們」；她與其他受災戶逐漸建立起一個新社群，傷痛之中也偶有那麼一些能詼諧一笑的時刻。

她的憤怒化成了行動的力量，每樁行政疏失都刺激她繼續努力。「他們替我安排了去住哈羅區（Harrow，位在倫敦西北角），」她告訴我，「如果我想換一區住，那當然很好，畢竟大家想要的東西都不一樣。但我是在我們那區出生長大的，也在那裡工作。對我來說，那座公宅不只是建築物而已。」確實如此。除了住宅，蘭開斯特西公宅裡還有托兒所和拳擊俱樂部。我

❻ 原注：指舉辦地點包括格蘭菲附近街道的「諾丁丘嘉年華」（Notting Hill Carnival，一九六六年起每年在倫敦舉辦的加勒比文化盛事）。

想起聖約翰小學之於我們公宅的意義。如果以為這樣的社區、這樣的家很容易取代，那就大錯特錯了。亞曼達，以及其他許多人，被期待孤零零地在陌生社區展開新生活。「我默默心想：『區議會到底是做什麼的？』」她盯著塑膠杯裡的水說：「他們不是應該保護租屋族嗎？而且倫敦有那麼多公寓大樓，這不是很令人擔心嗎？這樣的話，我們到底可以信賴誰？」

六年後的今天，事件餘波仍在發酵。英國還有一千一百萬人想解開與亞曼達相同的疑惑，他們住在全國各地外牆有易燃風險的大樓裡，許多人是公宅居民，沒人告訴他們房子何時才會施工改善。也有不少買到這類危樓的中產階級屋主，因為保險費不斷提高而陷入債務，甚至破產。這些問題都緊密地、悲劇性地相關。

道別

我們兩年後搬出了綠人巷，因為我媽媽聽說那座公宅可能要被拆除了。這件事發生在倫敦另外幾棟公宅的「更新」計畫後。於是我匆匆收拾我閃亮的小石子，把它們都裝進我的可口可樂鉛筆盒。綠人巷處境堪憂已久，犯罪率愈來愈高、屋況愈來愈差，水管損壞、門鎖失修、暖氣故障等等，都使公宅更新的隱憂更加真實。政府官員告訴我媽媽說方針已定後，我們便搬走了。不過，拆除並未立刻進行。事實上，難以置信的是，綠人巷直到今天都還矗立原地，儘管已經破敗得面目全非了。

根據伊靈區議會的網站，現在的綠人巷公宅「須進行大量修繕，以將品質提升至符合全國『良好住宅標準』（Decent Homes Standard）」[5]，雖然才啟用不到五十年。過去政府定出「良好住宅標準」時，聲稱好的居家空間應該「溫暖、抗風耐雨」且具備「合理應有的現代設施」。然而，我寫作的此時，上述定義正被重新檢視。顯然，政府自己也不太清楚「良好住宅」的標準是什麼。

我寫作的此時，該網站將綠人巷濃縮成了四點，描述它待改善的現況包括：

- 反社會行為
- 車庫荒廢
- 毒品交易與犯罪
- 一房戶數過多，四房戶數不足

綠人巷得到的待遇令人心寒，但不意外。那座公宅留給我的一切——Nurishment能量飲、瑪麗亞·凱莉、熱呼呼的麵包——都被粗暴地簡化，塞進一個已無維護的網站某處短短四行裡。情勢再明白不過了。艾迪森的夢想將被一磚一瓦拆毀，除非我們的政府對租賃市場加強管制，並停止將社宅用地賣給建商。這些訴求一點也不新，自從柴契爾夫人開始大售社宅且不加填補，可利用的社宅數量便一日少似一日。當年就有許多社運人士預見今日的危機，提出相同的呼籲。現在的英國，迫切需要更多人們真正租得起的社宅，但在興建之前，我們必須理解社宅滋養的社區有多重要。要達到這一點，部分需要透過要求地方機關主管和承辦，停止複製廉價建案，並且杜絕「價值工程」。很多人並非高高興興搬進社宅，只是因為別無選擇，我們都很清楚為什麼。儘管一九九五年的綠人巷裡確實存在社區精神，但那也是一個被嚴重忽視，可謂被遺棄的地方。如今在全國各地，我們所能要求的第一步，僅僅是換個方式看待社宅——不再把社宅當作一堆不相干的碎片，而是用心投資、設計、營造出的美麗連結之網。

二〇一九年，我回到綠人巷，協助Radio 4製作一部紀錄片，講述英國移民社群對音樂的貢獻。建築外側大部分封上了木板，等待進行拆除——負責施工的就是萊敦，與格蘭菲事件關係重大的那家建設公司。直到我寫作的現在，他們也還在經營。他們在網站上言之鑿鑿表示，工程很快便會開始。[6]我的房間依然如昔，唯獨窗戶釘上了板子，以前玩耍的攀爬架已經燒掉，只有老鼠在那裡鑽來鑽去。綠人巷比消失了還不堪，它被國家遺忘、虐待，被認為不具備為了老住戶重建的價值。我舊房間的窗子靜靜守在那裡，全然不知挖土機就要來了。

成千上萬英國人體會過和我一樣的心痛。我們被迫過早向一個社區或一個家道別。重返兒時住處、發現舊家已毀並非特殊的經驗，然而關於公宅，國家給我們的感覺往往是：記憶裡那個家從來就不屬於你。我想著那些紫水晶般的撒石子將如何被重擊、散落一地、壓得粉碎、掃進巨大的垃圾箱裡。我找不到一絲尊重，尊重我們的社區在鋪天蓋地的忽視下仍為我們創造的喜悅。有時候，那是你眼中的一面水晶牆、一場天使造訪給你的力量。也有些非常幸運的時候，那是你第一次和心儀男孩共舞的甜蜜回憶。

葉汀街：對抗門外的不安

離開綠人巷之後，我們做了很多人會做的事，搬到某份名單上有空位的下一座公宅去。這些神祕的「名單」至今仍是許多候補者參不透的謎。一九九五年，名單帶著媽媽、弟弟和我抵達海耶斯（Hayes，位於紹索爾更往西的希靈登區〔Hillingdon〕）的一條吵雜主幹道——葉汀街（Yeading Lane）。住進一戶短期出租的社宅單元。建物完工於三〇年代，家裡有兩個房間，我和弟弟睡一間，與我們共租的室友住另一個小房間。我媽媽睡在充當第三間房的樓下客廳。

這些社宅單元並不是設計來容納整個家庭的，但我發現附近不少家裡都非正式地擠滿了住客。車水馬龍的街道和來來去去的短租鄰居，讓整區瀰漫一種混亂的氛圍。這種狀況並不特殊，希靈登區議會時常提供分租選項，讓還沒排到公宅的候補者暫住。當時，葉汀街公宅廣為

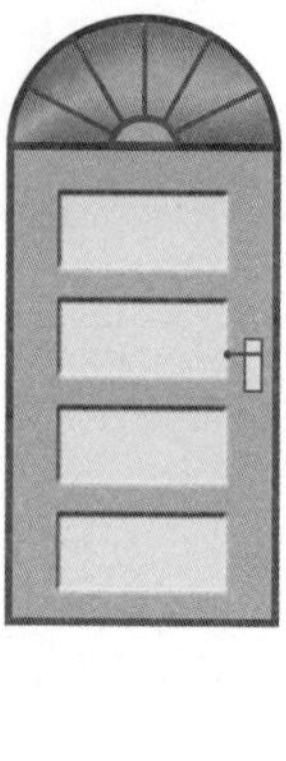

人知，因為隔壁就是聲名狼藉的柳樹街公宅（Willow Tree Lane Estate）。大家都說那裡非常危險，連披薩外送員也不敢進去。所以住戶都會隨便挑個葉汀街的門牌號碼，走過來拿他們的外送披薩。

最初，我們和一位叫「喬治」（真名是賈法瑞〔Jafari〕）的室友同住。他是索馬利難民、耶和華見證人信徒，迷戀烤焦的吐司和清真認證的小熊糖。他總在外面拚命工作，以至於我對他的記憶頗為模糊。不過家裡到處散落著耶和華見證人的《守望臺》（*The Watchtower*），我還清晰記得那些雜誌上的美麗插畫，用淡紫和淺紅等粉彩色繪著鮮草繁花，女人們慵懶地躺在老虎身旁。喬治的門開著一條縫時，我會偷偷瞄進他房內，看見深藍色的Calor牌電爐，和它魔法般的炊煙熏出的印子。喬治都用電爐煎蛋或煎魚，溢出煙熏、濃烈、對我來說十分神祕的料理香氣，飄進年幼好奇的我鼻子裡。我們在樓梯上擦身而過時，他會對我笑笑，我則趁機望向他開著的房門，瞥見宗教典籍與空空如也的室內。也許有人會稱之為「極簡現代風」，另一些人可能會認出方便隨時搬走的跡象。

喬治經常為我頂罪，雖然他本人並不知情。我媽媽對我讀的書管得很嚴，所以我會瞞著她，從當地圖書館借法蘭辛・巴斯卡（Francine Pascal）的《甜蜜谷高中》（*Sweet Valley High*）系列小說來看。每本封面上都畫著微笑的雙主角——一對金髮、苗條的雙胞胎姊妹花（光這種封面就會被我媽媽禁止了）。每次我聽見媽媽走上樓梯，要拿洗好的制服來找房間，就會匆忙把所有書塞進喬治房門下。不曉得他值完夜班回來，看見地板上除了聖經，還出現一堆少女讀物，會納悶成什麼樣。

撫平心慌的NUTELLA

喬治就住在隔壁房間，生活卻與我如此不同，這件事點燃了我的好奇心。我開始不只對人，也對門本身著迷。我小時候看過的前門，大多是公宅建築的標準配備——亮光漆剝落的防火大門，玻璃部分常夾有網狀鐵絲。這種玻璃來自一八九二年美國發明家法蘭克．舒曼（Frank Shuman）的巧思。維多利亞時代的英格蘭，工廠窗戶偶爾會因熱氣和機器震動而碎裂，人們普遍運用強化的夾絲玻璃避免玻璃碎得滿地。百年後，夾絲玻璃被用在英國各地的公營住宅裡，我猜政府大概認為公宅住戶就像十公噸的維多利亞機器一樣危險。

雖然我喜歡客人來訪，但在葉汀街，九歲的我有過短暫但嚴重的焦慮問題，和我家的前門有些關係。那扇門幾無特色，材質是uPVC，即硬質聚氯乙烯——一種厚重耐用、代替木頭的白色塑膠。我們那戶門上有四格薄玻璃，貼了霧面貼紙，邊緣已經翹起。每次聽見門鈴聲，看見朦朧的人影走過我家門口，我就會開始因為腎上腺素而頭重腳輕，耳裡嗡嗡作響、身體抖個不停。我媽媽得陪我坐在樓梯磨薄的灰地毯上，手指八字形地摩挲我的頭髮。有時候她會拿一片白麵包，塗上厚厚的Nutella抹醬，讓我坐在樓梯上慢慢吃。我會舔著滑順的巧克力醬，等待我的心讓幼小的身體恢復冷靜，不懂自己為什麼會這樣。

很久以後，我才明白我無意識地承襲了媽媽的焦慮。住在葉汀街時，我媽媽特別擔驚受怕，因為我們生活中同時發生著兩件令應門變得很可怕的事。其中之一關係到喬治的簽證狀態，他深恐隨時會有人來敲門，要求檢視他的證件。

喬治的處境是我們沒遇過的擔憂。我們應付過各種居住相關的狗皮倒灶，但不曾經歷公民身分和國家權力的問題。我弟弟夜裡有時會溜下床，輕手輕腳上下樓。喬治會被那聲音嚇醒，以為有人來抓他，然後走到廚房去做三明治吃，好替自己壓壓驚。我不確定喬治想像政府要來抓他究竟有沒有根據。那時我還太小，沒人告訴我細節。但我至少大到理解整件事的意義：門外潛伏著我看不見的威脅。

焦慮將腎上腺素送進你的血液，警告你危險來臨，要在戰鬥或逃跑中二擇一。你的呼吸會開始加速，肺部努力攝取更多氧氣，以免下一秒就得拔腿狂奔。之所以不舒服，是因為人體並不適合隨時處於這種狀態。長期的慢性焦慮可能導致心臟疾病、腎功能喪失、循環系統疾病、過度肥胖等問題。

移民局官員專挑凌晨衝進住宅，加深人們的恐懼感。他們隨意出入的權力，使得溫馨的地方——美甲沙龍、餐廳、甚至登記結婚的戶政機關——變成恐怖的場域。這些都是政治計畫下的行動，目的即為創造不友善的環境。真的聽見有人用力捶門時，你彷彿能感覺到每一拳都重重落在你胸口。家是我們自己的延伸，當最脆弱的部分被攻擊，我們自然會有反應。畢竟，歷史上最黑暗的悲劇，都是從某扇門被強行踢開起始的。

當那種嚇人的低頻在背景響起，我有我自己的解決辦法。那陣子，辣妹合唱團（The Spice Girls）剛發行出道作《Spice》。我迷得不得了，整天無限重播〈Wannabe〉。其他沒那麼紅的曲子，我也都為它們發明了專屬舞步。我會大聲放那張專輯，把腳翹在牆上，盯著有小小疙瘩的「爆米花」天花板，就這麼躺上好幾小時，沉思踢腿和女力（girl power）。夜裡熄燈後，我還會在房間悄悄聽歌，一面無聲地浪蕩演唱〈Last Time Lover〉，一面幻想瀏海男孩和高校生活。如果要隔絕敲門聲，至少一時片刻，流行樂似乎頗為有用。我因此少聽見了一些驚醒我媽媽和喬治的樓下聲響，也從此發現音樂是多麼有效、多麼迷醉、能創造無數世界的分心方法。

同樣有效的是閱讀。那段日子，我總能逃到附近的公共圖書館避難。那是一棟附有野花園的小建築，離我家只有五十公尺，所以媽媽准我自己去。我們家裡除了實用指南、宗教典籍，就只有V．C．安德魯絲（V. C. Andrews）的小說，是我媽媽在讀的。但我喜歡的是那種不必出門就能發現魔法的書，譬如C．S．路易斯（C. S. Lewis）筆下衣櫥裡的奇幻冰雪國度，《五小福》（*Famous Five*）系列中四個小孩和一條狗在老宅裡找到的探險密道，趁人類睡覺時溜過書架的借物小矮人（Borrowers），或甚至《魔櫃小奇兵》（*The Indian in the Cupboard*）中那個舊櫃子裡的玩具印地安人（我原以為「Indian」是指印度人，結果顯然不是）。有時候，我會把封面撕下來收藏，還書時謊稱發生了各種意外，其實只是想留下一點點書裡的魔力。我欣然發現，除了在想像大惡狼的時候外，想像力會賦予我它迄今依然給我的平靜，在我需要的任何時候，帶我飛向別的地方。

英國惡犬

若說移民局官員是我們家焦慮的一個源頭，另一個就是法院執行官（bailiffs）。我從散放在流理檯上的鮮紅信封得知了他們的存在，信中警告我們再不繳租金會受到什麼懲罰。當時我媽媽兼了好幾份工作，其中之一是在西伊靈的美容沙龍當祕書。她都穿麂皮迷你裙、長及膝蓋的高筒靴去那裡上班，我覺得時髦斃了。她也幫人帶小孩，並在電話銷售中心推銷毛巾，工作需求似乎包括她一定要用某種我認不出的聲音說話。她的工作都是領未報稅的現金（也沒有任何雇用保證，除了口頭約定，穩定程度近似今日的「零工時契約」〔zero-hours contracts〕）。有些工作才找到便瞬間告終，公司也收掉了。一旦工作不夠，我媽媽就無法準時繳交房租，亦無存款能緩衝，只能立即找新工作。大家都知道，你愈窮愈難存錢。

因此，長大過程中，我常在家裡聽到執行官三個字。如此頻繁被提起，你甚至會以為那是個愛找麻煩的親戚。對我而言，他們既真實又可怕。我有些朋友家裡也收到「執行官」的信，大家將他們描述成一群滑稽的漫畫人物，像學校裡專門找碴的惡霸，但很少人真的見過他們。

我想像他們都是超過兩百公分的巨漢，直到我同學傑克（Jack）告訴我，他爸爸把一個執行官揍得落花流水。聽了他的話，我總算稍感心安，如果哪天執行官來我們家，也許我們還能請傑克爸爸來揍他。

簡單來說，執行官的職責是執行高等法院的命令和傳票，依據法院判決，強制欠債者還錢。假如房客不繳房租或房貸，一段時間後，房東可向郡法院提出訴訟，要求收回房屋。若勝訴，高等法院便會指示執行官將房屋清空、交還給房東。這時，房客可能會收到一紙限於十四天內搬離的命令。人們認為十四天已經夠你找個新住處了。

從十三世紀起，執行官就負責執行封建貴族需要他們幹的髒活。最初，他們是仲裁農地糾紛的官員，現在，他們最為人熟悉的功能有二：一是「搬光你家」（查封財產），二是「搗爛你家」（強制驅逐），也可能兩者同時。老實說，他們的工作介於狠毒與荒謬之間。一位執行官曾經告訴我，他被派去收回一個四英畝的魚池，任務包括將池中價值幾千鎊的鯉魚全數取出，並將魚還給原物主。總而言之，他們從很久以前就被大眾看成酷吏。莎士比亞在《第十二夜》中提到執行官時，用的是當時的貶稱「跟屁官」（bum-baily），據說來自他們老是追在人們屁股後面討債。❶

單論收入，執行官的工作可能很誘人。《衛報》曾在二〇二二年做過一篇報導，指出大部分執行官公司採用的聘雇模式有值得擔憂之處：「執行官並非月薪員工，而是約聘工作者，根據業績賺取佣金。某家大公司的招募廣告——其中表示尤其歡迎前軍警或監獄人員——就開出『佣金無上限』、『每月實領三萬五至六萬五英鎊』的待遇吸引人們加入。」❶這是一個遠高於英國平均所得的數字。經濟誘因支撐著今天我們看見的一些可怕作法。

晚近幾年，隨著《付不起就查封》（*Can't Pay? We'll Take It Away!*）、《執行官來了》（*Beat the Bailiff*）、《還債時刻》（*Call the Bailiffs: Time to Pay Up*）等暴力實境秀的流行，執行官被美化為某種道德十字軍，害怕夜半被抄家的人們則成了節目笑料。螢幕上的執行官經常有著滑稽的形象——白白胖胖、被權力沖昏腦、蛋頭似的大個兒——彷彿一種凶殘成性的英國典型，令人想起刺青上的英國鬥牛犬，滿臉橫肉、發出惡吼。這些節目讚揚「教訓那些欠教訓的人」，讓觀眾覺得和追債人同一陣線。二〇一八年，最高法院對「阿里與阿絲蘭訴第五臺案」（*Ali & Aslam v. Channel 5 Broadcasting Ltd*）做出判決，裁定第五臺廣播公司須為《付不起就查封》中的不當行為，賠償這家人兩萬英鎊。先生阿里當時腳受傷，從床上被叫醒。第五臺拍攝的原始影片中，可以明顯看見執行官慫恿房東之子把場面弄得火爆一點，以增加節目效果。這件事對心臟不好的阿里造成了嚴重影響，而據法院理解，節目播出後，阿里與阿絲蘭的兒女在學校因此遭到霸凌。實境秀的一大看點，就在於它如何冷血無情地，或者過度煽情地，呈現人們受到

❶ 原注：法國人對相同功能的官員也有類似的蔑稱，叫「推屁股的」（pousse-cul）。

的創傷。此類節目的始祖很難追溯，但一九八九年首播的美國實境秀《條子》（*Cops*）無疑要負很大責任。青春期的我，也出於無聊看過不少集。我那代的許多人都曾坐在電視機前，驚訝地看著節目中的警察巡邏、粗暴對待輕罪犯和性工作者，享受地看著他們揮舞權力、伸張扭曲的正義。這種「警察宣傳片」（cop-aganda），就是設計來讓觀眾站在執法者那一邊，正如執行官實境秀是設計來讓我們站在追債人那一邊。經年累月，這種正義逐漸滲入了我們的日常──《條子》是美國最長壽的電視節目之一。

保羅．波希爾（Paul Bohill）是這套媒體美化的產物。他於二〇一四至一八年在《付不起就查封》出任主角，從此成為小有名氣的執行官，現在自由接案。五季下來，波希爾與同事共執行了「七百到一千件」強制收回，有時一天多達五件。我在英國第一波封城最嚴重的時期，透過Zoom訪問他。他戴著與節目中相同的無框眼鏡，穿一件藍色條紋衫，看起來就像和藹又機智的鄰家爺爺。只不過這位爺爺會以一樣歡喜的語氣說起他的知名度和他的團隊如何「五分鐘撬開一扇門」。

「很多執行官性格上都有缺陷，」保羅告訴我，「滿多人都是這樣。他們以前是軍中弟兄，所以現在還以為自己在前線衝鋒。他們就是那種出門都穿軍褲、軍靴的人。」（七十七歲的保羅自己在節目中扮演「白臉」。他以前在警政單位受訓時，教官是二戰和韓戰退役的軍人。）

我們需要了解這些公共侵入者的實際工作，不能總把他們簡化成都市傳說或電視名人。我追問了保羅他提到的撬門是什麼，他解釋道，收回房屋時，「如果裡面的人不開門，我們還是要執行法院命令。我隊上會有受過開鎖訓練的人，用我們帶來的工具把門撬開。這是完全正當的舉動，這樣我們才能把房子還給法定所有人。」

這些手段有不少令人髮指之處，但最恐怖的一點，可能是沒有任何其他權力能管束執行官的行為。我詢問保羅，如果害怕的房客叫警察來，警方會介入多少？他以讓我心寒的自信與我分享他如何看待他們的位階。「警察來的話，就得協助我們，」他回答，「因為我代表高等法院，全英國沒有更高的法律機關。」事實上有兩個，分別為上訴法院與最高法院。

雖然保羅的說法未必完全準確，但一位執行官這麼看待自己，確實叫人憂心。儘管如此，現行體制支持著他的想法（以一個小細節為例：保險公司不理賠被執行官破壞的門鎖，付不起修理費的房客只能聽憑房東處置）。結束視訊前，保羅隨意說起，經過一年來的失業潮和景氣低迷，他們最近生意可好了。光是這幾週，他已經接到兩百件查封案件。

事實是，我們許多人距離執行官來敲門沒有想像中那麼遠。疫情前，出動執行官的案件數量大幅增加，根據社會正義中心（Centre for Social Justice）的統計，二〇一九整年約有三百萬件，比五年前多了六十萬件以上。[2] 二〇二一年，《觀察家報》（*Observer*）報導了北安普敦（Northampton）五十三歲的費絲・吉林（Faith Gillin）的故事。追債人找上她家，向她追討一張鉅額罰單。她忘了向駕照及行照監理局（DVLA）更改地址，所以從來沒收到。她對記者說，她的新住址已登記在戶政機關，但地方政府不曾嘗試聯絡她，反而直接委託執行公司向她追債。[3]類似情節還發生在非常多人身上。不只一個慈善機構警告，強制執行的數量勢必將繼續攀升，因為民生物價高漲，使更多家庭背上債務。而且近期資料顯示，這種情形已經開始了。舉例來說，請求公民諮詢處（Citizens Advice）提供執行官相關協助的人數，二〇二一年十二月為一千八百八十四人，隔年三月已暴增至二千七百零四人。其中一大部分可能都是行政疏失，以及一場歷史級經濟危機的受害者。

恐懼的價碼

恐懼背後有巨大的商機。附有監視功能的智慧門鈴（doorbell cameras，倫敦警察廳〔Met〕管它們叫「家用閉路電視」）近來銷售額暴增。這方面的最新統計來自美國，或許為我們預示了英國將有何發展。統計數字說明，二〇一六年，智慧門鈴已有二億五千二百一十萬美元的市場，二〇二五年更可望達到二十八億。[4]二〇一九年十二月單月，Ring智慧門鈴便在美國賣出了四十萬臺。[5]如今美國有十分之一的警政單位能無需任何搜索令，逕行調閱數百萬個家用監視器的畫面。在英國，智慧門鈴也賣得愈來愈好（我家討厭科技產品的阿姨才剛買了一個），往後很可能成為申請理賠的必備資料。美國已開始有戶外監視器公司，如Flock Safety，將這些系統售予屋主協會，安裝在整個社區中。[6]我當然沒有資格評論人們該買什麼工具來增添安全感（或妖魔化低收入、非白人、無法和白人一樣有財力購買這類設備減輕恐懼的社群）。然而，安裝監視器如此迅速成為標準作法，在我看來是相當奇異的現象。

這些產業之所以蓬勃發展，是因為監視器就算不能保護人的安全，也能給人好像有採取某些措施的感覺。智慧門鈴大賣，反映了人們對犯罪率的觀感，與犯罪實際增減無關。❷事實上，二〇二一年，安全威脅研究與查證中心（Centre for Research and Evidence on Security Threats）公開過一篇研究，顯示裝設此類門鈴，遭竊風險反而可能提高，因為竊賊認為這是富裕人家的記號。[7]住家監視器也可能侵犯鄰居隱私（英國有因此獲得賠償金的前例）、遭駭客入侵，最悲觀的設想是，它們可能創造出一個易遭濫用的全民監視網。人們安裝監視器經常是為了「以防萬一」之類的理由，更滋長了人心惶惶的氣氛，使互信幾乎不可能存在。

在一篇題為〈奢侈監視〉（Luxury Surveillance）[8]的文章裡，兩位教授克里斯・吉利亞德（Chris Gilliard）與大衛・葛倫比亞（David Golumbia）闡述了有色族群在日常生活中，如何受到不成比例的監控。「這項數位革命最令人不安之處，」兩位教授寫道，「在於某些人願意掏錢成為被監視的對象，另一些人則被迫承受這些監視系統，假使可能，也只想付錢擺脫它。」目前的人臉辨識技術，識別黑面孔或棕面孔的能力未若識別白面孔的能力，使得黑膚和棕膚者暴

❷ 原注：皮尤研究中心（Pew Research Center）二〇一九年的一篇分析指出，美國民眾在民調中持續認為美國犯罪猖獗，儘管暴力犯罪和竊盜都有下降的趨勢。

露在種族歸納（racial profiling，憑種族刻板印象認定一個人會有什麼舉止）的傷害下。有時候，他們只因鄰居或房仲的通報，就被列為入侵住宅的嫌疑犯。即使不與上述問題切身相關的人，也會受到其他問題影響。二〇二〇年，英國消費者協會「Which?」測試了市面上最暢銷的多款門鈴監視器，發現所有機型皆有疑慮：每一款都會帶來隱私風險；部分機型還有安全漏洞，容易被駭客入侵。

這一切能歸結出的趨勢是，安全被視為一種個人責任，必須掏錢購買。在這個愈來愈個人主義的世界裡，人們會覺得只有自己能依靠，或者相信能花錢保平安也並不奇怪。但若門鈴監視器可能被種族偏見和駭客利用，它們保護的究竟是誰？當前的情況，並不是簡單一句「比起警報器，守望相助更重要」（我認為這話也沒錯）能解決的。我們還須理解，警報和監視系統本身就可能造成危害，而更好的鄰里關係能增加所有人的安全感。要改善鄰居不睦，最常用的技巧之一是冥想練習，不少顧問會在訴訟費用失控前建議人們一試。如果由政府或地方組織補助社區，透過互助團體或線上工作坊提供這類課程，可能帶來莫大的助益。我們處在一個愈來愈多人自問相同問題的時代——到底該怎麼守望相助？

人們會在互助團體中分享各種訣竅。（我的鄰居們建議我：大門鉸鍊不要上油，這樣有小偷進來就聽得見！在床下放一支板球棒！養隻比特犬！）這些建議或許立意良善，但實際上效果有限。真正更有效的，是不只著眼於個人的解決之道。

我的鄰居們也督促我提高我家的外觀吸引力，即所謂的「路緣吸引力」（kerbside appeal）。該詞彙來自一項事實：好看的外觀能抬升房價達百分之十。因為這些房子給人社區較安全的感覺，類似於破窗效應的反面。為何房子欠缺路緣吸引力——整齊的樹籬、有柱子的大門、妥善放置的垃圾桶等等——會引起鄰居衝突，其實不難理解。試想，當人們忽然發現鄰家外觀攸關自家房價，他們會作何反應？就我個人的經驗，答案是一系列不太有章法的干涉行動。這就是為什麼，我相信我們那裡不會是唯一一個互助團體走樣的案例。我家附近三條街的居民在第一次封城時，成立了WhatsApp群組。那個群組卻迅速變了樣，成為令人厭惡的要求清單兼暗藏攻擊的監視工具——催促大家在花園種羽衣甘藍，並使那些垃圾桶不像樣、山楂叢長太高的人自覺難堪。這些我覺得像任意制定、強迫他人配合的「體面」標準，可以造成非常具體的影響。一棟不好看的鄰宅，能使房屋售價下跌二萬九千鎊之多，而二〇一七年，英國有二千五百多萬人表示，自己曾因隔壁家的外牆難看而放棄購買一棟房子。[9]

一個家的前門，也能增加路緣吸引力。最受嚮往的包括維多利亞和都鐸式大門，通常有斑斕的窗格、繁複的設計，稜角分明的線條中間鑲著彩繪玻璃，還掛了個「伊莉莎白紅」或「克拉崙斯」之類的款式名。喬治時代的工整方格或三〇年代裝飾藝術（art deco）風格的幾何玻璃圖樣顯然也頗具市場。連門的聲音，都可能成為人們執著的地方。倫敦製門公司（London Door Company）的冊子裡便有這麼一行費解的描述：「每次關上門，你都能聽見品質響起。」

為了走出我的童年焦慮，我假裝自己是租處屋主，請倫敦某家受歡迎的製門公司，來鑑定一下我家大門。預約隔週，一位玲瓏的金髮女士穿著黑窄裙與緊身上衣抵達我家門口。她成功以半似陽光銷售員、半似清醒警世者的風格，讓我徹底明瞭恐懼多有利可圖。彷彿在為核災發生的萬一情形做準備，她逐一指出我家前門的問題，每發現一項都要縮一下眉。她說門板已經太脆弱了，因為年久變形，而且材質還是未經強化的廉價松木（很顯然，經過特殊處理的固雅木〔Accoya〕才最堅固）。她上上下下打量那扇門，向我暗示她可能「隨便就踢得開」。像我用的這種普通玻璃，顯然誰都有辦法打破（她推薦使用雙層強化玻璃）。她表示，她只想協助我打造堅固安穩的家——天底下有人能抗拒這句話嗎？

她還告訴我一件事，足以震驚所有小時候——以及長大後——常聽說「掛上門鏈」最安全的人。她說門鏈早就沒人在用了。好得多的選擇，是一種叫「班漢鎖」（Banham lock）的門鎖，一個要價五百鎊左右。班漢鎖當然是現今最優的標準配備，因為鑰匙很難複製、門鎖本身極度堅固、有些甚至能防鋸，最重要的是，烤漆還可以客製化。最後，她推薦我裝一種叫「硬遮罩」的東西，可以防止有心人把手伸進你家信箱，並讓我在各種顏色中選了我最喜歡的。諮詢結束，她為我送上一張報價單：想買份（時髦的）安心，我得花八千八百七十七英鎊。

抵抗的方法

如今回想起來，當時真正能幫上我、我媽媽和那個家裡所有人的，或許不過是驅散恐懼的輕煙，以及多一點點資訊而已。如果我們知道執行官的權限到哪裡、移民局的人上門時能如何反應、想爭取時間的時候該打給哪些地方團體，甚至不敢待在家的時候有哪裡可去，或許就不會那麼害怕了。也許幾張繪有公共圖書館、花園、滑板公園路線的傳單便足矣。

廢除主義者（abolitionist）致力於廢除壓迫我們的體制，促使我們不再仰賴這些體制，開始靠自己的力量照顧彼此。廢除主義為上述的某些恐懼提供了極佳的解答，告訴我們安全並非只能靠花錢購買，或求助於可能對有色族群特別粗暴，也未必會在執行官或移民局官員面前保護我們的警察。美國「黑命關天」（Black Lives Matter）運動的發起人之一——派翠絲・庫勒斯（Patrisse Cullors），在其著作《一個廢除主義者的手冊：改變自己與世界的十二步驟》（*An Abolitionist's Handbook: 12 Steps to Changing Yourself and the World*）中認為，要循廢除主義的途徑解決社區問題，須從小處著手，由自己的社區做起。她建議可以在生活中實踐微小但關鍵的改變，例如勇於開啟討論、重視人際關係、釋放想像力。[10] 她的思考出發點是，只要部分人可能被國家傷害，所有人就都暴露在危險下。一旦開始於社區中看見這層關係，我們就能尋找不同的、或許更有效的方法來守護安全。廢除主義觀點立基於一個想法：幫助他人就是幫助自己。我們可以開啟不同的討論，想出豢養惡犬以外，還能如何保護家。

社運團體常用來抵抗執行官的策略，就是一個很好的例子。他們會召集人力，讓大家手勾手擋在一扇門前，阻止執行官或其他官員強制驅趕房客。比起根本解決，這更接近拖延戰術，再給房客多一點時間找到去處或籌得金錢。人們在全國各地以自己的身體為盾，防止內務部官員或債主強行破門，保護女性、年輕跨性別者、暴力受害者及許許多多其他人。目前也有「重拾控制權」（Taking Control）等社運團體倡議執行官改革，並提供抗議信範例、權利說明影片、債務諮詢專線來協助需要的人。

在倫敦，一群生活朝不保夕的拉丁美洲勞工成立了「反突襲連線」（Anti Raids Network），希望透過串連，抵制移民局官員突襲移民住處的作法。他們與一些類似組織都認為終結濫權的關鍵在知識——人們愈清楚自己的權利，愈有能力共同反抗。他們鼓勵大家印傳單、拍影片、敢於挑戰官員、參加工作坊、在網路上利用#反突襲（#AntiRaids）及#警察監督連線（#CopwatchNetwork）等標籤發文。二○二一年五月，群眾聚集在格拉斯哥的肯穆爾街（Kenmure Street），試圖阻止一輛遣返廂型車強行載走他們的鄰居。當地組織「無驅逐連線」（No Evictions Network）緊急召來數百位社運人士與市民一同包圍廂型車，終於迫使政府讓步，釋放車中的移民。當時有位倡議人士對移民局官員說：「你來錯城市了。」那麼問題是，我們該怎麼讓每座城市成為「錯的城市」？也許答案在於不斷重複這些行動。之後數月，陸續有團體抵制了飛往盧安達的遣返專機，以及倫敦、考文垂（Coventry）及更多地方的強制驅逐事件。

局面似乎愈來愈取決於我們自己，我們能決定要不要了解這一切，了解當執行官或移民局官員來到我們住的街上，我們能怎麼協助鄰居抵禦政府最具侵略性的作法。假如當年的我知道街坊鄰居（而非傑克爸爸）會在執行官敲門時來幫我們的忙，也許不會花那麼多個月坐在樓梯的破地毯上，焦慮地啃著吐司配Nutella。

我過了好一段時間，才在葉汀街的家感到安心一點。幾個月後，門外的影子總算不再令我嚇成那樣。執行官的信繼續在流理檯上堆積，所幸沒人真的來捶門。我愈來愈少坐在樓梯上努力對抗耳鳴，但那種懸在半空、好像等著某事發生的狀態，讓我處於一種同樣難受的緊張之中。我對門的焦慮逐漸褪去，發抖的症狀一天比一天輕微，似乎也更能阻止腎上腺素狂飆。終於有一天，耳鳴消失了，我腦中只剩下辣妹合唱團的聲音，告訴我要是敵人來，就用踢腿把他們踹跑。

我們又和賈法瑞一起住了幾個月，直到他忽然不告而別，只留下一些零落的碎片——浴室裡酒瓶綠的非洲去角質網（African net），和無數被我納入收藏的《守望臺》小書。我媽媽說他回索馬利亞了。她說索馬利亞就像那些雜誌封面上的圖畫，一個老虎和人會幸福地躺在一起的蔥鬱地方。我喜歡那想法，想像賈法瑞在一個遙遠國度找到了快樂的歸宿，被粉彩綠的茂盛青草環繞，沒有官員找得到他。

再隔年，區議會請我們搬出葉汀街，讓排在賈法瑞後面的家庭入住。我們兩家要擠在那裡實在擠不下，無論實務上或情緒上。我媽媽認為這是個契機，正好帶著我們去尋找屬於我們的綠色天堂，一個有粉彩花草和友善野生動物的地方。於是我們啟程，離開那片我怕了不知多久的薄玻璃。趁著搬家，我最後一次犯下與書相關的罪，把幾本平裝書寶貝地堆進背包，帶著它們一起踏上搬家的路。每本的第一頁上都蓋著葉汀圖書館的戳章。

梅佛小屋：呼吸綠地的空氣

一九九六年底，我們家搬到了一棟石造小屋，和葉汀街相形之下簡直是座巨宅。屋子藏在威爾斯中部的偏遠鄉間、一個叫梅佛（Meifod）的小村裡。房舍外牆是手掌至手肘寬的大石砌成，象皮灰的石塊來自當地採石場。石塊間有歪歪扭扭的奶油色水泥，彷彿用指頭沾著塗上去的。石屋孑然而立，像個舊時的遺物，幾英里內皆無其他住家，四周偌大的土地上遍布藍鈴花和彎曲的沙塵路。一些供你流連忘返或認路回家的地方。

我們怎麼會來到威爾斯中部深處的這座冰涼石屋，是個只能在家族傳說中追溯的故事。七〇年代晚期，我媽媽就讀於紹索爾的羽石中學（Featherstone Secondary School），在那裡認識了一個叫峇莉（Bali）的同學。紹索爾的小巷弄為我媽媽和其他少年少女造就了一個自家附近的交際場所。「小峇莉」也住得很近，和我媽媽在巷弄間成了朋友，兩人都喜歡翹課、甜食、

聊不能在家聊的男孩子話題。我媽媽是個亟欲取悅父母的乖寶寶，峇莉則有點叛逆性格，令我媽媽非常崇拜和感興趣。

然後，小峇莉鬧出了一件醜事。她們家已經替她安排好對象，等她十六歲就要結婚。她告訴我媽媽這件事，但我媽媽還太小，不理解情況有多嚴重。因為在我媽媽家裡，嫁給父母指定的丈夫是無可避免的，她的姊姊們如此（一個姊姊已經嫁了），她自己也將如此。她沒當一回事，隔天卻發現峇莉沒來學校。一週後，八卦在社區裡傳得沸沸揚揚，愛看小報的阿姨們群情激憤——聽說峇莉跑走了。沒人知道她去了哪，她的家人迅速宣布再也沒有這個女兒。羞恥彷彿看得見、摸得著，像瘀青色的厚厚雲層籠罩那個家。後來的歲月裡，峇莉好像被流放到了遭父母斷絕關係的子女之島，在沒有網路的時代，瀰漫著更濃的神話色彩。從此無人聽過她的消息，她成為道德寓言裡的人物。我住UB1區（紹索爾北）的小表親們說，那一帶的人至今還會用她的故事告誡孩子。

多年後，我媽媽自己也帶著我離開父母安排的丈夫，被家族斷絕了關係。小峇莉開始溜回她的思緒中。我媽媽的邏輯是，反正怎樣都回不到社群裡，索性來尋找也被放逐的朋友。她展開一連串混亂的調查行動，包括拜訪親戚的友人、查詢電話簿、蒐集傳聞和目擊情報，終於發現峇莉住在一個很神祕的地方——至少對我們來說很神祕——，那裡叫「威爾斯」。

我媽媽打電話給峇莉，兩人約在海耶斯的麥當勞碰面（當時熱門的會面地點），為過去做個和解。她困惑地驚見朋友成了現實版的「嬉皮」（就像寶萊塢電影形塑的惡女，峇莉罪孽深重地把頭髮剃得短短的，剩下幾撮染成紅色和紫色，還和一個「白男」（gora，南亞人對淺膚色男性的俚俗稱呼）在鄉間未婚同居）。然而一頓飯吃完，她對峇莉有了全新的見解。後來幾個月，她們變得比以往都更親近。雖然我媽媽不是全然欣賞峇莉的生活方式，但我想她受到啟發。峇莉捨棄家族和社群，而且成功生存下來，還能把經歷說給別人聽。威爾斯漸漸成為另一個世界的象徵，那裡沒有執行官、單親父母不會被鄙視，或許她也一樣能逃去。

我們還是沒找到住處，眼看又要開始流浪別人家客廳。我媽媽已經受夠那種日子，所以當峇莉阿姨問我們要不要搬到她們家，她立刻說好，甚至連屋子什麼樣都不知道。幾週後，我們坐上火車，腳邊海軍藍的硬皮箱敲著我們的小腿，窗外的城市風景呼嘯退遠。媽媽想為自己做點什麼，嘗試不同的生活。結果，迎接我們的生活確實無法更不同了。我們抵達一片陌生的異域，我不自覺地盯著天空，納悶天怎麼忽然變寬了。

小屋前有一英里長的土徑，壓著車輪的軌跡，雨水積成褐色爛泥塘，散發一股惡臭的放屁味。第一次沿那條路走的時候，臭水滲進我用來裹鞋的Kwik Save塑膠袋，令我尖叫得像要沒命了一樣。我穿的不是雨鞋，是我乾乾淨淨的Reebok球鞋，純白鞋面上點綴著土耳其藍和薄荷綠。我更換球鞋的速度慢得很折磨，所以在倫敦，我總是小心翼翼繞過泥巴和草地，努力讓我的Reebok經典系列常保如新。那天，我別無選擇，只能惶恐地踩進軟爛的泥巴裡，一路吧唧吧唧滑到小屋外。後來鞋上的泥乾了，結成一層硬塊。我至今住過的房子，多半都沒有花園，前門到鐵門那幾步就是僅有的戶外空間，通常即一條一米半長的水泥地。在梅佛小屋，過度茂盛的樹叢會擦過我的臂膀，長髮似的牛筋草每每黏在衣服上，跟隨我回家。

我過了一陣子才發覺，我們不會再搬回葉汀街。這件事令我傷心欲絕，不是因為想念那棟房子，而是因為我迷上了BBC的兒童新聞《Newsround》。我每天放學都要虔誠地打開電視，看利索・姆辛巴（Lizo Mzimba），幻想著長大一定要當記者，當個意見有分量的人。每年他們都會舉辦「年度小記者」競賽，一九九六那年，我也報名了。我費盡苦心寫好一篇個人簡歷，加上一篇關於我自己與任選主題的長文：〈圖書館不可或缺！！！〉然後把資料裝在信封裡，附上照片和一張令人安心的厚紙卡，請媽媽幫我拿去寄，等待後續消息。搬到梅佛以後，我偶爾會想像我已經錯過了那封回信，難過得開始哭。

但新家也有讓人興奮的地方，住在這棟小屋，我可以到鄉間闖蕩。空閒時，我老是帶著岺莉阿姨的牧羊犬比利四處蹓躂（現在想想真不可思議，因為我和我媽媽都不怎麼愛狗）。我開心地學到一個草藥小祕方，聽說誤觸蕁麻的痛癢，能用酸模葉治療。我會故意拿蕁麻往腿上抹，再幫自己敷解藥，可惜發覺這種遊戲玩不了太久（至少我下次報名《Newsround》的作文題材有著落了）。令我驚喜的是，媽媽竟然准我一個人去附近林子探險，我在那裡初識了藍鈴花，發現把它們的長尾巴扯出地面，會產生有趣的後座力。冬天裡，地上會結冰，踩起來有種爽快的感覺，伴隨咬生菜似的清脆聲音。我總是從腳底到眉毛包得密密實實，在戶外信步漫走。很多時候，我會帶著媽媽的CD隨身聽出門，入迷地聽摩城音樂（Motown），對空氣唱五音不全的歌。唱到攔住郵差的歌詞，才想起好久沒見過郵差了。我們家信箱設在路底，從家裡看不見，使郵差也染上某種神祕，彷彿歌裡才有的奇幻角色。

我忙於跳過髒水窪、與藍鈴根深交的時候，我媽媽正百思不解這種生活怎麼有人過得下去。她自問著一類擱淺在荒島或身陷宗教衝突區的人可能會問的問題——這種地方叫得到救護車嗎？鄰居在哪裡？多久才有一班巴士？緊急的時候能找誰？這些問題都被我拋到腦後。我放任媽媽的焦慮在石牆間反彈，一心尋找這座荒唐老宅中的樂趣。

威爾斯的小屋，昔日是在當地工匠的帶領下，由地方居民協力設計、懸吊木材、取得茅草和礫石等當地原料築成的。要不是這個社群好像完全忽略了一件小事，我也許能帶著更多溫柔，欣賞這種凝聚社區的造屋方式——他們似乎一點也沒考慮保暖。我很習慣倫敦的公宅，習慣隔壁鄰居跳舞跳到深夜，暖氣透過牆壁把我們家烘暖。在梅佛小屋，方圓幾英里內都沒有其他人家，溫暖只來自我們微弱的電暖爐。許多夜裡，我在床上冷得蜷成一團，感覺熱氣一點一點溜走，彷彿它們有其他更想去的地方。

有時候，我會縮在棉被裡看窗外的夜空，如此深黑，入眼盡是星點。我聽著寂靜，疑惑我為什麼住在這棟沒有朋友會來的屋子裡。我好像被遺棄在一片寒冷之中，沒有半個類似的人可以為伍。我太習慣媽媽在鄰室翻來覆去的聲音，甚至開始把那當成某種搖籃曲，被無規律的沙沙聲哄睡。我還太小，並未意識到那是她的不滿構成的旋律。環境聲響的質地鑄造了我們，噪音減少也需要時間適應。都市計畫影響了人類的耳朵——紅綠燈的嗶嗶聲、車聲、鄰居的閒談聲——，在梅佛，那些喧囂都遠得聽不見。許多都市人學會了無視噪音，而梅佛教你關掉噪音、聆聽自己。現在想來，那裡很像測試音響用的無回音室，靜得能聽見自己的心跳。世界上最安靜的角落是美國明尼蘇達州的歐菲爾德實驗室（Orfield Laboratories），測出的噪音值為負值：負九．四分貝。一般人進到那裡，四十五分鐘就會受不了。聲響和寧靜，都是我們生活不可缺少的部分。

小屋裡鋪滿灰色的石地磚，每次我半夜下床去廁所，都宛如踩進北極的冰湖，被冰透的石子凍得跳腳。地板上擺著幾條紹索爾市集賣的厚地毯，但鋪得零零星星，並不怎麼管用。所以後來我都拿一堆毛衣當跳板，一格一格跳到廁所去，像隻發冷的尿急小青蛙。我時不時會覺得，這一切都好像某種扮裝遊戲，在模仿維多利亞時期（印度布料的部分也像）。然後又發生一件事，讓這種印象更強烈了。有幾個月，水管結冰，一個叫「井」的東西也不知出了什麼問題，我媽媽只好把衣服放在浴缸裡用手洗。我也得幫忙，將毛巾和床單攤在浴缸的陶瓷邊上，又扭又壓，擰出棕色的水。直到赤腳踩衣服的時候，我才終於覺得好玩一點，想像自己在釀什麼噁心的酒。

這段期間，我短暫轉到了當地的一所學校（搬家在我的教育過程中造成許多空窗期），感覺就像發燒時做的一場怪夢。我只記得學生好少，少到不同年級要併班。五年級和六年級一起上課，大家只有一半時間要聽講，老師教另一年級的時候就自習。（我覺得這種教學方式對我很有益，我吸收了不少六年級的上課內容，所以回倫敦的時候程度稍微超前一點。純粹因為運氣好、遇上那種環境。）有一次我們校外教學去鐵橋村（Ironbridge）參觀一座文史博物館。裡頭除了維多利亞時代裝束的人，連奶油攪拌器、掃煙囪的童工也一應俱全。我們拖著步子在博物館裡走來走去，看見那些自己洗衣生火、生活寒冷艱苦、甚少物質享受的小孩，我不禁想起我家的手工洗衣坊。我想我那天回家一定發表了很多高見，說我不覺得一百五十年前的生活有多特別。我媽媽隔兩天就買了本日記給我，讓我「把想法全部寫進日記裡」。

綠地屬於誰？

人們逃往鄉間安身已有數百年的歷史。理由顯而易見——空氣清新、鄰居友善，又有華茲華斯（William Wordsworth）讚不絕口的水仙花。但綠地面前並非人人平等。《誰擁有英格蘭？》（*Who Owns England?*）的作者蓋伊．舒索（Guy Shrubsole）報導，英格蘭不到百分之一的人口持有了這塊土地的一半面積，縱觀全英格蘭，大眾無法進入的土地更占百分之九十以上。資料顯示，地主之中約有二萬五千人為「新興工業富豪、寡頭政治家或城市銀行家」，而蓋伊論述，此種情形已經存在好幾世紀。[1]（有趣的是，他也計算了英國皇室持有的英格蘭土地比例，大約是百分之一．四。）

在依山傍海的鄉鎮，屋主結構也逐漸成為爭議問題。根據疫情前的官方數據，英格蘭有四十九萬五千個家庭擁有第二棟房子。[2]這有部分要歸咎於政府先前的策略，選擇在這一代最嚴重的住房危機當中，將預算揮霍於替多屋族提供補助或減稅。這些政策實際衝擊了人們的生活。二〇二一年四月，康沃爾郡（Cornwall，英格蘭西南端的避暑勝地）有一萬多個房源列在Airbnb上，供度假者挑選。同一時間，尋家的當地人在Rightmove房屋網上卻只能找到六十二筆出租房源。[3]

支援無家者的慈善機構「危機」（Crisis）指出，二〇二一年，英格蘭、蘇格蘭及威爾斯共有二十二萬七千人處於最惡劣的失所狀態——睡在粗糙的地上、車上、破屋中或在不同的旅館漂泊。粗略算起來，人們手上的多餘住宅超出失所家庭數整整一倍以上。這造成幾方面的後果，使城鄉房價皆被炒作到難以負擔，使在地社群被猖獗的仕紳化摧毀，甚至使我們思考空間的方式完全改變。

有一回，岺莉阿姨拉我一起到門口問我能看多遠。在那之前，我都以為綠人巷為我展示的就是整條地平線。但站在那裡，望著眼前的林地，我第一次感覺到我們的世界是多麼廣大。那念頭成了陪伴我至今的想法。

空氣爭奪戰

歷史上不乏爭奪綠地和乾淨空氣的前例。維多利亞時代，人們會到海邊和鄉間「呼吸新鮮空氣」（"take" the air，亦有奪取之意），以便暫時脫離令人窒息的工廠煙雲。煙雲盤旋在城市上空，飄進哈代（Thomas Hardy）的詩中，也較不浪漫地飄進居民的鼻子，和他們被科技革命重創的肺部裡。不受管制的煤煙熏黑了一座座工業城鎮，但人們一直到相當晚近，才開始測量與監控空氣品質。根據環境食品與鄉村事務部（Defra）的資料，較完善的空氣品質紀錄始自一九六一年。那年，世界首個監測空污的合作網絡「全國調查」（National Survey）在英國成立，觀察英國各地的黑煙與二氧化硫數值。

我們生來就是自然主義者。舉個例子來說，人類天生擅長區分不同的綠（葉綠素共有六種，雖說一般植物中常見的是鴨綠色的葉綠素A和黃綠色的葉綠素B兩種）[5]。這種本領能協助我們的老祖宗，辨別身邊環繞的蒼翠嫩綠。然而，現代的生活方式與地理條件，往往令我們與自然隔絕，也與自己的本能脫節。一九八四年，美國生物學家艾德華・威爾森（Edward O. Wilson）創造了「親生命」（biophilia）一詞，闡述現代人親近自然之必要性。各國看待此事的認真程度不同。在日本，研究「森林浴」療效的學者發現，走進大自然，有助於緩和人體神經系統對壓力的反應，可能帶來降血壓、抗憂鬱、促進自律神經及免疫系統等功效。在美國，已有些醫師開始為患者開立「公園處方箋」，鼓勵人們多到戶外活動。而在中國——世界空污最嚴重的幾座城市所在地——壓力大的城市人會參加「呼吸好空氣」之旅，到風景勝地旅行，最熱門的是去桂林陽朔。

因此，乾淨空氣一向搶手，也只有部分人能搶到。當一場透過空氣傳播、侵害呼吸系統的流行病肆虐全球，某種「鄉間特權」論述逐漸抬頭。可以遠距工作，也負擔得起鄉間別墅的人，能逃出被封鎖的城市，去某個空氣清新的地方，或許順便看看海景。對其他許多人而言，鄉間生活僅止於甜美的幻想，是被一條束縛你於城市生活的巨蟒勒住時的自然反應。全國封城的日子裡，決定留下或無法離開的人們在巷弄間自製了克難的花園，將椅子搬到路邊或路中間、大量採購室內植物，或者像我的一個朋友，用野生動物圖當電腦桌面和視訊背景。

呼吸順暢是人類最基本的需求之一，不平等卻決定了誰能取得乾淨空氣。愈貧困的人，愈可能生活在污染嚴重的區域。也許不得不住在瀰漫空污物質的舊工業區，在污染地帶工作，送小孩上污染地帶的學校。這些都受到一個人的族裔、性別、年紀、是否為身心障礙者影響。

二〇一三年，草根社運人士羅莎蒙·季希黛布拉（Rosamund Kissi-Debrah），在痛失九歲愛女艾拉（Ella）後，讓全國大眾看見了污染如何與種族不平等深刻相關。一份調查報告於二〇二〇年十二月出爐，證實倫敦南環路（South Circular Road）製造的空氣污染是導致艾拉死亡的因素之一。這可能是有紀錄以來，英國首個承認污染致死的案子。艾拉的事件揭露，倫敦黑人族群暴露於有毒空氣中的風險特別高。[6]在倫敦，吸入嚴重超標的二氧化氮而住院治療的黑人孩童比英國任何地方都更多。黑人或其他少數族裔的英國人，無法近用綠地的機率，至少為白人的兩倍以上。[7]在我長大的紹索爾，地方組織「紹索爾與海耶斯乾淨空氣陣線」（Clean Air for Southall and Hayes）已努力多年，反對附近煤氣廠排放有毒廢氣。順帶一提，製造空污與承受空污的人群，在全球皆有不重合的現象。美國NPR電臺於二〇一九年報導，依人口比例換算後，美國白人承受的空污少於他們透過消費製造的空污，大約少了百分之十七。黑人與拉丁裔承受的空污，則比他們消費製造的空污多了百分之五十六至六十三。[8]

此領域先前便有學者關心，但情況從未如此緊急。關注化學物質與空氣品質的生物學家——希爾達·帕默（Hilda Palmer），目前正與大曼徹斯特風險中心（Greater Manchester Hazards Centre）以及工會聯盟的乾淨空氣網絡（Trade Union Clean Air Network）攜手研究。她在視訊通話中旁徵博引，用精確到小數點以下的數據為我說明，繼續放任空污不管，將是多麼危險的一件事。「PM2.5沒有所謂的安全範圍，即使最少量也是有害的，」她解釋。PM2.5是指飄浮在空氣中，直徑小於二·五微米的細懸浮微粒，可能產生自汽車廢氣、工廠霧霾、木柴焚煙，乃至殺蟲劑與清潔劑的噴霧。「我們已經知道這些微粒會進入人體、進入肺部、進入血管，還能穿過血腦屏障（blood-brain barrier），甚至進入孕婦胎盤。人體所有地方都可能被它們污染。」❶數字上看來，倫敦的空氣並未給我多少好處。假若在全國地圖上用點標示空污濃度，葉汀街會是數一數二的大點，像個腫脹的膿疱，而梅佛的藍鈴花森林那點就只有針尖那麼小。很難想像，梅佛曾是我肺部短暫的休憩地。我在無人的泥巴路上放聲歌唱，用隨身聽交替聽著媽媽的一張摩城唱片和一張TLC（美國R&B女子樂團）專輯的時候，我的紅血球正與新鮮空氣做朋友。

提筆寫著這些，我想起我這一生見過的氣喘問題。小時候去住阿嬤家，夜裡阿嬤的氣息聲總嚇得我睡不著，一種咯咯咻咻的恐怖聲音。我妹妹還是嬰兒的時候，被戴上一個巨大的呼吸罩，蓋住她整張臉，像個防毒面具。被迫處理那個呼吸罩幾次後，我有陣子對防毒面具、浮潛面罩、任何會罩住口鼻的東西都怕得不得了。雖然我們在母親子宮中，某些器官就初具功能，但人生真正開始的瞬間，依然是我們憑自己的力量，將第一口氣送進潮濕肺部的那一刻。在那之後，我們每天呼吸近二萬二千次。只是我們之中太多人，從出生至今都呼吸受污染的空氣。

室內植物的安慰

搬到梅佛小屋前，我的世界裡很少有人談及花草鳥獸。離開那兒後，我常想起我新認識的植物和迷戀的藍鈴花，看著市場上的花價，好奇為何免費摘得到的花要賣那麼貴。我的植物學興趣沉寂了很久才又復甦。快三十歲時，我簽了一份兩年的租約，終於感覺有個穩定住處。那時我才開始找尋新方法，讓自然重回我的生活中，也種起了室內植物。

我第一次對藍鈴花以外的植物產生感情，應該是二〇一五年的事。我媽媽給了我一盆白鶴芋，我一路抱著它，從伯明罕搭火車回到佩克漢（Peckham，位在南倫敦）的家。它陪我搬了三次家（撐過搬家是現代室內植物的必備能力）。我竭盡所能避免它生病，看 YouTube 教學影片看到深更半夜，下載診斷灰斑病的 App，也買了防治小飛蟲的藥。為一個交往很久的男友心碎時，我難過得整天倒在床上，曾經借用它的噴水器來令自己振作。我會先噴噴葉子，然後噴自己的臉，感覺冰涼的水珠灑在鼻尖。再把水揩掉，走去擦臉，逼自己起來動一動。

愈來愈不想照顧自己的同時，我開始沉迷於照顧其他東西。我的唇舌逐漸對植物的拉丁學名累積了奇異的肌肉記憶：Monstera deliciosa（龜背芋，英文叫「瑞士乳酪葉」）、Dracaena trifasciata（虎尾蘭，英文叫「蛇草」）、Epipremnum aureum（黃金葛，英文叫「魔鬼藤」）。這些學名，多半是沿用十八世紀瑞典植物學家——兼臭名昭彰的種族主義者——卡爾・林奈（Carl Linnaeus）的命名。林奈矢志為動植物與礦物分類，在他的《自然系統》（*Systema Naturae*）等書中替植物賦予了新名字。早在林奈取得植物的命名權之前便栽種它們的人們，

❶ 原注：評估大氣污染影響的一項數據是男性身高的差異。一八九〇年代出生的男性，平均身高（在他們入伍參加一戰時）為一百六十八公分。其中，成長環境污染最嚴重的人，比家鄉空氣最好的人矮了將近二・五公分。這項發現也使一些學者認為，身高可以作為污染的明確指標之一。

想必不認識這些奇奇怪怪的拉丁名。儘管如此，我依然熱衷於記住這些新名字。將我的植物擬人化，似乎讓它們變得更實在了。[2]（家裡的植物發展出自己的個性時，我也有同樣的感覺——我的琴葉榕很愛人伺候、白鶴芋喜歡誇張、波士頓腎蕨特別龜毛。）

我享受看我的室內植物長大，看它們漸漸占據空間。「占據空間」是個被政治化的字眼，描述我們身在並非所有人都樂意與我們共享的地方。邊緣族群常被警告：不要占任何空間最好。TED演講者會運用一種叫「強大姿勢」（power posing）的技巧，站立時盡量將身體張開，這也說明占據多一點實體空間，真的能帶來有力量的感覺。瑜珈的「女神式」（goddess pose）同樣教人們打開身體，盡可能延伸四肢，將周邊無主的每一寸收為己有。看著一株亂爬的黃金葛占領我的房間、做我自己生活中並非總能做的事，使我感到一種特殊的滿足。對於許多像我一樣的人而言，即使從小不是特別有園藝天分，這種植栽也能提供莫大的慰藉。在不知多少人心中，它有時候是必要的依靠，讓你在社會上、經濟上，甚至政治上深感無力的時期，稍稍滿足自己對掌控局面和成長的渴望。

室內植物近年重返流行，成為現代居家布置的固定班底。二〇一七年，《華盛頓郵報》發了一則新聞，至今已被分享無數次，標題下道：〈千禧世代用植物填補居家空間——和心靈空洞〉。報導引用美國國家園藝調查（National Gardening Survey）二〇一六年的民調佐證此聲稱。根據民調結果，該年度開始接觸園藝的美國人約莫六百萬人，其中五百萬人年齡落在十八至三十四歲之間。[9]到了二〇二一年，美國千禧世代人口中，十個有七個表示自己是「植物爸媽」。二〇一七至一九的兩年間，全美室內植物的銷售額衝高百分之五十，達十七億美元。[10]

房間經常很小，園藝夢卻可以很大。二〇二一年的英國，當紅的高價植物是龜背芋，從毛巾到燈罩都開始印上它的圖案，本尊一株動輒幾百英鎊。維多利亞時代，擁有相同地位的植栽是堅若磐石的葉蘭（Aspidistra elatior，英文俗名「鑄鐵草」），一八二三年才首次從中國傳入英國。這種強悍的植物能適應多數光線昏暗、黑煙污染的維多利亞宅邸，流行到喬治．歐威爾（George Orwell）還曾用種植葉蘭象徵中產階級的從眾，寫進他一九三六年的小說《葉蘭永不落》（*Keep the Aspidistra Flying*）。「葉蘭一日擱在窗臺上，英格蘭就一日看不見革命的希望。」小說主角戈登．康斯托克（Gordon Comstock）如是說。一八五〇年代以來，維多利亞時代的英國也吹起蕨類熱。蕨類是出名的嬌生慣養，須養在稱為「蕨類園」（ferneries）的溫室中。不過，進入二十世紀，風潮轉向了室內植物。一戰之後，隨著摩登風格興起，住宅裡外不再流行使用大量植栽。不花錢又易照顧的品種晉升為室內植物首選，包括仙人掌和多肉植物。它們建築般的造型，也更符合當時設計界的潮流。

室內植物在一些人看來，或許是衰敗之跡，控訴著生活一天比一天擁擠憂鬱。但它也能被

❷ 原注：但最近流行的「植物爸」、「植物媽」一類自稱，對我來說就太超過了。

視為一種抗衡手段，用來挽救惡化的空氣品質與心理健康，透過小小的個體行動追求更好的空氣。美國太空總署（NASA）的研究似乎為此提供了依據。一九八九年，他們針對封閉環境的空污進行了「空氣清淨研究」（Clean Air Study），指出波士頓腎蕨（Nephrolepis exaltata）是消除甲醛的最佳室內植物，虎尾蘭則對過濾空氣中的甲醛、苯、甲苯、二甲苯、三氯乙烯都有不錯的效果。

英國土地上的異國植物史，有一大半與殖民脫不了關係。大英博物館時常由於展出掠奪的文物而引發抨擊，相較之下，人們對英國皇家植物園（Kew Gardens）這類地方似乎相當寬容。龜背芋來自南美的雨林。[11]不必多做比喻，也能明白這些從熱帶被搬到寒冷英國、無法順利生長和結果、變成客廳裝飾的植物受到了何等對待。就像現代世界的多數享受，我們對這種享受心懷愧疚。這些植物被運過半個地球，好讓部分倫敦居民能沉浸在綠色室內的快樂中。我一面想著這些，一面逐片逐片，賣力為葉子擦去塵埃，想像它們吹出一道氧氣，直通我的肺。

雖然龜背芋是時下新寵，但我對另一種植物更有好感。那就是十九世紀從南非傳至歐洲的吊蘭（Chlorophytum comosum），俗名「蜘蛛草」。小時候我媽媽會種，所以我特別喜歡。它們柔軟的葉片給人剛強長腳的錯覺，好像隨時可以爬出盆子，開始這裡逛逛、那裡走走。我無法不意識到，將自然關在租來的斗室中，感覺還是不太自然。幻想蜘蛛草哪天也許會自行逃脫，總是令我很愉快。

開放綠地！

離開租不起的城市、住到鄉間去，經常被當作另一種選項，兜售給不想被市場資本主義宰割的人。但做這種選擇必須付出代價。而且能否享受愜意的鄉間生活，也取決於你能否被當地社群接納。我們當然需要透過環境運動，要求政策改變，讓所有人呼吸更安全的空氣。但首先，我們得讓戶外成為人人都能平等近用，不受經濟、社會、文化條件阻礙的地方。

在都市計畫中納入綠地，重要性不只在於美觀。美國二十世紀被「畫紅線」的社區（即被政府認定無投資價值、排除於重要服務之外的黑人與拉丁社區），如今夏季氣溫比鄰近社區熱上攝氏二・八至六・七度，原因是路樹較少，缺乏樹蔭和蒸散作用協助空氣降溫。綠地多寡也會影響社會安全。率先指出綠蔭與刑案數關聯的，是二〇〇一年對芝加哥一處大型公宅區的研究，發現綠化可能減少犯罪發生。[12]研究顯示，樹冠覆蓋率每增加百分之十，暴力犯罪會減少百分之十五、竊盜會減少百分之十四。顯然，為了美觀以外的理由，興建任何住宅都需要考慮綠地設計。綠地涉及人民權利和公共衛生問題。

鄉間或許有益健康，卻不一定是你有歸屬感的地方。鄉間當然也有非白人居住，其中不少想必為一項事實感到挫折，即城市人主宰了大部分的英國生活論述。然而，土地上存在看不見的邊界。近期數字揭露[13]，英格蘭約有百分之十七人口住在鄉間，也就是九百七十萬人左右。

這近千萬人中，只有不到百分之二是BAME（黑人、亞裔與少數族裔）[3]。原因之一，是住在白人多數地區必須付出的「種族主義稅」（難以計算，但徵收方式從盯著你的斜睨目光到酒吧裡的低聲評論皆有可能）。種族貧富落差也助長這種局面，出身白人家庭的人，要置產比其他人容易太多了。

尤其令人難過的一點，是英國許多移民來自鄉野。我們很多人的祖輩，都與自然互動密切。我的旁遮普祖先務農，阿公家裡種著菠菜和玉米。我還沒學會走，就聽家人說了五河之地的事（旁遮普〔Punjab〕地名源自波斯語的「五」〔punj〕、「河」〔ab〕）。我有漁民家族的中國朋友、會種芒果樹的牙買加家人，也記得人們告訴我的那些關於傑赫勒姆河（River Jhelum）的巴基斯坦詩，和關於穀母神（Corn Mother）的第一民族（First Nation，加拿大對「印地安人」的正名）故事。

我們必須找到讓綠意進入居住空間的方式，讓被都市環繞的人也能享有應享的自然環境，在其中乘涼、療癒心靈、呼吸新鮮空氣。或許可以採取的第一步驟，是落實公衛機構的建議。例如按照世界衛生組織（WHO）的建議標準，確保一座城市擁有每位市民九平方公尺以上的綠地。[14]

維多利亞人開始設置公園時，曾經帶來不小的突破。人們創造這些公共空間，使綠地民主化、刺激地方經濟，並使不同階級的居民都為社區感到自豪。瓦珊斯托（Walthamstow，東倫敦的一區）著名的威廉．莫里斯藝廊（William Morris Gallery），庭園裡有塊告示牌，記載當地的一段佳話。藝廊原本是棟叫「水屋」的宅邸，一八九八年，擁有宅邸的洛伊德（Lloyd）家族將房子連土地送給了瓦珊斯托區，條件是區議會必須盡量取得周邊地權，將這裡打通成一大片綠地，對大眾開放。如今，這裡已是經營良好的一座公園了。

人人可享公園的理想，似乎並未朝正確方向演進。在全英各地，還有二百七十八萬人出門要走十分鐘以上，才能抵達最近的公園或綠地。在英格蘭最貧窮地區，私人花園的面積還不到最富裕地區的三分之一。這或許部分解釋了為何社會大眾有些時候，好像就是無法將移民和綠地聯想在一起。封城期間，人們被要求勿至公園遊憩，電視名人雅麗莎．迪克森（Alesha Dixon）曾因為發布一張照片，在推特上遭到猛烈砲轟。照片顯示她正和家人在一片大草坪上曬日光浴。網友一致認定那是在公園拍的。不過迪克森後來澄清，那其實是她家花園。同一年，有位白人記者在網上爆紅。她在Instagram上看見某位黑人造型師在鄉間莊園野餐的照片後，表示自己「已經厭倦炫富」，決定「憤而退出Instagram」。在一個黑膚與棕膚族群長期處於結構性弱勢，能擁有鄉間別墅的人少之又少的國家，這種反應實在匪夷所思。

有些社團致力於連結環境正義、土地改革與黑人抵抗運動。它們的型態五花八門，從英

❸ 原注：「BAME」是政府資料及人口普查中常使用的詞彙，此處姑且沿用，儘管它有將移民的多樣經驗混為一談之嫌。我認為它並非描述身分的恰當詞彙。

國的有色族群賞鳥團體「成群」（Flock Together）等線上社群，到洛杉磯的「健行俱樂部」（Hike Clerb，clerb或clurb是年輕小眾對club的代稱）等熱門團體。後者會舉辦健行活動，訴求取回綠地近用權，並集結邊緣之聲。臉書社團「自然有色人」（POC in Nature）是英國的一個大社群，供人們分享登山、攀岩、跑步、植物交換、氣候研究和氣候行動資訊。

「我爺爺是迦納的可可農夫。」創立「自然有色人」的凱倫·菈比（Karen Larbi）告訴我。父母都來自迦納的她，在東倫敦的貝克頓（Beckton）長大。我們視訊那天，英國還在封城，她從新十字（New Cross，位於南倫敦）的房間接受我的訪問。「所以我總覺得，我的根源和農耕與土地深深連在一起。我會向我們迦納阿坎族的大地女神——阿薩瑟雅（Asase Ya）祈禱。她讓我想起，這個世界的任何地方都是我的家。我能因此有自信、有勇氣到那些我顯得格格不入的野外去。身在大部分都是白人的地方，我很難盡情做自己。我知道如果四周只有我一個黑人，當人們使我不舒服，或明顯歧視我的時候，就只有我一個人可以為自己發聲。」她解釋。

我問她這樣值得嗎？處在那些地方是什麼感覺？她深吸了幾口氣才回答我。

「值得。會有一種……釋懷的感覺。」

刷花的許可

峇莉阿姨經常待在梅佛小屋的花園裡，用一支畫畫的刷子刷花，幫花兒授粉。從遠處看，你會覺得她好像正聚精會神在替花朵著色。我從那耐心的姿態中學到很多。岩莉阿姨不自覺地給了我一個機會，跟隨我們天生都有的、想接觸自然的本能。

我媽媽和我相反，她真的很討厭梅佛的生活。但那次搬家，使她學會了主導自己的選擇。某方面而言，那是一段不痛苦的自我發現過程，我到處跟狗玩、摘花，狂熱得像個小瘋子的期間，我和媽媽與空間的關係都改變了。空間是可以自己創造的，世界不是只有你長大的幾條街。一直以來被灌輸要縮得小小的非白人女性，也可能——只是可能——開始伸展手腳。

我和我出生的這片土地，僅有脆弱的連繫。雖說祖先務農，但我不曾住在農舍，沒有從小探險的田野，媽媽通常也沒有時間或知識，在走去巴士站的路上，告訴我酒館花圃裡植物的名字。我只能把我有感觸的事物帶在身上——書裡讀到的草、實際見過的花。看著別墅文化和鄉村仕紳化的夾攻下，鄉間逐漸成為富人專屬的地方，我為我們的社會深感不安。此刻，我桌邊放著一把藍鈴花，提醒我童年那段發現新環境的特殊時光。我還在期望某一天，我能長久安居某處，久到我的爬藤能生根，攀上窗簾桿、書架和牆面。我還在等待機會到來，允許我出發占據空間，我想最後我會忘記等待，自己許可自己動起來。

在梅佛小屋撐了六個月之後，我媽媽覺得再不回倫敦，她就要發瘋了。（最後導火線是幾個想摸她手臂的當地人。）我們收拾家當，我和弟弟全身保暖衣物，坐進一輛白色廂型車後座，屁股下堆著棉被、毛毯、還有藍色的加厚伐木工襯衫。每當車子駛過減速丘，箱裡的雜物就被震得喀喀響，我臂彎裡有束藍鈴花，是峇莉阿姨繫上細繩送我的。我一路用手保護它，彷彿抱一個初生的嬰兒。

搬進新家之後，藍鈴花不久便枯死了，但我把我滿是泥的 Reebok 球鞋套上塑膠袋收藏著，紀念這一小段奔放的日子。鞋子不能拿出來，因為我們的新房東不那麼能容忍地毯上有髒泥塊，但知道它們在那裡，我就很開心了。我幻想我拿著兩隻鞋拍呀拍，拍出栗紅色的細雪，從空中紛紛飄落，就像《剪刀手愛德華》（*Edward Scissorhands*）的最後場景。我幻想球鞋變成蝴蝶飛走，我揮著網子在後面追。我幻想酸模葉長到窗邊，我順著藤蔓滑下去，正好踩進球鞋裡。新家把我從這些美夢中搖醒，外面的世界又開始愈縮愈小，綠地只剩前門至鐵門的距離。還好，我已經存下夠多威爾斯空氣，夠我熬到霧霾散去。

關於社區的二三事

一九九七年，我們家搬到了西倫敦的斯沃尼奇路（Swanage Waye）。門外不遠就是從海耶斯去紹索爾的橋，標記著一道看不見、但有天大意義❶的分水嶺。這座分水嶺隔開不同種族的區域。（海耶斯多白人，紹索爾多亞裔。今天情況仍差不多，一河之隔的海耶斯與紹索爾，亞裔居民分別占百分之二十五與七十六。）

我們住在一棟私人出租的雙拼房屋，同樣為三〇年代風格，位於大道旁的巷子裡。附近安全得我能直接去朋友家敲門，找我的好姐妹納吉娜（Nagina）和席瓦娜（Sylvana），一起出來溜直排輪。我常穿著直排輪衝進家裡，咚咚咚跑上樓梯，被我媽媽打一下頭，然後又衝出去。屋內包著立體的壁紙，有浮雕的小花圖案，我會用指甲在上面壓出凹痕，讓下個房客知道我住

❶ 原注：這是指對住在這條想像邊界附近的人而言，因為事實通常是，只過一座橋，你的生活就會完全不一樣。

過這裡。[2]

廚房很小，只擠得下兩個人，通常是我一個豐腴的阿姨和瘦瘦小小的我自己。我會抓幾樣東西丟進油鍋就出去，或者進廚房倒一大杯Sunny D。過去許多英國人相信這種濃稠、螢光橘的果汁富含維他命，直到它被爆出大部分是玉米糖漿和食品添加劑做的。有一年夏天，我實在喝太多Sunny D（自從Cash & Carry超市進了一大堆），喝到渾身散發果汁味，開始亢奮地在街上狂飆直排輪，認識附近鄰居。我就是因此才發現那區大概一半人都是我的遠房親戚。

我們之所以決定搬來，完全是為了這裡的人。這算是我們能主動加入的社區，所幸還有租一般房屋的經濟能力。媽媽透過親戚介紹，找到了租金特別便宜的房子，房東「伯伯」和我們沒有血緣關係，但認識我們住在兩條街外的阿姨。海耶斯現在還能有這個社區，據說是拜一些南亞居民的謹慎所賜。他們一直注意著別將房子交給白人開發商，原因除了歷來受到的種族歧視，也關係到九〇年代的國際商業信貸銀行（BCCI）醜聞。BCCI不是真正的老字號，但在英國南亞人之間頗負惡名。這家銀行由巴基斯坦金融家阿貝迪（Agha Hasan Abedi）創立，八〇年代在我們這裡以「最貼心的銀行」聞名，因為他們願意貸款給種族主義者不願意服務的對象。長話短說，貪瀆事件使BCCI於一九九一年倒閉，連累成千上萬南亞人背上債務、失去積蓄或房屋，據說有些企業主損失高達數百萬。BCCI如今被當作金融醜聞的代名詞，警告人們小心保管資產。這一帶不少居民決定創造共享經濟，讓財富只在親戚和熟人之間流轉。我們家也不知怎麼，被納入了這個「好朋友」圈子。

我媽媽這時有兩份工作——白天在美容沙龍坐櫃檯，晚上在萬豪酒店（Marriott）清潔飯店，意思就是我們有錢租房子。那是我們生活中罕有的一段時期，感覺富裕又安穩無比。媽媽還遇見了一個伴，做著領現金的建築工作，雖然像風一樣來來去去，但他使我們家第一次成了雙薪家庭。這個人就是我的繼父，一個出生於曼徹斯特的天生浪人，飄忽穿梭在我成長的歲月裡，但永遠是我眼中父親般的角色。他溫柔而強悍，帶著某種北方的冷靜，令他難得說出的那些「我愛你」聽起來格外窩心。他年輕時投效軍旅，後來成為建築師傅，參與了倫敦的諸多基礎建設。三十歲前那幾年，他在金絲雀碼頭（Canary Wharf）的河岸工地，協助打造這座城市日後的金融中心。更晚些，他常在海耶斯一帶為寺院砌牆或替當地叔叔伯伯蓋陽臺，也學會了堪用的旁遮普知識。我的工匠爸爸不凡的才華和典型的低調，使我對建築工作從此懷抱敬意。他在英國各地造過房子，自己始終是無殼蝸牛，但當他在家裡，總能帶給我很大的安慰。爸爸不用工作的時段，只有媽媽去上夜班那幾個鐘頭，所以有一陣子，我幾乎都見不到他們倆。只有當清晨準備去學校、用髮膠抹平額前凌亂的細髮時，我會碰到媽媽帶著小禮物回來。有時是

❷ 原注：這種花紋壁紙誕生自十六世紀，最初是以紡織剩餘的絨屑製成，可以為宅邸增加華貴的質感，並使凹凸的牆壁顯得平整。我們家的是廉價的複製版，用指甲戳下去，裡頭不是絨屑，而是白白的膠狀填料。但效果依然令人滿意。

小巧精緻的蛋糕，上面有輕糖霜和碰花了的裝飾——搭火車回家的路上壓到的。有時是大簍的草莓，散發令人垂涎的酸甜，咬下去會噴出果汁，滴到那條被我用直排輪碾薄的灰地毯上。住在斯沃尼奇路的期間，媽媽懷了這段感情的結晶，生下了我親愛的小妹。我非常迷戀這個剖腹產的小寶寶，母性洋溢到有點過火。有時候，我得把她抱到媽媽胸前喝奶，用我細瘦的手臂托著她四公斤的沉重小身軀，意識到住在這樣一個社區裡，對她也至關重要。

我就讀的海耶斯莊園學校（Hayes Manor School），當時被英國教育監管機構（Ofsted）評鑑為「低於平均水準」。同學三分之二來自移民家庭，大多為旁遮普後代。在那裡讀書的經驗，一如在城中大部分資源不足的普通中學——努力求生、追求完美成績而被喚作書呆、到處蒐集能免費換學校午餐的綠色餐券（那時海耶斯莊園百分之四十三的學生領有這項補助，遠多於全國平均）。擁擠騷動的校園裡響著各種語言的髒話，大家你推我擠，都想參加有錢學長姐在校門口的黑市拍賣會。我曾在那裡用兩英鎊買到一捲德瑞博士（Dr. Dre）的《二〇〇一》專輯錄音帶，是我珍藏的寶貝。學生似乎個個黑髮烏溜，女生們紮著高馬尾，男生們在眉上剃出一兩道直線，但不協調的聲音此起彼落（舉個小例子說明這種族群分裂：我同學曼吉．塔瑪尼〔Manjeet Tamani〕總是窮追猛打地喊我椰子〔指棕皮白心〕，並取笑當時姓名縮寫K．K〔Kieran Kashab〕的我，說我應該改叫3K，誰叫我白人朋友「那麼多」——我有三個白人朋友）。放學後，我會搭上六〇七巴士，坐五站去紹索爾，買四十便士的咖哩餃和酸軟糖。一路與朋友吵吵鬧鬧，在巴士上層胡亂塗鴉，嚇壞一般乘客。海耶斯莊園就像許多倫敦的公立學校，伴隨一種特有的哄鬧，來自青少年接收這一切新面孔和複雜差異產生的能量。

MTV、蜜西、辛蘭的婚禮

斯沃尼奇路最棒的是近水樓臺，可以借到席瓦娜的姊姊水晶大方共享的MV錄影帶。這個循環經濟的網絡涵蓋附近三條街。我借到的那一捲，錄在某人的婚禮錄影帶上。音樂之間的片段不知是誰心中的珍貴回憶，現在只能永遠漂泊於青少年的客廳裡。那些MV錄自我們家看不到的MTV頻道，有唱著出道曲〈If You Had My Love〉的珍妮佛・羅培茲（Jennifer Lopez）、TLC的左眼麗莎（Lisa "Left Eye" Lope，願她安息），和穿著黑色氣球裝的蜜西・艾莉特（Missy Elliott）。每當蜜西和珍妮佛的勁歌告一段落，影像便會切到「辛蘭與莫努」的臉，畫面上跳出他倆的名字，花體字框在紅花邊裡，如同印度婚禮錄影帶的慣例。被打斷太多次之後，我開始聽得出背景的印度音樂，還能瞥見一秒錫克廟，發現有個阿姨在跳舞的人群中吃蛋糕（有時我在YouTube上看到這幾支MV，還會下意識等待那個穿橘紗麗的阿姨出現）。不管怎麼說，他們看起來很開心。

搬到海耶斯這樣的區域，意味著成為某個「類型」——被貼上某個特定的、地方性的英國亞裔群體身分。這使你不可能不意識到自己是全球多數（global majority，指世界非白人人口，替代「少數」、「弱勢」等說法）。我很幸運，從來不曾渴望變成白人，因為我熟悉的街道、學校、社會環境中，滿是長得像我的人。

英國社會持續辯論著整合、歸屬感和多元文化主義。牽動討論的一大因素，是移民選擇住哪裡、說什麼語言（想想現在多常有人抱怨某些街區「根本聽不到英語」）。邊緣族群之所以聚居，不只涉及歷史與經濟性原因，也是為了安全、文化與自保。對許多移民而言，這些空間是僅有的安心角落，能暫時逃離零工時契約、惡劣職場環境和繁重超時工作的壓榨，逃離令甜蜜的吻走味的恐同眼光，逃離染黑你肺部的廢氣，或狠狠壓扁你、猶如垃圾粉碎機壓扁一只可樂罐的白人主義。在這些空間，你能放聲做自己，於內在吶喊你的母語。小部分幸運兒能找到某個類似斯沃尼奇路的地方。整個社區都允許你做自己，因為街上鄰居也和你同個模樣。

演化上，成群結隊的根本好處在於安全，有利於覓食、抵禦攻擊、長距離遷徙、季節性遷徙，或於氣候改變後轉移棲地。原始人群居，也許是為了增加存活機率，但現代人走向社群，則有其他道理。「人會想尋找和自己有同樣身分、經驗或特點的一群人，」諮商心理師賈斯普雷特・提哈拉博士（Dr. Jaspreet Tehara）對我說，「這種使人自己趨向群體的因素或選擇，我們叫做『推力』……另外也有『拉力』，即把人拉進群體的外部因素（例如服從社會規範，或群體本身的規則或邏輯）。一個人的心理健康，經常取決於能否堅守自己的個性，又仍然被群體接納。當兩者無法兼得，你可能投奔更適合的群體、創造新群體，或調整自己配合舊群體。

若這些似乎都辦不到，便會生活在沮喪中。」

社群形成於共同的意識型態與價值觀，但多數時候，也是以地理空間為據點即時誕生。這讓人們更容易找到志同道合者，或找到與異己共存的方式。所以布里斯托的斯托克斯園場（Stokes Croft）以社會主義和出神音樂（trance）的大本營為人所知，而科茨窩（Cotswolds，英格蘭西南的山村地區，以風景如畫著稱）的奇平諾頓鎮（Chipping Norton）是眾所周知的保守黨人聚集地。所謂的「文化戰爭」嘗試令我們忽略少數的聲音，彷彿太少人在乎的事就不必考慮。但其實，我們怎麼對待小社群及他們關心的議題，深刻說明了我們是怎樣的人。

當然，未必所有小社群都毫無危險性。他們也許不像我們希望的那麼自由包容，也許還得學習卸下反黑情結、種族主義、恐同情緒。但這些可以作為切入點，供我們發現和提出問題，找到我們欣賞的東西，並質疑、改善或拒絕我們不欣賞的東西。這些問題會給我們自信，相信能創造一個不同的世界。如果此地不行，就在別處建立。

搬到給你強烈身分感的地方有個缺點，就是到了搬走那天，你會覺得你的身分好像留在那裡。住在斯沃尼奇路就像一直被呵護著，多年後我才領悟，身分始終需要靠自己建立，而非仰賴一個地方提供給你。我盲目吸收了周圍的許許多多，離開時才學到，要帶走什麼也須考慮。好在斯沃尼奇願意接收所有我不要的東西。

住在那個家的時光各方面來說都很幸福，但我沒發現媽媽勒緊了褲帶，房租一漲，我們完全無法負擔。付不起房租，加上爸爸可能在別處找到建築工作，促使我們全家擠進爸爸小小方方的白南斯（前南斯拉夫糟糕汽車設計的代稱，我們從前有輛黃的，現在換成了這輛白的），駛向他方。離開這混亂的烏托邦令我傷心透頂，為了安慰自己，我懷著愧疚，帶走了那捲水晶好心借我的MV錄影帶，在高速公路上緊緊抱著它。

戴維斯汽車：住進不宜居的家

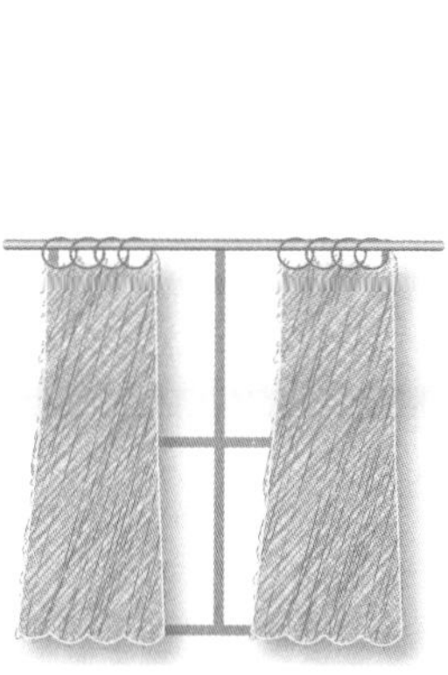

說我不曾受到頻繁搬家影響，那就不夠誠實了。童年搬家的感受，和二十幾歲換室友、三十幾歲遷至更大的房子，或四十幾歲移居安靜一點的社區截然不同。還是小孩的時候，搬家代表再也控制不了你為自己打造的小世界。我雖然享受不同的人群與地方，卻也感覺到漂流不定的代價。因為沒有決定權，我變得很會談條件，開始和媽媽討價還價——如果我這樣那樣、拿到好成績、自己收房間，可不可以不搬家？如果我把幾雙球鞋賣掉換錢，可不可以不搬家？如果朋友媽媽同意照顧我，我能不能暫住她們家？討價還價無效時，我仰賴一些焦慮的日常儀式——走在人行道上絕對不能踩到隙縫，迷信奇數（看到電視音量是偶數就渾身發癢，但上樓梯是例外，一定得兩階兩階爬），一咬指甲就要咬上十分鐘。這一切讓我覺得仍然多少掌控著我的宇宙。每當不能躲在房間看書，我會專心演練我的儀式，撫平所有小小失去造成的創痛。

以前每次聽媽媽說要搬家，我大致上都能接受，儘管有點惆悵要離開，但更多的是對新冒險的期待。現在過慣了海耶斯莊園的中學生活，一切都不一樣了。離開住不起的斯沃尼奇路之後，我們在倫敦的旅館和親友家流連了幾個月，最後決定重返威爾斯，去某個朋友說房租很便宜的地方，離梅佛很近。我不想去，氣急敗壞地拚命抗議，想到要失去我的社群就心碎一地。開下M4公路那天，我整趟都在哭，坐在前座的爸爸旁邊，一個人用CD隨身聽聽一張《Now》系列群星精選輯，播放〈托卡的奇蹟〉（Toca's Miracle），祈禱我的奇蹟降臨。車子沿著蜿蜒的路，開進我們落腳的小鎮——威爾斯中部的威爾斯池（Welshpool）。街上沒有半個像我的人。我盯著車窗外猛看，看垮褲上銀鏈搖擺的男孩、電話亭口抽捲菸的雷鬼頭女孩，幾乎吸收不了這麼大的文化衝擊。

我們的新家樓下是一間汽車展示場，招牌寫著「戴維斯汽車」（W. R. Davies）。只聞其名的老闆戴維斯，經營著銷售汽車的家族企業，我猜也兼作包租公。公寓被玻璃落地窗環繞，光線如潮水般湧入，讓棕膚的我們一家在這個我所住過最小的鎮上（人口：五千九百四十八人），甚至又更暴露了。

我們租的是整層公寓，就在展場上面一層，家裡有很大的客廳和很小的衛浴，還有一座通往廚房的水泥梯。格局看起來不像住家，更像展場附屬的工作空間，被房東草草改裝出租。證據是屋內凌亂的電線和解體的銅水管，水管會在熱水流過時變得滾燙，在我腿上留下一塊皮卡丘形狀的燙傷。客廳不時會瀰漫龜牌噴臘（Turtle Wax）和卡派爾超濃縮洗車精（CarPlan Triplewax Car Shampoo）的味道，現在我從一英里外聞到那種味道也認得出來。媽媽房間角落有塊凹下去的圓形，我們被提醒千萬不能踩那裡，以免落下去，掉到哪輛閃亮亮的福特Fiesta上。我有時候會把手指伸進客廳牆角的一個小洞，暗自竊喜地想像某個正在聽銷售員解說的客人，會被天花板冒出的手指吸走注意力。樓下的人們賣著幾萬鎊的車（你偶爾能聽見底下傳來打斷電視的暢快笑聲，代表成交了），樓上的我們忙著跳過電線，以免觸電身亡。但我太愛這裡的開放感，所以一點也不介意。我喜歡想像我們住在這些昂貴新車上方的玻璃宮裡。感覺好像我在這世上的地位提升了。

因為空間太開放，我們不得不主動想點辦法，讓這裡更像個家。我媽媽的法子是採購布料、在空蕩蕩的大白牆上掛畫、用繩編的盆栽吊籃妝點廚房。她帶著近似狂熱的精力，在水泥小陽臺上種滿花，還為陶土花盆貼了貝殼作裝飾——貝殼上的粉紅和藍色金蔥膠是我妹妹塗的。經過她打扮的陽臺豔俗得誇張，像哪裡來的狂歡節排場。鮮豔的盆栽閃著歪歪扭扭的亮粉，三條街外都看得到，用毫不遮掩的自信，令路人一頭霧水。

我時常收看盧埃林鮑文（Laurence Llewelyn-Bowen）主持的《改造房間》（*Changing Rooms*），相當確定我對室內設計有自己的品味。我用英倫車庫舞曲（UK garage）灌溉我的房間，反覆播放納吉娜送我的一張混音專輯，把克雷格・大衛（Craig David，英國R&B歌手）

的海報貼在牆上，愛聽〈A Little Bit of Luck〉（英倫車庫歌曲）和剩下四人的辣妹合唱團新發表的〈Holler〉。那琅琅上口的性感R&B新曲好像既標記著她們的、也標記著十五歲的我自己的成長。妹妹的嬰兒床搬來我房間後，我總在她睡覺時小小聲聽音樂，她的夢鄉裡或許也飄著Sweet Female Attitude（英倫車庫樂團）的低沉吟唱。一遍一遍播著克雷格的《Born to Do It》，我想起席瓦娜的姊姊和斯沃尼奇路的朋友，她們告訴我Garage Nation音樂節和傳說中的香檳舞會。我想就算全鎮的白人都盯著我看，我也不可能孤單，因為我來自一群與我相似的人，我們會一起喊「Re-re-wind」（該專輯收錄的〈Rewind〉歌詞），我們會在聲音太小的時候抓起麥克風。忽然間，整間公寓成了我的舞廳，影子跟著車庫混音的拍子在窗前快樂狂舞，然後跑去找我在《茉夏》（*Moesha*）影集裡看過的紫床單。

我房間有獨立的水槽，在我眼裡就像成熟時髦的最高境界。不過打開水龍頭通常也沒水來。白瓷水槽上簽了令人在意的灰字，用細緻的草體寫著「Armitage Shanks」（英國衛浴品牌），我一直以為那是前任房客的名字。我模仿這個我以為很酷的作法，在臥室窗戶角落刻上我的大名。若說萬年租屋族有何天賦，那就是充分利用設計欠佳的房屋。我很早就學會怎麼在並非為你準備的地方感覺特別——盡情享受屋裡的細節，一扇特大的窗子，或一個獨立的水槽。

戴維斯汽車有樣東西不缺，那就是光線。四面圍繞的窗甚至令人想到柯比意（Le

Corbusier）的「帶狀窗戶」（ribbon window）——連續玻璃窗構成的一條水平長帶。柯比意在一九二七年出版的《現代建築五原則》（*Les Cinq points de l'architecture moderne*）中主張，建築有多寬，窗戶就該有多寬，所有房間才會同等明亮。（雖然我喜歡這個想法，但這位大師也主張樓高應根據「理想的人」身高來制定，對他觀點的評價可說見仁見智。）誠然，此非鼓勵人人住進汽車展示場，然而值得注意的是，英國仍有不少住家毫無採光。過去的法規漏洞，允許建商建造沒有窗戶的公寓單元。晚至二〇二〇年，政府才下令禁止興建無窗的家（但對許多既存案例，則無法可管）。

光的治癒力向來為人崇敬，我最喜歡的一個例子是「日光療法」。日光療法真正蔚為風潮是在一九二〇年代的日本。由於先前明治時代，建築大量使用玻璃窗，明亮怡人的大片光線開始灑入室內，也讓人們看見科技與公共衛生的關聯。當時日本各地的療養院曾以曬太陽來治療患者。（在著名的近江療養院，這種療法甚至被用於結核病治療，該院一九　八年建於八幡山山腳下，擁有以窗戶為中心的設計。）身為一個愛曬太陽的小孩（說到底，我的名字吉蘭在印地語中是「太陽之光」的意思），在裸露的電線之間獲得的暖暖日光，也多少療癒了我的離散。

紗簾

剛搬來的那個月，媽媽費盡心思，為我們太過透明的家手工製作了紗簾。便宜的白紗上有長方形的精美花紋與螺紋圖樣，是她縫縫補補好幾週，用不知多少聚酯纖維料子做的。媽媽大概遺傳了我阿嬤的裁縫基因，我還記得，我深深相信媽媽沒有什麼不會做的。蛛網似的薄紗從兩米四的天花板垂落，蓋過不能開的落地窗，垂到地上。而我的任務之一，就是每兩週把它們拆下來洗一次。媽媽每晚要到附近養老院上班，我想還要洗窗簾會把她累壞。爸爸週末都在外地工作，這個重擔只好由我來挑。

說重擔不算誇張。拆裝那些簾子辛苦到很滑稽。要一個身高一米六的人做這種細工，彷彿什麼整人惡作劇。你必須先動作輕柔地卸下紗簾，把人造蕾絲小心摺疊扛在手上，任平織布的圖樣滑到地上，然後將布料全部塞進一臺洗衣機，把洗好更重的窗簾拿出來甩平，用長度不足的曬衣繩晾乾，等到乾了再耐著性子掛回鋼線上。這過程中，我媽媽的金鐲（她不准我戴，但反正我還是會趁她不在拿出來）偶爾會勾到網孔，把紗簾扯壞。我每次都試圖混過去，在勾壞的痕跡旁邊多弄幾個類似的痕跡，一眼看過去，就像刻意設計的圖案——每排兩個大洞。（我終於交到一個朋友之後，他媽媽跟我說，她還以為我在兼差做清潔工作，因為她某次從我家窗外看到我。）

英國人對蕾絲特別有好感。這種材質能捕捉灰塵、保護隱私，同時使光線透進昏暗的維多利亞中產階級住宅。我家用的是廉價版，但在十九世紀歐洲，蕾絲仍為老百姓欣羨的高級品。隨著動力織布機抵達紡織工廠，例如一八四六年發明的諾丁漢蕾絲紡織機，人們逐漸能以低成本大量生產布品。到了一八八〇年代，已有不少這類蕾絲簾子進入英國勞工階級家庭，簾上織有雅緻的花草或動物，就像我們家那款搖曳的鬱金香。❶勞工階級能透過這些紗簾，買到一些近似奢侈的物品。當然，汗流浹背地捧著那堆蓬亂厚重的布料、堅信它們是用來折磨我的時候，我對這些還一無所知。

坊間有各種蕾絲同好會與研究社，從定期集會的臉書社團到博士論文都能找到。從事藝術及學術工作的卡蘿．瓜里尼（Carol Ann Quarini）自己就創立了兩個社群——部落格「蕾絲線」（LaceThread）和臉書上的「蕾絲研究網」（Lace Research Network）。她是紗簾研究的佼佼者，呼籲人們更重視持家的藝術。她於一篇論文〈家庭面紗〉（The Domestic Veil）[1]中觀察道，紗簾有時被低估為「一道薄弱、不足的邊界……但同時也是危險的，因為它默默目睹了家中發生的一切，將那些記憶保存著，它的皺褶掩藏著看不見的幽深」。

瓜里尼談的是十九世紀女性承受的家庭壓力，並非二十一世紀初住在汽車展示場樓上的亞裔家庭，但這段話令我很有共鳴。我想拿起紗簾，念珠似的搓揉每條縐子，用指尖閱讀寫在那裡的細膩故事，彷彿點字記載的、連結我和古今女人的故事。我似乎更理解了它們的重要性。

❶原注：我自己——大概不令人意外——更迷戀奢華的馬德拉斯蕾絲（Madras lace）。這種織造方法誕生於印度的馬德拉斯（今清奈〔Chennai〕），使用百分之百棉紗，以織布機紡上兩次疊出花樣。這是一種很緩慢的工法，但能做出絲綢般細柔的蕾絲布。

它們像透光的邊界，隔開我們與外界，像某種輕薄纖柔的容器，將我們裝在裡面。

家務勞動以女性為中心的現象，相當值得討論。家務過去被認為是「女人的工作」，是父權資本主義眼中無酬勞、無利潤、不值一提的雜活。我們必須對抗這種預設。但我們也必須徹底改變思考方式，才可能將視野放寬到自家門外，看見社會現況，更看見現況以外的選擇。我像奧黛麗・赫本一樣優哉游哉擦亮我的個人水槽，覺得自己是天選之人的時候，我媽媽正努力將線穿過針孔做那些可惡的紗簾，鐵了心要讓這個家裡至少有件能用的東西。

維護居家空間，昔日被連結到道德意義。維多利亞時代留下的禮節文學，傳播了潔淨近似於神聖的思想，也製造出今日仍存在某些地方的競爭與壓力。事實上，要營造一個家，有非常多不分性別或集體的合作辦法，一直以來都有實例可循。一九一九年，被埋沒的發明家簡妮・斯潘勒（Jennie Spangler）[2]設計過一款合作式吸塵器，紫色機身伸出三條粉紅色長管，可供三人同時使用。她的想法是，人們能藉此一起工作、拜訪鄰居家，讓打掃成為一種共同活動。可惜，製造商往往仰賴將勞動個人化來賺取利潤，她的點子也從未被採納。但這樣的構想揭示了，造家不必是孤單的努力，可以是社群共同的驕傲。最鼓舞人心的是認識到一項重要事實：學會為自己造家的人，也將更有能力為他人造家，包括在職場中、社區裡和更多地方。

這種地方能住嗎？

房子其實不夠。英國每年必須新建二十二萬戶住宅，才能跟上新增的需求，更別提彌補往年缺口。二〇一四年九月為止的一年間，實際新建的只有十四萬一千戶。[2] 近來景況稍有起色，二〇一九春季開始的財政年度，共有二十一萬一千戶完工。多年來，應付這場危機的策略屢次更改，最可怕的手段是興建速成、劣質、規畫不良的住宅。

我們的國人被迫生活在各種不堪的棲所中。租市上愈來愈多草屋茅榻式的住處，改造自堆滿雜物的車庫或農具間，多半無自來水亦無廁所。每天推特上都有新討論串，分享最離奇的流氓房東談❸，劣質房源出現在各地，猶如某種傳染病。有則二〇一七年的故事，講述布里斯托一位前空軍工程師的經歷。他在一間密閉的車庫住了足足八年，因為更難接受政府為他安排的恐怖青年旅舍，或租屋網上一位女士出租的地下室房間——一個月一千鎊，外加每天替房東家事服務兩小時。不少人描述了住在分租夾層房間，或高價租給家庭的原商業大樓。這些故事流傳得如此之廣，一些專欄開始以情況有多嚴峻為題材。《Vice》週刊上的喬爾．戈比（Joel

❷ 原注：她父親是史上第一臺手持吸塵器的發明者——詹姆斯．斯潘勒（James Murray Spangler）。老斯潘勒患有氣喘，在擔任百貨公司清掃員期間，開發了這種不易揚塵的新工具。

❸ 原注：因為想研究這個議題，我開始截圖存下推特討論、報導、網傳圖片供自己參考，短短幾週就累積了破百張，決定在發瘋之前懸崖勒馬。

Golby）專欄〈租屋情報站〉（Rental Opportunity of the Week）就曾專文介紹「英國的地獄級租處」（hell that is renting in the UK），從這場混亂中擷取黑色喜劇元素。稍微一瞥該文，你會發現一條無窗的地下通道每月可租兩千鎊，卡特福德（Catford）的一間廢棄溫室租金也要一千鎊。這些都是新完工的社會住宅根本不能住的結果，例子遍及全國。

面對房源短缺，廉價劣質的克難住處有兩種：一種是私人出租，比如溫室或廄棚；另一種則是政府提供。二〇二一年，舊納皮爾軍營（Napier Barracks）難民營慘不忍睹的居住條件上了新聞。現場照片顯示人們被收容在骯髒、擁擠、監獄似的營房內，宛若二戰電影裡的流動營區。後續報導發現，還有難民被安置於舊法院的拘留室，住在牢門鐵窗的包圍下，睡在受刑人睡的雙層床上。內務部解決住所不足的靈感似乎源自監獄，毫不忌諱造成一種聯想，彷彿難民就該被關進惡劣的生活環境，以示懲罰。

實情是，人們被迫絞盡腦汁，「安居」於幾乎不能住的地方。二〇二一年，世界知名建築學府——倫敦巴雷特建築學院的規畫學系（Bartlett School of Planning）公布了一份調查報告，證明了住房危機惡化至此，已經呼之欲出的事實：近年新完成的社會住宅案，絕大多數由於設計差勁，有蓋不如沒蓋。[3] 報告評估一百四十處位於英格蘭、二〇〇七年後興建的社會住宅，發現其中百分之二十從最初就不該開發，百分之五十四應止步於規畫階段，除非廠商「大幅改善」設計。可想而知，很少廠商真這麼做。為何人們會走投無路，接受條件奇差的落腳處，理由非常清楚。更糟的是，政府還用一個新名目來合理化這些黑心住宅，謂之為「臨時住處」。

莎夏

格蘭菲大火後的一場集會上，我聽見有人語氣輕率地提議，不如讓住戶暫時住進貨櫃裡。當時我以為自己誤會了，以為是太絕望的人隨口說說。幾週後，查完會議逐字稿，我丟下聽到一半的錄音，開始找更多資料。我第一次聽說的這種提案，原來是認真的。

走向伊靈區的米思園（Meath Court，碰巧離綠人巷很近，開車只要十五分鐘），你會看見一隻兩層樓高、焦橘與黑灰色調的大老鷹，展翅於一片豔紅、淡紫、陽光金、鏽跡斑斑的野花上。圖畫背景是四層貨櫃屋的凹凸外牆，鐵皮染著污痕和塗鴉。一塊牌子寫了此地及這幅壁畫的名字，充滿晦暗的諷刺——「希望花園」。

米思園的一百二十個貨櫃構成兩棟公宅，中間有一小塊三角水泥地，幾條長椅和幾撮草皮。貨櫃被以顏色分區，分別塗上綠、藍、橘、紅，要進入一區，得在樓下大門口輸入密碼，前提是大門沒壞的話。我去訪問的那天不知道還要密碼，是個買菜回來的年輕女孩幫我開門的。她帶我爬上搖搖晃晃的鋼樓梯，去看她家。

穿過亮綠色的鋼鐵迷宮，我注意到樓梯板上都打了洞，有些洞裡塞著煙蒂和包口香糖的錫箔。綠漆剝落得很厲害，彷彿這裡蓋很久很久了，但我來訪的這天，米思園才完工四年。每爬一層樓，一股銅板握太久的刺鼻氣味就更濃。

登上兩層樓後，我們經過廢棄的嬰兒車、被雨打濕的發黴毯子、用過的尿布、生鏽的鐵欄杆和木條封起的門，上面以麥克筆寫著潦草的數字。我看見有戶人家在門上貼了一塊細長方形的LV貼花。每踩一步都會發出乾乾的「叮」，感覺腳下一陣不舒服的搖晃，將你和這座各種意義都不穩的鋼構網絡連在一起。

邀請我看她家的女孩叫莎夏（Sasha），今年十九歲。她多拉來一把塑膠椅，和我一起坐在前門外，大大的笑容露出粉紅牙套，對我說起她對貨櫃屋的第一印象。莎夏九個月前才帶著女兒搬來（雖然當時聽說頂多住半年），因此記憶猶新。她產下女兒後，無法繼續留在一房的媽媽家，被迫流落街頭。「他們（伊靈區議會）最初安排我住一間一房公寓，但那裡發黴，不適合小寶寶，」她解釋道。「他們說：『好吧，我們幫你換一次，你再不要就拉倒。』」

「拿到地址後，我上網搜尋，看見房子的照片，心想『怎麼可能，一定不是這個。』親眼看到這裡的時候，我真的很震驚，心想：『天哪，他們叫我來住……這種鐵盒子？』」

「怎麼可能」是很中肯的評語。伊靈區議會將這些貨櫃描述為「短期」臨時住處，但莎夏的不少鄰居都住不只一年了。她的貨櫃屋有兩房、一廳、一廚、一衛，每月租金含雜費共六十鎊，低歸低，但怎麼算也不是這種條件該有的社會福利價格。房子問題重重：她房間的電路有水氣凝結導致走火的危險，另一個房間附的雙層床無法挪走放嬰兒床，鬆脫的插座掛在牆上，牆板發黴（莎夏換房就是希望避免黴菌，結果搬來也一樣），沒有電梯供推嬰兒車的人使用，冰箱燈不亮。「基本上，如果『他們』覺得這種事你可以自己解決，你就得自己解決，」她說。「我試過聯絡安排我住這裡的小姐，但打電話或寫email給她，她都沒有回。」她打開前門，我看見貨櫃內的牆壁、天花板都貼滿白板似的亮白塑膠板，如果她想掛張圖畫或照片，也只能用黏土黏。仔細再看，我發現天花板上有一片已經半脫落，固定膠被暖氣融化了。

「住這裡的人都知道，你等好幾年也不見得有房子住，」她對我說。背景中響著低沉的哐啷，來自走下樓梯的鄰居。「有個鄰居昨天剛搬走，她在這裡待了一年半。我以為她們要搬去永久公宅，結果是另一棟臨時的。我們這裡被列為『短期臨時』，顯然還有『長期臨時』。你一來這裡可能就要住兩年，但他們不會告訴你，鄰居才會告訴你。」事實屢屢證明，非正式的鄰居互助網，比正式的國家溝通管道更可靠。若我們能從過去的歷史學到什麼，大概也只有這條道理，十九歲的莎夏已經睿智地明白了。

她安靜了一會兒，闡述這些事很令人疲憊。她打破緊繃的氣氛，帶我去看廚房裡的衣櫥，說到這個搬來就有的奇怪設計，忍不住咯咯笑個不停。「我只好拿它來放豆子！」她笑道，「因為移不出去！」

我們聊起烹飪的小小喜悅，有西班牙與牙買加血統的莎夏，拿手菜是雞肉飯。她和我分享她的食譜，惋惜以前種的兩棵蕃茄搬來後，都被廚房的酷熱熱死了。她真希望有個窗臺。她嘆了口氣，說會煮飯也好，反正外送員總是找不到米思園。這棟公宅不合時宜的一點，是家家都沒有Wi-Fi。「我的手機網路吃到飽，所以我都用手機看Netflix，投到電視上，因為不能裝數位頻道，」她嘆道，「你可以像我一樣買天線，但訊號真的很差。」

每到夏天，米思園熱得嚇人（住在一個大鐵櫃裡，想不熱也難），住戶受不了高溫，只好把前門大開，到晚上十點才能關。碰到樓下密碼鎖故障、陌生人能自由進出的時期，你的安全會毫無保障。我注意到莎夏門上沒有鏈條，也沒有門眼。我盯著那扇門，覺得轉不開視線，想到要留她一個人在這裡就慚愧不已。

之後幾週，我陸續訪問了公宅的更多住戶：行動不便的單身男性、戰爭難民、逃離家暴的女性。其中一位受訪女士就住在莎夏家對面，中間隔著樓梯。她是來自阿富汗的難民，在她先生透過電話擴音協助下，用破碎的英文告訴我，她先前住過難民營和紹索爾。她和先生及幼女被遷來這裡，已經是三年前的事了。中午剛過，貨櫃裡的氣溫蒸出淋漓的汗珠，我看著邊緣翹起的地板，聽著她的故事，想著這些鮮少抱怨、未必有人代為發聲、英文也許不像莎夏那麼流利的女人，多麼容易被體制剝削。幾分鐘後，我問她喜不喜歡住這裡。她片刻無語，也許仍然疑心我是區議會派來的間諜，要找個藉口把她趕出去。「我很喜歡，」她緩慢說出，承受我的注視。「這裡……非常好。」

米思園的許多住戶自製了窗簾，以包裝紙遮光，或用純熟的方法把白床單整齊掛在窗上，有些還能看到套床墊用的床包角。其他窗子裡掛著紗簾、披在線上的套頭衫、像似紗麗的布、紅雪紡、印花布，摺出褶子，看起來就像高級厚窗簾。有一家把一塊木板靠在窗上，上面畫了藍色的笑臉。開車回家途中，我暫停在路邊，回憶在戴維斯汽車辛苦裝紗簾的那段時期。我閉上眼睛，想起我媽媽。

大大的夢與小小的家

美國公司「鄉野貨櫃」（Backcountry Container）以其他稱呼推銷其產品：「迷你屋」、「行動屋」、「貨櫃小屋」，網站上描述，這是一種「獨特、現代、耐用」的住宅。英國的「貨櫃城市」（Container City）則將產品介紹為「海運貨櫃改造而成的社交及文化樞紐」，聲稱它們是「比起傳統建築，更生態友善的新選擇」。（鋼或許可以回收，但實在無法稱為生態友善。）英國還有一家公司「發現貨櫃」（Discover Containers）專營貨櫃相關的電子書和平面配置圖，供人們汲取靈感，設計自己的貨櫃屋。在美加興建度假宅的「行動尊榮」（Honomobo）公司，銷售工廠生產的鋼構模組，讓你花四萬鎊即可擁有明亮通風、就像從《Elle Decoration》雜誌搬出來的美宅。這些鋼鐵箱子，被兜售為買不起傳統建築的人們的夢想住家。

如果貨櫃屋公宅說明了社會底層的苦境，夢幻貨櫃屋則可能顯示另一個問題，即英國中產階級的空間也愈來愈小了。這些公司（以及無數電視節目，例如Netflix上的《小房子大天地》

（*Tiny House Nation*），其中形容「小房子運動」正在「席捲全美」）顛倒了人們住不起更大空間的事實，把狹小居所重新包裝成某種現代潮流來販賣。這代表一個奇異的轉折。此前，為所有人爭取充裕空間，一直是居住之戰的一部分。[4]如今在英國，這些小房子甚至成為度假租屋網和Airbnb的推薦項目。看起來，貨櫃屋面前，也不是人人平等。中產階級開始考慮這種另類住處，顯示可負擔房源出了重大問題。倘若非傳統住宅業還會繼續發展，我們必須確保這些屋子品質良好、安全無虞。但整個居住體系管制如此不力的現在，又要人如何相信非傳統住宅就不會偷工減料？

米思園的存在，凸顯了地方議會不當插手可能造成多大的傷害。使人更深刻認識到居住體系骨子裡的漠不關心，以及馬虎的一時之計可能為弱勢租戶留下的長期問題。從我有記憶以來，所有政黨選舉時都承諾要挹注資源、建設優質公宅，卻從未有一個政府真正兌現。難以想像若不實現這點，我們何以減少「臨時」公宅。

執政者總是遲遲不承認——或者永遠不承認——某些已被邊緣化的群體感受到的新震盪，與經濟政策的崩壞有關。人們被迫住進不宜居的地方，背後理由眾多。他們也許是獲釋的受刑人、被趕出家門的LGBTQIA+青少年、家暴受害者……名單還很長。弱勢的人們經常來自邊緣族群，更仰賴而且長期缺乏國家照顧，卻往往被安排住進劣質居所，還被告知應該心存感激。且讓我們花一分鐘思考以下事實：英國的少數族裔家庭，每六戶中就有一戶住在被列為「一級風險」（category 1 hazard）的住宅裡。該分類表示居住空間容易導致「最嚴重的危害」[4]，包括永久癱瘓、失去四肢或喪失生命。

我們應該規定任何房屋租賃，都必須出示符合良好標準的證明。二〇一四年成立於布里斯托的全國社區聯盟「橡實」（ACORN），擁有超過五千位會員，來自二十二座不同英國城市，其中多數為低收入租屋族。該聯盟在他們的「租屋族宣言」中，提議用幾種簡單可行的辦法，督促房東為租處負起責任。例如與地方機關簽訂每年更新的「居住合作備忘錄」，唯有符合標準的房源才能收取租金。他們並建議大眾向政府施加壓力，要求明確定義何謂「良好住宅」。同時，橡實聯盟呼籲地方機關盡速改善臨時或應急公宅。除了保障入住者安全、讓入住者有清楚快速的管道能遷至永久居所，也要監督居住品質，並公開這類計畫的規模與成本供民眾檢視。我們仍須透過討論，釐清這些任務該由誰主責、對於惡房東的罰則、國家和私人房源的不同角色，以及有問題的時候該去哪裡敲門。

如果校園裡能學到建築知識，我們也許能學會一套語彙，足以點出哪裡有問題。也許能學會一種觀看方式，讓我們有能力抵抗、對意圖濫竽充數的建商嗤之以鼻。沒有什麼比提升所有人的生活水準更重要，而這必須始自對現狀的認識。只有當我們更深刻意識到，英國有多少人

❹ 原注：世界衛生組織於二〇二〇年主張，居住空間必須能充分保障隱私、讓形形色色的使用者都能輕易利用、空間大小符合所有年齡層的需求。就這幾點而言，我們提供給許多國民的住所仍然嚴重不及格。

被迫生活在可怕的環境中，才可能真正為租屋族的權益抗爭。

新房屋，老問題

民間自建的新房屋，經常被吹捧為住房危機的解藥，但這類建築也無法倖免於敷衍了事或偷工減料。事實上，近來大量新房屋使用廉價裝潢材料，普遍到一些介紹修繕小技巧的Instagram帳號開始火紅，例如有十一萬四千追蹤者的@new_home_quality_control（新居品質管控）。

英國到處都是預製的新房屋。隨便開上一條高速公路，沿途很可能都會看見房屋廣告牌，展示各地如雨後春筍般冒出、但甚少能持久的社區開發案。我聽不少人分享過親友搬進嶄新的家，結果牆壁龜裂、插座脫落，或粉刷不良。原因無非工期太趕，或委託不合格的營造商興建，且無第三方監督工程品質。「新」不等於「好」。

多數時候，新房屋也不保證能長久使用。比如說，要為房子加裝無障礙設施就非常昂貴，施作的案例也相當少。二〇一八年，平等與人權委員會（Equality and Human Rights Commission）調查全國八百五十萬間出租住宅，發現其中高達百分之九十三無法供行動不便者使用。[5]倫敦租客聯盟（London Renters Union）的無障礙小組時常要求重視此問題，指出健康強壯的建商或房東，在設計時並未考慮身體不便的使用者需求（彷彿英國人都不會老）。如果我們改善住宅標準，例如規定須設置無障礙坡道，全國將有上千萬人受惠。（假如一定要舉出這樣做的經濟效益，只需想想若新房屋都能減少跌倒風險，能替國民保健署〔NHS〕省下多少錢。）其實二〇二一年，英國建築研究院信託機構（Building Research Establishment Trust）就評估過不良住宅的代價，發現國民保健署每年要為此付出鉅額的十四億英鎊。[6]

「家」是一個主動的字。人們可以透過巧手和巧思，將不宜居的地方變成家。但我們不能因此忘了，許多這類地方惡劣得應該立法禁止。我們需要改變政策，然而亦需要改變文化，讓家的營造重新被尊重，也認識到某些人們如何費盡全力，把缺乏安全與支持的環境翻轉成一個家。人們常能創造出溫暖，無論條件多酷寒，這又使我想起那間公寓教我的事——家是從裡而外、一針一線造出來的。

我們只在戴維斯汽車住了一年就被要求遷走，讓位給更有賺頭的其他計畫。那棟我看了不知多少集《茉夏》重播、在客廳曬日光浴的建築，似乎壽命極短。我才開始交到朋友，能邀他們來家裡玩，就聽說要搬走了。惋惜著失去我的玻璃宮殿，我告別了那些紗簾，好奇這塊滿是我青春回憶的土地上會蓋出什麼來。而那裡現在是座加油站。

關於親切的二三事

被趕出汽車展示場之後，我們全家擠進了佩妮（Penny）的房子。佩妮是我學校朋友湯姆（Tom）的媽媽，熱心地決定擔任我們一家非正式的寄養媽媽。她們家有兩個空房間，一間讓我爸媽和妹妹睡，一間讓我和弟弟睡。我從來沒有近距離見過這麼不可思議的房子，總共有三層樓，五間臥室，還有地下室和閣樓。屋裡看起來——我後來才知道——很中產階級。走一種復古夢幻風，有裸露的木樓梯，某間房裡擺著一架塵封的鋼琴，廚房裡還有臺綠色的奢華廚藝老牌AGA烤箱。那是一棟為了長久使用而造的房子，堅固、沒有被拆除的危險。我一直覺得，那裡對十幾歲的小孩來說就像仙境一樣。搬進去以前，我有時會去敲門找湯姆。佩妮也不曉得他在不在，她會對著樓梯上大喊，發出歌劇似的呼喚，聽聽看有無回答。那和狹小嚴謹的我家完全是兩個世界。

這時候我才真正睜開眼睛，打量我周圍的環境。威爾斯池是個人口不滿六千的市集聚

落，街上就像多數似乎被英國其餘地區遺忘的小鎮，星羅棋布著無數住宅、慈善商店和多家超市，有Kwik Save、Morrisons、Somerfield，當然也有鄉下小鎮的燈塔Spar。（不過二〇一一年Tesco進駐後，超市接連關門大吉，似乎生意都被Tesco搶走了。如同全球企業問世以來皆有的故事，他們不僅來此做生意，還重組了整座小鎮，如今那家「Tesco超級賣場」儼然是城鎮中心的巨石碑，其他一切都繞著它配置。）Spar門外有條木頭長椅和一片茵茵草地，青少年常聚在那裡。比較晚的時期，我會踱過青草去買捲菸紙和酸味彩虹糖，後者多到有過量之虞。不過那一帶最知名的景點應該要數波伊斯城堡（Powis Castle），附近有鹿群和一條小路，向北走不遠就能接上中央大街。城堡裡堆滿羅伯特．克萊伍（Robert Clive）——別名「印度的克萊伍」——殖民時期從印度搬回來的贓物，金銀神像、武器、盔甲、織品，種種被掠奪的美麗東西。

我媽媽覺得這座小鎮很壓抑，但我住到最後，開始享受這種十五分鐘就能環鎮一圈的感覺。鎮上資源有限最後也成了益處，把我和我朋友逼出門外，探索新天地，打開新版圖，拒絕向任何小鎮居民的狹隘屈服。住在戴維斯汽車的時候，我大都悶在家裡，頑固又生氣，幾乎放棄嘗試交友。總算交到朋友之後，史戴芬（Stefan）、卡莎（Kasha）、傑德（Jed）和湯姆很樂意帶我往野外跑，看我卡在鐵欄上尖叫的樣子，或爬坡爬得氣喘如牛，也會在我別無選擇、想上廁所的時候幫我找個好的草叢。

別以為娘們不會挨揍

威爾斯池距離威爾斯與英格蘭交界僅四英里，帶有一點邊境城鎮的極端民族主義狂躁。有一年，國民陣線沿著中央大街遊行示威，我驚訝地發現，雖然我也閃閃躲躲、害怕被打，但我的一些威爾斯朋友看起來比我還要擔憂。他們以前在學校被討厭威爾斯人的英格蘭小混混揍過。這件事令我完全想不透。（過了一陣子我才領悟，這樣很合邏輯，這些人總不會為了區區幾個印度移民跑來這裡。）也是在那棟房子裡，我聽說發生了九一一事件，透過媽媽房間的電視看見雙塔倒下的畫面。在幾個棕膚恐怖分子炸掉一座美國地標的二〇〇一年，我們開始感覺身處威爾斯池並不特別幸運。那一年也將成為棕膚認同破碎、留下某些人稱為「世代創傷」的一年。❺

轉到當地中學的第一天，我穿過一條掛著老照片的長廊，看見一排又一排的白面孔。記得我那時心想，這地方我恐怕待不下去。後來我還經歷了一陣短暫的恥辱，因為我發現班上一個頭髮抹得油亮、髮梢染成金色、踢足球的男生，是我們戴維斯汽車房東的兒子。發現同班同學的爸爸就是把你們家掃地出門的人，你真的會不知道怎麼跟他相處。我剛去的時候，班上的嬉皮小孩好像對我的樣子很失望，他們理想的印度同學應該點顆紅色眉心痣，穿民族風的金線繡花裙。大家老是問我Asian Dub Foundation（英國電子樂團，主要成員皆為**南亞裔**）和尼汀・索尼（Nitin Sawhney，印度裔英國樂手）好不好聽。我只能老實說我沒聽過，看他們一副掃興的樣子。他們對車庫樂迷不抱期待。至於我提到的那些福斯博士（Dr. Fox）音樂流行榜——我會用錄音機錄那節目來聽——介紹的歌，或在社區姊姊們的熱情影響下崇拜的電音舞曲，大家似乎多半覺得不怎麼樣。我不是他們期待的那種棕膚人。我穿著牛仔褲，擦著濃厚的Maybelline亮紫唇彩，滿嘴倫敦學校的流行俚語。但出乎意料地，我和其他另類的同學成了朋友，開始享受與思想反體制的人們為伴，不受海耶斯莊園的僵硬派系之分和部落制糾纏。

只有金屬樂能治癒你

沒過多久，我就開始狂聽Disturbed、Korn、Linkin Park等金屬樂團，聽了好幾年（也從此理解為何金屬樂在鄉下或郊區如此風行——你在這些地方會想尖叫。先不論這與青春迷惘的關聯，但喬納森．戴維斯〔Jonathan Davis，Korn主唱〕的嘶吼總是令小鎮居民睡不著）。始終居無定所，也在我體內累積了許多憤怒和沮喪，有時除了深吸一口氣，發出「哇啊啊啊」的

❺ 原注：藝術家卡辛．拉許（Kazim Rashid）在短片《二〇〇一：壓力造就鑽石》（*2001: Pressure Makes Diamonds*）中，反思了這件事。他認為二〇〇一年，棕膚認同被三大事件形塑及撕裂：發生於他的家鄉奧爾德姆（Oldham，位於大曼徹斯特）並持續三個月的種族暴動、九一一事件，以及拳擊王子納西姆（Prince Naseem）慘烈的首次敗北。當時的我沒想這麼多，但他的分析傳達了當時瀰漫的某種氛圍，彷彿有什麼改變了。

原始吶喊，別無辦法抒發。我進入另一個共享出借網，這次是CD，大部分來自我的一小圈朋友和第一個男朋友。後者介紹我聽了一個叫寇特・科本（Kurt Cobain，Nirvana主唱）的人唱的歌，從那之後，我便對那種溢滿情緒的音樂相當沉迷。我因此發現了我愛到今天的布萊恩・莫爾可（Brian Molko，Placebo主唱），還有Deftones、Radiohead和其他許多樂團，每次都比流行慢半拍。我的另類搖滾歲月令我媽媽很困擾，因為我愛穿破洞的鬆垮黑牛仔褲，口袋大得能裝下紅酒瓶（偷溜出門的時候酒瓶會叮噹響），而且一下雨就會吸滿水。她最討厭我把家裡弄得濕答答，我對佩妮家的好多回憶都是下雨後，我穿著內褲發抖，因為她叫我在玄關把牛仔褲脫下來。新金屬（nu metal）捕捉了整個世代的失向焦慮，然而我的憤怒並非漫無目的。我憤怒的是毫無控制權，憤怒混雜了心裡初次升起的想參與政治的感覺，彷彿只要我吶喊得夠大聲，有些事真的會改變。

多年後，我為某部紀錄片去參加Download音樂節，看見一片黑帽T之海——那是重力毯（weighted blanket）般舒適的金屬迷制服。我感到一股衝動，想加入這尷尬的共同體，加入我身邊的白人男孩和亞裔女孩。大家扭擰地移動、低喃玩笑話，然後在Korn出場時扯開嗓子，盡情嘶唱，身體碰撞身體，作為治療彼此的方法。

我們兩家成功找到方法擠在一個屋簷下。媽媽會派我去買家庭號牛奶，做超大罐的米布丁，讓所有人都吃個過癮。湯姆和我會躲在他房間的小聖域，沒完沒了聊天、把名字壓進發泡天花板、聽Rage Against the Machine，或一起爆笑到快斷氣。家裡太擁擠，我們只好跑出去，佩妮會趁這時候——對我來說很幸運——勸我媽媽試試看管教寬鬆一點。她們兩人出乎意料的友誼，也給了我溫暖的啟迪。

在佩妮家，我妹妹經歷過一段像喜鵲一樣的時期，喜歡收集閃亮的小東西。KitKat巧克力的錫箔紙、糖果紙、頂針、五便士硬幣、製衣的圓亮片都會被她揀去。她會將她的寶貝從一個粉紅皮包裡倒出來，排在床頭邊。我到了二〇一五年才又想起這件事。那時我正為敘利亞難民危機寫報導，碰巧讀到一篇《時代》雜誌的文章。文章裡穿插幾張照片，呈現敘利亞難民隨身攜帶的物件，彷彿他們收集了家的韶光、他們在這飄搖的世界裡唯一能緊緊抓住的東西。我忽然好奇，我的妹妹是否從小就感覺到了這一點。

使人渺小的維恩韋湖

從佩妮家開車約二十英里，可以抵達維恩韋湖（Lake Vyrnwy）水庫。那座水庫由於令人心寒的歷史而聞名，水下的谷裡曾經有個叫朗德溫（Llanwddyn）的小村，建有三十七棟房舍、一座教堂、兩座禮拜堂、三間酒館，住著約五百位村人。一八七七年，那塊地被認為很適合築壩蓄水，供大城利物浦使用。儘管村民反對，國會並未諮詢他們的意見，便批准了興建水庫的計畫。一八八九年，全村被迫遷離，整座朗德溫村沉沒水底。我們去的那天，我弟弟言之鑿鑿說他看得見湖裡的教堂屋頂。回家過了幾個禮拜，這件事還在我腦中揮之不去。我想著這些小聚落多麼不受重視，你甚至可以斗膽提議將它們淹沒。現在回顧，我更明白的是城鄉之間的鴻溝，以及人們多輕易就能犧牲勢單力薄的小社區。初來威爾斯池的那幾個月，我只把這座小鎮當個奇怪的鄉下地方，但親眼看見維恩韋湖的規模後，我開始想到那些失去的生活有多貴重，想到五百人是多麼可觀的數字，而一個社區，即使是最小的社區，又是多麼重要且無可替代。自從那趟回來，我看威爾斯池的眼光不一樣了。

媽媽在鎮上養護機構找到工作後，我們再度有能力搬出去，在小鎮另一側租了房。但每當我在家裡覺得難受，滿心挫折與傷痕，還是會跑回佩妮家，幫她替鋼琴上蠟。雖然有了比較穩定的居所，我們家卻開始支離破碎。短短期間內，繼父離開了我們，媽媽被診斷出罹癌，接著又經歷一場精神崩潰。我會來找佩妮。她從不評斷，只是溫柔聽我哭訴，遞給我一條黃布，帶著我的手轉呀轉地擦起鋼琴。只有我們倆，一個白皮膚的四十歲女人和我自己，試圖找到彼此的共通之處。如今每次想起琴蠟的味道，我就彷彿回到了那架鋼琴旁，和她一起輕輕在琴面畫著螺旋。擦完琴，我會抱她一下，也吸進她的氣味，帝國皮革肥皂味和燕麥條的奶油香。然後我會和她閒聊，聊她熱愛的事物：《衛報》、劇場與南瓜湯……一些我本來不知道，最後自己也喜歡上的東西。

仔細想想，佩妮這樣的人們的親切給了我很大的能量。收容一個家庭，建立一段關係，毫不猶豫地在風暴中打開家門，為需要的人們提供短暫避風港。英國有四萬五千三百七十個寄養家庭[1]，以及無數未被列入統計，義務收容朋友的家。很少資料能估計這些善心家庭的數量。他們義不容辭接過國家怠忽的工作，把自己擁有的東西視為某種餽贈，拿出來與人們分享。當然，若要將這種支援形式普及化，還須有一套配套措施，包括訓練和盡職調查、背景調查等等，尤其當需要支援的對象可能為難民、弱勢孩童或其他群體。然而，它使我們思索一個重要的問題：如果我們總是優先考慮自己有什麼能拿出來分享，世界會不會不一樣？

來此生活幾個月之後，我對這片土地的歷史和語言萌生了敬意。我逐漸熟悉先前看起來像一堆字母胡湊的名字——Llanfyllin（朗佛林村）、Llanymynech（朗尼梅尼希村）、Rhayader（雷亞達鎮）——看到那些字，我總想起我牙醫說的「一口亂牙」。我愛上了巴茅斯（Barmouth）到橋尾村（Tal-y-Bont）到貝殼島（Shell Island）的威爾斯海岸線。我曾經和朋友去貝殼島露營，開心地等待漲潮時刻，海水把露營區周圍的沙岸淹沒，我們彷彿與世隔絕，身在一座只有青少年的歡樂小島上。

我之所以能重新活過來，全是我朋友們的功勞。在涉水尋家的途中，他們用他們的小舟載起乏力的我。史戴芬教我威爾斯被征服的歷史；傑德教我鄉間擁有的左翼無政府精神；卡莎教我將友誼與愛（和環境意識）擺第一，做你自己，拒絕人生中不是你要的那些部分；湯姆教我開懷大笑，以及獨立如何能讓你打起精神；他與他的家人提醒了我，世界上處處有美和親切。

米爾巷：理解福利的必要

又遷居一次之後（搬到鎮外的小山——巴克利丘〔Bron-y-Buckley〕上，爬坡回家讓我練出了和瘦弱身材不搭的壯碩小腿），我媽媽的健康狀況使她不得不辭職休養。但我們透過她的居住福利，租到了一間三房的公宅，位在邊界對側的英格蘭。我們的關係很緊繃。我如今才明白，那不只是因為繼父屢次離開，也是因為她心底深恐我反叛，試圖以嚴厲的管教阻止。偏偏我性子很倔，像顆彈力球，愈被擠壓愈要回彈。其實那些情緒來自我們正努力面對的事實，即我媽媽的乳癌。得知那個診斷，令我們陷入不確定的恐懼與慌亂，展現任何悲傷，也只是徒增已經如山的壓力。最後，我媽媽決定以自己的身心健康為重，搬走了。

她猜測我想獨立，況且她現在也管不了我，於是帶著我弟弟妹妹住進另一間房子。這時我已十八歲，與親友討論後，她決定不再續租我住的公宅，畢竟她的經濟條件下選擇有限。此事

確定後，我掉進負面情緒的漩渦，但我知道這樣做有道理，也像全天下的早熟小孩一樣期待自己搬出去住。而且我想到，這樣我弟弟妹妹以後就有自己的房間了。所以不久後，我前往熟悉的社福辦公室，以與母親疏遠為由，申請入住公宅，雖說其實我每週都會去看她們（我沒告訴社會保障部〔DSS〕的人），也會在媽媽去倫敦或加拿大的親戚家養病期間，回家照顧我弟弟妹妹。

我在佩妮家住了一陣子，等候神祕的「名單」上有房現身，最後還真的等到了。二〇〇五年的時候，這一切多半還是紙本作業，沒留下任何數位紀錄，好像憑空出現的一道裂隙，造成時間扭曲變形。米爾巷是一座新建公宅，擁有整齊的紅磚外牆和濃濃的公立機構氣氛。水泥階梯漆成烤甜椒的焦橘色，聞起來用漂白水拖過。防火前門如此沉重，年輕瘦小的我要全身壓上去才推得動。玄關有條小走道，三扇門後分別是臥室、浴室和帶廚房的客廳。繞完一圈大概不用七秒鐘。

我睡在那裡的第一個晚上，屋裡唯一的家具只有我的床。我坐在耐磨地板上，身旁放著佩妮帶來的食品禮盒，她陪我一起吃了麵包配雞肉口味的杯湯。佩妮回家後，我用藍色馬克筆在地板上畫出自己的輪廓，像犯罪現場似的，作為某種紀錄，證明我曾在這裡。

後來，我總算有了一張咖啡几和一張沙發，兩者皆是來自當地慈善機構的愛心家具。朋友們捐給我CD播放機，還有一臺電視，被我用來看新迷上的實境秀《老大哥》（*Big Brother*）。搬來幾個月後的某日，我翻著《咯啷！》（*Kerrang!*）雜誌，翻到一張柴克・德拉羅查（Zack de la Rocha，Rage Against the Machine主唱）的照片，背景是一間紅黑色房間。我不知道公寓禁止粉刷，跑到一家五金行花光了我的社福津貼，然後回家把四面牆都漆成大紅色。

福利屬於每個人

多年來，政府的論調一直在製造區隔，鼓勵中產階級將自己視為與勞工階級不同的利益群體。我們許多人從出生以來受益的現代福利國家制度，形成於二戰後的政策。戰後千瘡百孔的英國，社會需求暴露無遺，促使政府通過了大量新政策，包括：一九四五年《國民保險法》（National Insurance Act）——強制國民提繳部分薪資，並可於失業、死亡、疾病、退休時領回；一九四五年《家庭津貼法》（Family Allowances Act）——補助多子女家庭；一九四六年《工業傷害法》（Industrial Injuries Act）——補助不幸遭遇職業傷害者；以及一九四六年安奈林・貝文（Aneurin Bevan）強大的《國民保健服務法》（National Health Service Act）——創造一個免費的全民醫療保健體系。英國成為現代福利國家，還不到八十年，或許正因歷史不長，它也顯得脆弱，可能輕易被政治權力破壞。說到底，福利國家制度並非自古存在，倘若我們不為之而戰，也難保沒有消失的一天。

自從我對政治議題有印象，兩大黨都催促政府減低「一般百姓」（天曉得指誰）為其他人口繳納的稅金。低收入補助（Income Support）一九八八年上路以來，一直是沒有工作、也尚無就業意願的人能取得的主要社會福利。我自己領這項補助的時候，每週都要到郵局簽名，交換一個戳章和四十四・〇五英鎊的現金。我排在隊伍中，前後站著退休人士和一臉疲態的單親媽媽，正在拜託孩子下次去秤重糖果區挑糖果時，不要再拿那麼多可樂軟糖，舔著嘴的小臉不聽話地衝著她們笑。領回補助的現金，我會想辦法用它撐過一週份的帳單和採購，直到下週二再度出門，重複一次我已熟悉的先郵局後Morrisons超市行程。

我當時倚賴的制度，近來正被統一福利救濟金（Universal Credit）取代。新制度按月發放津貼，補助低收入或失業的英國人，單身申請者平均可領到每月二百六十五・三一英鎊，或每週六十一・二二英鎊。該制度服務對象廣大，以二〇二一年七月為例，申請者共有五百九十萬人。[1]然而，「福利」逐漸變成人們不想提起的髒字。弔詭的是，它既被認為是某種額外好處，讓受補助的人過得特別輕鬆，實際發放的金額又很少，通常只夠你在這個GDP有一・九兆英鎊的西方國家維持最勉強的生活。許多不同群體仰賴統一福利救濟金的援助——流落街頭的人、經濟困難或必須辭職育嬰的父母、失業者和愈來愈多的低薪工作者、負擔格外沉重的身心障礙者，又或者依靠國家退休金養老的人。

右翼媒體持續灌輸大眾一種與現實脫節的想法，認為英國福利太多，所以愈變愈窮。事實上，英國的福利在歐洲要算數一數二寒酸。[2]二〇二一年，歐洲社會福利最慷慨的前五國為法國、芬蘭、比利時、丹麥及義大利。同一年的研究顯示，英國發放的失業補助金額，平均為申請人前份工作薪資的百分之十二・五。作為對照，德國的失業津貼為前份工資的百分之六十六，義大利則是百分之七十五。[3] ❶疫情讓一件事昭然若揭，那就是誰都可能隨時陷入需要國家救濟的處境。可嘆的是，有些部長仍然認為這些援助太過分。政府從二〇一三年便開始實施「福利津貼上限」（benefit cap），以節省社福支出。當部長們允諾「砍稅」❷，斷炊的將是學校和醫院等重要公共服務，以及那些仰賴社會福利才能活下去、才能烤片麵包吃、才能看看推特、才能有條被子禦寒的人。

二〇二二年，由強生（Boris Johnson）掌舵、現任首相蘇納克（Rishi Sunak）操持財政部的保守黨政府，通過了現代史上砍幅最大的社會福利刪減案。統一福利救濟金的每週補助金額，一夕之間砍了二十英鎊。此舉立刻引起軒然大波，少了這些援助，人們就是無法餵飽孩子，必須在寒冬中選擇要沒暖氣還是沒飯吃。現行制度下，英國的失業補助最長可領三個月，然而二〇二二年，政府曾經研議將此縮短為四週。同一年，在英國陷入歷史級的動盪、衰退與不平等之際，稍晚接任首相的特拉斯（Liz Truss）有段錄音流出，其中可以聽見她評道「英國人工作態度要更勤奮，經濟才有可能重回軌道」。這種冷酷的說法甚至無視政府自己的數據——就業及退休金事務部（DWP）的統計顯示，統一福利救濟金的申請者中，百分之四十已有工作。這些關於人們為何需要援助、哪些窮人「活該」的謬誤認知，影響著每一件事。撇開個別政策，它也構成一種妖魔化的文化，即使政策或當權者換了，重點始終沒變。把領社會福利的人——譬如十八歲的我——醜化成滑稽人物，作為宣傳手段非常有力。更可怕的是非常深植人心。

保守派的政治語言中，弱勢群體被描述為社會的食客，貪婪地吃國家的、用國家的，自己過著懶散舒爽的日子。文化與政治上對公宅住戶的描繪，在居住方面造成了骨牌效應，導致很少房東和管理者認真看待領有福利的租客。這些不把特定人群當回事的論調，與電視上習見的一種對勞工階級的惡意醜化與譏笑相輔相成。「貧窮A片」（poverty porn，指利用悲慘貧窮的景象令人不由自主掏錢的節目或刊物）成了電視秀新品種：《社福街》（*Benefits Street*）、《福利英國：我的救濟金生活》（*Benefits Britain: Life on the Dole*）、《移民街》（*Immigration Street*）和《苦日子》（*Skint*）僅是其中幾例。這些第四臺和第五臺上頗為熱門的節目，猖狂散播它們的「米蟲」敘事，令觀眾相信住公宅的人們又肥又懶，可以取笑，同時杜撰一場勞工階級白人對有色族群的資源爭奪戰。這些刻畫都真實影響著我們的世界，使提倡改變更困難了。

在米爾巷，我時常做出如今想起會面紅耳赤的行為，要是有第五臺的攝影機在附近，一定

❶ 譯注：臺灣為百分之六十，一般最長可領六個月，符合特定條件最長可領九個月。

❷ 原注：喊得最大聲的是右派政治人物，但這種風氣早已及於工黨的中間派及偏右派議員。

會開心地衝過來給我一個特寫。例如忘記大樓哪天收垃圾，想到就把自家垃圾拿下去，堆在大垃圾箱旁邊，因為懶得把重重的袋子舉起來投進去。我會出門不鎖門、在室內抽菸、從來沒拖過公共樓梯。大概不意外的是，我在大樓裡不太受歡迎。其他住戶多為年紀較長的當地白人，一生都住在這個小鎮，每每在樓梯間丟出無禮的歧視言論。我那些「不可容忍」的行為引起了鄰居公憤，有一次，我在樓梯間高唱Skunk Anansie（英國搖滾樂團）的歌，對我的想像愛人嘶吼「我不會為你哭」（〈Weak〉歌詞），惹得一位鄰居女士揮著掃帚出來叫我閉嘴。因為許多男生朋友來訪，樓下一戶鄰居曾經檢舉我，說我從事性工作。我只好請佩妮的律師伴侶幫忙，陪我去居住協會擔保我的品德，免得他們對我下驅逐令。那戶鄰居是位禿頂的七旬老伯，他還曾經到我家門口堵我，指控我和我朋友在樓梯間小便。幸運的是，這些抱怨並未跟著我。但也許某處還有個我的卷宗，記滿這些陳訴——我還滿想看的。

儲值瓦斯的安心節奏

待在米爾巷的大部分時間，我都趴在廚房地板上，試圖點燃我的熱水爐（boiler，英國家庭電器，供應水龍頭及暖氣系統使用的熱水）：按住按鈕、聽見嗶嗶嗶轟的聲音、從小圓窗看見藍色火苗燃起、放開按鈕……然後看到火又熄了。我每次都要重複三、四十次，才有一次火苗不會熄。終於點火成功的那一刻，我會感覺到一種想對空氣揮拳的暈眩喜悅，一邊站起來，一邊還聽見心跳咚咚敲著耳膜。

但喜悅持續不了太久。終於打開熱水爐之後，想繼續享受暖氣或電燈，得拿瓦斯卡和電力卡去加值額度。我家的預付式瓦斯錶和電錶設置在大樓外，遇上寒夜裡額度用光的時候，我得拖著幾條毯子下樓去，啟用小額的「緊急預借」選項。我有兩張不同的藍卡片，每週會用它們幫瓦斯錶和電錶各加值五英鎊，看著機器吃下我的錢，螢幕快樂地亮起。

我以前就用過這些卡片。我記得小時候，我會把海軍藍的塑膠預付卡插進電錶，彷彿在玩某種昂貴的遊戲。長大過程中，我聽過很多流言，其中一則說（物理相關的刺激八卦很少，所以此事令我特別著迷）只要在電錶上貼一塊強力磁鐵（取自倫敦城內的某間教室），用磁力讓電錶跳不動，你就能免費無限用電。真是這樣的話，這種天才妙計可以替英國各地的人們省下幾千鎊（可惜現在機器都改款了）。

我妹妹常來我家，我們會聽音樂跳舞，雖然她的選曲對我來說有點折磨。她喜歡Pink（美國流行搖滾女歌手）、《髮膠明星夢》（*Hairspray*）和《歌舞青春》（*High School Musical*）的原聲帶。不過到最後，歌舞劇的趣味也成了她來訪的代名詞，隨著雀躍可愛的她本人走進我的生活。她會和我擠一張床，我輕撫她的黑鬈髮，唱印度搖籃曲給她聽，每次她都能在斷電前睡著。（英國應該有不少人知道那種看電視看到一半斷電的特殊經驗。那是一種奇異的中斷，一種非常私人的漆黑，有時屋裡的燈會全滅，但你不會像整條街停電的時候一樣，慌張起身去找家家必備的蠟燭。）

黑暗的日子看來只會繼續。二〇二二年的英國，通膨率創下三十年新高，我寫作的此刻已經衝到百分之九．九。這一年來，英國的水電瓦斯費漲幅，是天文數字的百分之七十四，而且沒有停止的趨勢。對我媽媽而言，這代表只是看同樣那幾集《神探可倫坡》（*Columbo*），她現在每月得多繳一百英鎊（約四千新臺幣）。用最保守的說法，這對荷包也是重傷。能源價格和物價雙漲的衝擊，嚴重到難以估計。一英鎊可以用多久、用多省，比從前更重要了，因為它能決定你家瓦斯額度夠不夠燒開一壺水、電力額度能不能撐到看完電影結局。

我的瓦斯錶和電錶，讓我學到許多一個人住必須面對的現實。後來住進大學宿舍，雜費全包，使我有種奇怪的退化感，好像拋掉了一些獨立生活的責任。但我很快就習慣了，沒等第一學期讀完，已經在享受自製芬蘭浴，放肆地把暖氣開到最強，度過愜意的冬月。

我在米爾巷住了一年，於一所學院上課，同時申請大學。一收到錄取通知，我便開始打包，準備搬出公宅。我不知道搬走的流程，也沒人跟我說過。所以我直接走進社福辦公室，告訴他們我要搬走，然後在一張紙上簽了名。搬家那天，我背起行李，把家具分送給需要的朋友或捐回慈善中心，讓下一個人把它們帶回去。我走的時候完全沒打掃，甚至沒用吸塵器吸一下地毯，帶不走或不想要的東西全留在房裡（自己燒的CD、一個水煙壺、幾雙舊襪子和幾個衣架），廚房裡那幾袋滿滿的垃圾十之八九也沒拿下去丟。[3]

米爾巷是國家給我的一個庇護所。那年之後，我不曾再有那麼長時間需要申請公宅，或需要一個人住。那段時光成為我唯一遇上的人生小故障，充滿燦爛的橋段——卡莎來找我，煮印度奶茶、吃Dairy Milk巧克力，湯姆買CD播放機給我，克里斯（Chris）幫我處理該死的熱水爐，史戴芬把我從電視前拖走，丟上他的車，去鄉間的家庭派對，朋友們和我一起溫書，慧黠的媽媽們默默照顧我，避免我又沒吃飯或睡過頭。我每天能活下去，都是靠 圈友人的幫助，他們給我那種不言自明的支持，透過玩笑話、專程送來的KitKat、一起聽歌哈草展現出來。那年，我有大量時間能省思，沉溺於青春的徬徨，走過憤怒和對獨立的渴望。

時間逐漸修復了我與媽媽的關係，以及她生病的身體。我去醫院探視做完化療的她，感覺到分離的時間也帶給我們不同的視角。治療數月後，她進入康復期。她做的第一件事，就是趁某家Carpetright舉行清倉大拍賣，替我米爾巷的公寓訂做地毯。地毯蓋過我詭異的謀殺現場塗鴉。我選了黑色，她也沒說什麼（終於接受我的髒兮兮搖滾風）。一年過去，我們恢復親暱。那個夏天我搬出公宅，要搬往我媽媽家，在大學開學前暫時和她同睡雙人床。我們常常整夜聊天。我喜歡把腳蹺在她腳上，太重的時候，她就會氣呼呼地把我踢開。身為單親媽媽和家中長女，我們的關係有時像合作夥伴。但那個夏天，我們又回到老角色，我是她的小女兒、迷惘的

❸ 原注：我是真的以為會有人來收。

青春期孩子，也是友好的家人。我開始注意到她的年紀，發現她變得會打鼾。盯著窗簾縫外的月亮，我躺在熟睡的她身旁，想到她在我這年紀就生了第一個小孩。我忖度著家人可能給你多少壓力，少了家人又是多麼孤寂。我吻吻她的額頭，從背後摟她，聽她發出呢喃的夢話，某些祕密的祈禱。

進大學之後，我覺得最好別向宿舍的新朋友提起在公宅的一年，所以當大家哀嘆第一次自己下廚和洗碗，我只是在旁點頭。米爾巷那段凝滯的時光不久便成了回憶。沒人看過我聽著D'Angelo（美國新靈魂樂歌手）的樂曲扭動、邊烤土司邊假裝在上料理秀、好多好多次一個人在家對著搖滾樂甩頭。我幾乎都快忘了那段時期，直到開始靠寫作維生，有時會連續幾天閉關，只有自己為伴——我總在那樣的時刻想起我的小公寓。

我所知的一樓店面

相片禮物館

二〇一一年中有六個月，我住在倫敦克萊姆（Clapham，在南倫敦的蘭貝斯區）的一家Snappy Snaps樓上。這家幫你用相片客製化禮物的連鎖店，門面漆成陽光金，亮到從一英里外都看得見。我和四位室友合租的三房公寓就位在那亮閃閃的店鋪上方。那陣子，我剛得到人生頭一份全職辦公室工作，在一間折價券公司上班，日子過得水深火熱。我和一位澳洲同事黛安娜（Diana）成了堅定的好友，當你找到一個能在辦公室共患難的人，經常會發展出這種情誼。我們天天混在一起，共進午餐，隨時Skype連線，兩個人出去「跑個腿」，跑幾小時才回來。我真是太喜歡她了。我們已經有豐富的職場話題，因此最初很少聊到彼此的居家生活，而且下班後也不會去彼此家拜訪。但有一次，她看見我分手後在化妝室嚎啕大哭，告訴我她們家還有位子住，從此帶我認識了一類外國租屋族在倫敦的遊牧生活。四海為家對黛安娜不是新鮮

事，幾年前，她曾經踏上一場環歐大旅行，一整年都睡在青年旅館或朋友沙發上。她的室友包括另外兩個澳洲女生，兩人都是剛起步的平面設計師，還有一個法國人，是她在旅行途中認識的。緣分使然，黛安娜與此人開始交往，對我來說很幸運，因為黛安娜搬去他房間以後，一位設計師室友房裡空出了一張床。他們都很習慣睡青年旅館，一點也不覺得住多人房哪裡怪。

反倒是我覺得有點怪，但我日子過得糊裡糊塗，沒空真的在意這種事。我實事求是地認識了和我同房間的室友，記住了浴室公約及鬧鐘規定。那間公寓冰天凍地，因為客廳有扇窗子破了，只匆匆以膠帶和厚紙板修補。我們兩個冬天都穿毛衣睡覺，一人一臺暖風扇，風力全開對自己吹。風扇的嗡嗡蓋過了樓下的喧鬧——喝醉的人們在街上高唱澳洲歌謠，慶祝澳洲國慶——，除了我的其他室友也加入合唱的時候。

公寓裡缺乏溫馨的家具，客廳堆滿行李箱，每天早上我和黛安娜都會衝向行李箱，打著哆嗦在客廳換裝，準備出門面對我們討厭的工作。我渾渾噩噩，吃超市麵餃和冷凍披薩度日，所以當我前任提議復合時，我樂觀地答應，將我的床位讓出來給下一個人。

我和室友之間有個玩笑，說我哪天一定會去樓下的Snappy Snaps，把我們的照片製成抱枕和馬克杯，塞滿整個家。但最後，我還是放棄了這個貴到讓我落淚的計畫。我以前很不屑Snappy Snaps的庸俗，嘲笑我媽媽竟然真的用我的照片去做了個枕頭。但這麼多年來，看著父母、阿姨、新婚伴侶眉開眼笑走出那家連鎖店，手裡拿著小嬰兒在雪橇上做姿勢，或情侶在沙灘上接吻的紀念日照片，好像連我也開始感性氾濫了。人們會在店門口停步，從紙袋中取出禮品欣賞，開心的尖叫傳進我們的客廳——你很難不屑那種喜悅。

肉鋪花店

住過商店樓上的人都知道，住久以後，你會逐漸和商店的日常節奏同步，習慣垃圾清運的時間、鐵捲門嘎嘎拉起的時間。我家曾經位在一間肉鋪與一間花店樓上，兩店比鄰營業，花的香氣不太能夠蓋過肉腥味。我們的公寓非常小、非常擠，我和媽媽與弟弟共用一個房間。我那時候十歲出頭，剛開始發現男子樂團（East 17、5ive），所以媽媽必須忍受我跟著唱什麼女生「想要」的歌詞，雖然我也不知道她們想要什麼。

花店和肉鋪都很早開工。我出門上學的時候，會看見店裡日光燈都開了，店外的小黑板已寫好粉筆字。有幾次放學回來，我得繞過一顆擋在巷子中間的豬頭，才能抵達公寓的鐵梯。我會閉上眼睛、用力尖叫，以最快速度衝過去。去學校的路上，前一天賣剩的臭肉味總是纏在我身上，令腸胃發出噁心的怪聲響。花店曾經引起我嚴重的花粉症（我就是在這個家發現自己對百合花過敏）。夏天裡，店員將鮮花搬出來放在人行道上，不請自來的花粉從窗子飄進我們家。我媽媽一週要買三盒Cien面紙給我擤鼻涕，聽我每天吸鼻子，終於決定緊閉門窗，只用一臺小小的便宜藍電扇替全家消暑。那個夏天熱得像被水煮一樣。

舊郵局

我曾經住在一間已經停止服務，但仍保留原樣的郵局樓上。那是二〇一四年的事，我和室友合租頂樓的兩房公寓。屋內裝飾成六〇年代風，交錯著鮮亮的綠橘藍。打開日式拉門，房裡只放得下一張單人床，一面牆上有鑲嵌式的抽屜，裡頭塞著我的全部家當——內衣、蠟燭、筆記本、耳機都扔在同一格。這些小房間讓你更了解自己的身體。住在這樣的地方，總讓我覺得變高大了，光是身在一間房裡就能填滿它。但我不為此困擾，反而有種異樣的滿足感，好像仙境裡的愛麗絲，身體愈變愈大，手腳撐破房屋，占領一個空間，衝破它的界限。

廚房裡有條吃早餐的黑吧檯，客廳擺了一張皮革沙發，花俏得像奧斯汀·保威（Austin Powers，虛構的六〇年代人物，《王牌大賤諜》系列主角）的恐怖玩意兒。正因如此，我都躲在房裡玩我愛不釋手的Candy Crush，我室友在她房裡玩Splashy Fish。我們的房東極度恐同，經常無預警地跑來檢查公寓。某次冰箱大掃除後，我們又心不在焉冰了半桶奶酒口味的哈根達斯進去，被他威脅要沒收押金。他氣得跳腳，呸口水道：「我以為蕾絲邊至少會乾淨一點！」然後摔門出去。

薩里學舍：想像我們都一樣

二〇〇六年我進大學時，正值「新工黨」（New Labour）路線的鼎盛期，追求高等教育的我，也成為這些改革的支持者之一。新工黨的「全國解放行動」（national crusade）[1]提倡社會流動，亦即人們能透過教育在社會中向上攀升。這使我天真歡欣地跳上了他們的夢想列車。

那些年，布萊爾（Tony Blair）疾呼「教育！教育！教育！」，主張一個人可以藉由求學，掙脫不平等的處境。他的口號經由電視轉播的熱情演說，進入了我家客廳，被我媽媽學起來掛在嘴邊，鎮日唸著，彷彿那是祈禱的經文。這句話終於也在我耳裡生了根，鼓勵我出發尋覓世上最飄渺的一樣東西——當初帶著我阿公來到貝里斯福路的東西，所謂「更好的生活」。

❶ 原注：布朗（Gordon Brown，二〇〇七至一〇年英國首相）二〇〇八年之言……他後來還說過很多次。

儘管於社會議題上較偏左，新工黨的政治作風，仍然延續柴契爾對個人成功和冒險精神的強調。柴契爾主義深刻形塑及鞏固了一系列新自由主義觀點，這些觀點又被接任的梅傑（John Major，一九九〇至九七年英國首相）繼承，後者——先不說別的——曾於一九九三年的「回歸基本道理」（Back to Basics）演說中（該演說被廣泛解讀為對傳統家庭價值的擁護），將砲口對準「軟弱不負責任」的單親媽媽，譬如我媽媽。[2]一九九七年，工黨結束了保守黨的十八年執政，新上任的布萊爾驕傲地宣布：「新的英國將是一個唯才是用的國家，階級、宗教、種族與文化的藩籬將被打破。」布萊爾使用「唯才是用」（meritocracy）一詞的頻率超過英國史上任何其他議員，還曾經有名地於一九九九年設下目標，要送全國百分之五十的小孩上大學。這個人人平等、「事情只會愈來愈好」[3]的美妙英國，就是我成長時代的英國，等著我長大後一展身手，不被任何種族、性別、貧窮的小問題所限。

我的好學令我媽媽喜出望外。她不懂學術的世界，念書的事多半交給我自己安排。在海耶斯莊園的時候，我遇過一位年紀較長的波蘭裔英文老師，留著褐髮鮑伯頭，有著過人的耐心。波拉泰科小姐說我特別「有天分」，為我開了額外的書單，讓我午休無聊時可以看。書單上有伊妮·布萊敦（Enid Blyton，英國著名童書作家，著有《五小福》等）、莎士比亞、艾蜜莉·勃朗特，以及其中我最喜歡的《清秀佳人》（*Anne of Green Gables*），說的是從小漂泊於孤兒院與許多家庭之間的安妮的故事。我喜歡安妮的早熟，自以為是地覺得波拉泰科小姐一定是看出我像安妮，才會推薦我讀。說不定真有部分如此，但她更可能是在為我進行一場文化啟蒙，鼓勵我早點開始敬重那些我沒聽過、但人們認為很有分量的作家。她相信這些書能在我需要引用它們的那天派上用場，能成為我的助力，支撐我在這個社會往上爬。

對我而言，讀大學一方面是我的逃亡，另一方面也在所難免。無論國家數據怎麼說，我終歸要上大學。中學最後一年，學校送我們每人一本酒紅色仿皮封面的「成就紀錄」，要我們寫上夢想或志向，與大家分享。很多同學寫他們想當探險家、犯罪學者，或上電視參加《老大哥》。我的目標很簡單：上大學。我想像不出別的了，小時候在學校，我幾乎只有這個夢想。

讀完兩年預科，考完預科會考（A levels），我經歷一段壓力龐大的時期，忙著填表格、去學院圖書館列印福利證明、拚命爭取全額獎學金，終於申請到了一所學校。我媽媽非常為我驕傲，但似乎也有一絲傷心的寂寥。對許多父母、尤其是勞工階級父母而言，旦送孩子去了大學，他們某種意義上就會永遠離開你的世界。身為全家族第一個上大學的人，我已準備好迎接全新的生活。而且要取得我的英文學位，好像只要繼續成天啃書就行了。我的學校甚至連名字聽起來也很珍貴：金匠大學（Goldsmiths University）——像狄克．惠廷頓會去的地方。❹

---

❷ 原注：梅傑的鋪路，讓其他保守黨議員得以跟進攻擊，例如同樣在一九九三年，韋桓德（John Redwood）撻伐那些「甚至完全看不出有意努力結婚或和孩子父親進入穩定關係，就生小孩的年輕女人」。

❸ 原注：D:Ream（英國／愛爾蘭流行樂團）為工黨競選歌曲演唱的歌詞。

廉價夾板桌

我回到的倫敦，和青春期認識的那個倫敦有天壤之別。我帶著行李來到新十字（在東南倫敦的路宜申區〔Lewisham〕），準備住進我第一年被分配到的薩里學舍（Surrey House，薩里為倫敦周圍的郡之一）。那裡以前是專供薩里郡學子住宿的地方（早在對旁遮普學生開放前），從一九〇七年就開始使用了，介紹上說舍區特色是「十九世紀宅邸旁增建了現代化的新館」。六層樓的新館（其實完工於一九八二年）每層可住八人，間間都是單人套房；古色古香的宅邸大得多，但二十二個同學要分每層只有兩間的共用衛浴。我錯過了填志願的期限，宿舍是學校幫我挑的，很高興被分到了新館。

住進宿舍使我成為一種負笈離家傳統的一部分。我發現這種傳統很有英國（British）特色，可以上溯至不列顛開始出現大學的中世紀。這些古老的學院，是由雲遊在外的學者共同構成的，歷史學家威廉．懷特（William Whyte）形容他們「骨子裡帶有流動性」。[1] 工業革命後，人口由鄉村湧入城市，到了十九世紀，離開城市去求學的想法比從前更有吸引力了。不論社會階級，學子紛紛離開老家，除了求知，也追求一群切磋琢磨的夥伴。這樣的想法延續至今，目前，英國大學申請者最喜歡的住處類型依然是學校宿舍。

我們經常以為這很普遍，但事實上，並不是各地學生都愛住宿舍。在蘇格蘭，多數學生更傾向住在家裡。愛爾蘭學生亦然，有將近一半與父母同住。澳洲學生住在家中的比例，高於任何其他住處類型。而整個歐洲地區，學生平均有百分之三十六住家裡，僅僅百分之十八住宿舍。縱使在寄宿制大學歷史悠久、私人宿舍業蓬勃發展的美國，也有近百分之四十的學生與父母同住，百分之七十七在家鄉州讀書。[2]

我們宿舍擁有一般單人房型大學宿舍的全套特徵：檸檬黃與萊姆綠相間的制式窗簾、一張小巧的單人床、一片超大片的軟木備忘板，以及一個層架。我在架上放了我最值錢的財產——二手文學理論書和幾支Rimmel唇線筆。我還記得初次踏進那空空如也的房間，新地毯的消毒水味立刻撲鼻而來，造成置身精神病院的錯覺。我的房門和宿舍所有人一樣，是仿松木、光亮、厚重的防火門，掩上門的那一刻，所有聲光驟然熄滅，彷彿我從世界上消失了。

為了讓房間感覺別那麼像療養院，我盯著軟木板看了好幾小時，像在進行一場必須通過的認同測試。最後，我完全開啟令人羞赧的慘綠少女模式，在軟木板上釘上「Don't Panic!」（別慌）海報、我弟弟妹妹的照片、希薇亞・普拉絲（Sylvia Plath）的名言……和幾張凶狠的列寧貼紙。我買了新的CD，深怕壓壞，攜帶時都把它們捲在襪子裡。有Placebo的《Without You I'm Nothing》、艾莉卡・芭朵（Erykah Badu，美國新靈魂樂歌手）的《Baduizm》、肯伊・威斯特

❹ 譯注：出自童話「惠廷頓與貓」，敘述一個鄉下窮男孩迪克，因為聽說倫敦遍地金子而決定進城，雖然沒找到黃金，卻發跡成為市長的故事。原型為中世紀倫敦市長惠廷頓（Richard "Dick" Whittington）。

（Kanye West）的《The College Dropout》、迪齊・拉斯科（Dizzee Rascal，英國饒舌歌手）的《Boy in da Corner》、艾拉妮絲・莫莉塞特（Alanis Morissette）的《Jagged Little Pill》、Peaches（加拿大女性主義音樂人及藝術家）的《The Teaches of Peaches》，還有一張盜版的Channel U車庫饒舌歌手合輯，封面是黑白影印、模糊不清的眾歌手照片。我虔誠地輪流播放我的CD，裁剪專輯封面做成一張拼貼，看這群迥異的人在我牆上和樂融融，鼓勵我效法此種精神。

我一直沒有電腦，於是向阿肯（Ken）買了一臺三百英鎊的便宜筆電。[5]阿肯是位中年光頭經銷商，在我媽媽的公宅那帶服務，你要買什麼他都有，從禁止飼養的保育類烏龜，到給小孩玩的巨型充氣城。他賣我的那臺筆電沒有牌子——我們那層樓的其他電腦清一色是Mac——，沒有內建Wi-Fi，開機畫面是俄文，半夜還會突然自己打開，工廠機器似地嗡嗡運作。

大部分時間，我都駝著背，坐在一片固定於牆壁、有著小麥色亮面貼皮的廉價夾板桌前。那種桌子像某種標準配備，所有買過IKEA家具、住過學生宿舍或去過公家機關等候區的人都認得出來。你會認出桌面沾到一滴水就會形成的不規則泡泡，或者桌子內側的木屑板刮腿的粗糙。面對吵雜的筆電發呆，我的視線總會飄向桌緣脫膠的地方，看見露出的一層層木皮，極力克制想去剝的衝動。

上大學意味著開始漂浪，至少對許多人來說，它開啟了一段流離轉徙的時期。像這樣的家具，有某種不長久的本質，畢業多年後，仍然不斷出現於我搬進的公寓。（不無理由說，廉價家具的暴增與學生住處供應的大環境有關，目前一大部分都是品質低落、由民間業者或房東經營的地方。）一整代人透過這些房間初次認識了家以外的居所，熟悉了未來漫長的租屋歲月中（雖然學生時代我們多半不這麼預期）擺滿房間的不耐用家具。剛住進宿舍那幾週，孤零零待在房裡，我用一個想法安慰自己，想到所有宿舍同胞都和我坐在一樣的夾板桌前，咀嚼相同的感受。

儘管在英國，宿舍建築的類型與歷史形形色色，這些小地方卻好像都差不多。我朋友夏綠蒂（Charlotte）就讀於東倫敦的瑪麗皇后大學（Queen Mary University），住在學校的亞伯・斯坦學舍（Albert Stern House）。宿舍前身為貝斯・賀林醫院（Beth Holim Hospital），一棟塞法迪猶太社群（Sephardi，祖先來自伊比利半島的猶太人）建立的老人之家，窗外便是一片墓地。她說她都邊寫報告，邊惆悵地眺望墓園。我問她房裡的家具是什麼樣，想像散發歷史感、見識過生死的一些東西。「喔，」她聳了聳肩，「就是一般的IKEA便宜貨。」

假扮勞工階級

宿舍的一致，有時會令你以為大家都條件相當。我最初有點得意，心想其他人都是貴死人

❺ 原注：三年前，我還聽說他有賣一顆二十鎊的「伯利恆的石頭」，我媽媽的不少鄰居都買了。

的私立中學畢業、從小衣食無缺，現在還是只能和我住一樣的宿舍。我大概得意得太早了。如今回頭看，那時的金匠大學就像個法外之地，人們恣意做出最瘋狂的行徑，到後來我也見怪不怪了。這類舉止通常被一笑置之，當作「釋放創意」或個人怪癖。例如有個傢伙在附近酒吧的萬聖節活動上，扮成被墮掉的胚胎。有個同學自製暴力色情雜誌，宣稱那是藝術。又如我對面房間的那個樂團，專門寫一些題為〈吃大便〉之類的歌。[6]

我沒時間糾結於這些事，學費的高昂讓我覺得必須享受這所學校，有時也確實很享受。但我很難不注意到，金匠大學似乎太陶醉於它自己的文化聲譽。英搖（Britpop）盛世的一九九〇年代中期，我們大學曾經叱吒一時，因為這裡是Blur團員葛拉漢．考克森（Graham Coxon）和艾力克斯．詹姆斯（Alex James）的母校（我是Oasis派，所以完全不在乎）[7]，也因為「英國青年藝術家」（Young British Artists）[8]的成員中，有一大票人都來自金匠美術系。仔細想想，學校這麼多人對Blur著迷並不奇怪。在他們聽來，這些歌唱的不只是社會群像。我宿舍的大部分人，真的就是在「很大很大的鄉間別墅」（〈Country House〉歌詞）長大，他們現在在扮演勞工階級，作為有趣的新體驗。

這時橫掃英國的新銳舞（nu rave）樂風，當然也吹進了我們宿舍。舍胞紛紛認為聽The Klaxons、The Wombats、The Futureheads才是王道。新銳舞嘈雜的破音刷弦聲，在我耳中不像金屬樂那麼自由刺激，聽起來更乾淨、受控，好像只是在演一齣壯烈反抗的戲。

撇開特殊例外——比如去我暗戀的指甲髒兮兮、崇拜蘇聯工人黨、蒐集前蘇聯宣傳海報的學長房間一言不發地看《恨》（*La Haine*），或者因為有人不小心把塑膠水壺放在電爐上，必須跟著整層樓的人一起逃出去，以免被毒氣熏死——，我待在宿舍時，多半都在看YouTube和Channel U上的車庫饒舌影片。這種音樂文化受到英倫車庫、叢林舞曲（jungle）和雷鬼影響。在當時，聽黑人音樂感覺就像在反抗一種放縱文化、反抗一種獨霸主流的白人男性觀點。那幾年，今日稱為「獨立邋遢」（indie sleaze）的風格正在英美火熱，紈絝不羈的名流如皮特·多赫提（Pete Doherty）和羅素·布蘭德（Russell Brand）是眾人眼中的偶像。[9]課堂上，不少中

---

⑥ 原注：神祕的是，他們後來還被《音樂觀察月刊》（*Observer Music Monthly*）採訪了。

⑦ 譯注：Blur和Oasis是英搖史上知名的死對頭，曾在同一天發行單曲（〈Country House〉和〈Roll With It〉）角逐排行榜冠軍，引爆了媒體大肆渲染的「英搖大戰」，階級和南北也成為炒作對立的材料。出身南英格蘭好人家的Blur被視為文青代表，來自曼徹斯特藍領階級的Oasis則被視為草根英雄。

⑧ 譯注：九〇年代引領英國藝術潮流的一群視覺藝術家，作品常用震撼手法，代表人物包括達米恩·赫斯特（Damien Hirst）。赫斯特常與英搖樂團合作，下文引用的〈Country House〉MV就是他拍的。

⑨ 原注：我自己也跟風過，排隊去買了凱特·摩絲（Kate Moss）和Topshop合作推出的蘋果紅緊身牛仔褲，房間裡還貼著一張M.I.A（英國饒舌音樂人）和她的Roland MC-505的照片——從那陣子的小眾雜誌《Super Super》上撕下來的。

上階級嬉皮同學喜歡打扮得像維多利亞時期的放蕩公子哥兒，酷愛引用王爾德。

車庫饒舌的DIY本質很吸引我，倒不一定是打造更好的生活，而是某種慶祝與發揚的精神。音樂影片也為我開啟了網路的世界，我迷上看網誌，自己開始寫，也分享別人的，逛充滿閃爍貼圖的Myspace，潛心鑽研車庫饒舌論壇文。我一個人去聽演唱會，在舞池裡認識了一生的摯友。讀但丁和吳爾芙之餘，我會聽Rinse FM（倫敦的獨立音樂電臺）、看SBTV[10]（發掘潛力音樂人的獨立網路頻道）。看著SBTV上的「F64」系列——每週邀請不同歌手錄影片，挑戰一段六十四小節的即興饒舌（freestyle）——我暗自感謝那些音樂人，和我分享了他們家的一小部分。

也是在大學裡，我初次見識到什麼叫驚人的鉅富。剛來那陣子，你很容易一廂情願以為大家都沒有不同，一樣要面對那些應該束縛著所有人的現實——學習獨自生活、交換食譜、趕報告、買床包。不過這些幻想瓦解得很快。（舉個例子來說，目前王位繼承第九順位的碧翠絲公主，當時也在金匠大學。我曾經在圖書館教她怎麼用自動販賣機，算公共服務吧。）我深刻感到自己的捉襟見肘。與此同時，我知道我能在這裡讀我喜歡的東西比多少人幸運。我很多海耶斯莊園的朋友，為了找到飯碗都在進修職業學程。我們那屆要畢業時，學校裡已經盛傳一個灰暗的笑話，說面對現在的不景氣，我們這些人文藝術學生想吃飯，就要拿出我們的……運氣。

我經常好奇，那些不曾被灌輸「努力讀書就能翻身」、從未想過不念大學、認為階級是幾條平行線的中產家庭學子，對這一切又會是什麼感覺。我現在明白，階級是流動的，也是錯綜蔓延的。但大學時代，我深信階級不會自己改變，若不拿到我的學位，我就永遠無法往上爬。我將力爭上游的迷思帶進了我周圍。一直以來，這種導致競爭的特質，都包含在人們對勞工階級的妖魔化中。我屬於奮鬥成功的那類「好」勞工子女——如同新工黨持續為我們塑造的區分——，也許布萊爾會樂意把我放進某份名單裡。十九歲時，我認為階級（class，通「格調」）是一種文化，事關能否區分乳酪，讀喬叟、輕鬆自在上劇院。某方面而言，這些似乎都辦得到，遠比買房可能多了。或許聽著「唯才是用」長大的整個世代，都情願這麼想。

就算我們喜歡將之想像成文藝素養、品味、學識，事實上，階級自古就是一套貧富位階。文化固然扮演要角，但階級不只涉及文化，也涉及你的物質與經濟條件，涉及你可能過上的生活、實現的成果，甚至玩弄的權勢。你很難單憑文化本錢買間房子。我的出身和環境讓我能走上新工黨「成功故事」裡的那種路，但我發現結尾沒有振奮的光明。出社會這麼久，直到今天，我依然無法擁有安穩的居所。

我穿著緊身牛仔褲、戴著從透明壓克力盒裡拿出來的首飾到處跑的同時⓫，政治權力正從

⓾ 原注：願賈麥爾·艾德華安息♥（譯按：Jamal Edwards，SBTV創辦人，二〇二二年過世。）

⓫ 原注：☹

布萊爾交棒到布朗手上。我們是學費自付額調高到三千英鎊（約十二萬新臺幣）的第一屆，前一年還只有一千零五十英鎊。我領有全額生活補助、部分學費補助，並可申請學貸。貸款允許我透支更多錢付住宿費，認為那不過是個抽象的數字，待我讀完大學後很快就能還完。我們家屬於國家認為經濟最弱勢、需要全額補助的家庭，然而畢業後工作超過十年，我仍在努力償清學貸。二〇一〇年，保守黨與自由民主黨達成協議，組成聯合政府。新上臺的政府將學費上限又提高了整整三倍，來到九千英鎊。目前在英格蘭，每位大學生走出校園時，平均背負四萬五千英鎊以上的學貸。

人們讀不起大學的一大癥結，在於宿舍費用這些年來漲得比物價還兇，但可申貸的生活費額度只根據物價漲幅調整「而已」。[3]這件事最令人憤慨的是，學生負擔愈來愈重的同時，全英國的大學宿舍已成為一座年產值五十三億英鎊的礦山。僅僅六年來，學貸用於住宿費的比例，已從百分之五十八提高到今日的百分之七十三。要知道念大學有多貴，不妨概略做個估算。以薩里學舍新館為例，目前一週住宿費要兩百多鎊。[4]加上學費，每年就是一萬八千六百英鎊（約七十五萬新臺幣），還不包括持續飆漲的生活開銷。對於勞工子女而言，物換星移的程度，已經使人無法想像過去還有什麼雲遊學者，能純粹為了增廣見聞而來到這些地方。

這樣的時空背景下，大學第一年，我進入一家外燴公司打工，每週赴不同場地當服務生，並且學到人一小時能上下樓梯多少次。這項工作門檻很低，其他服務生也是隨時可以換掉的年輕女孩。任務就是當個會倒酒的透明雕像，沒有任何人會問你名字。我工作一晚能領三十鎊。有時在國家彩券頒獎現場，替有錢人端開胃小點；有時在自然史博物館，為銀行家上菜（一群恐龍圍著恐龍吃飯，哈哈）；還有一回在倫敦橋密道裡，幫藝術經銷商倒紅酒，那是我第一次聽見有人打響指叫我（但不是最後一次）。冀望著社會流動、展開深造之路的同時，我開始意識到，這些人其實不在乎我知不知道羅蘭·巴特或世紀末藝術。他們只需要 個穿制服的無名服務生，賣命往樓梯上狂奔，趕在巧克力刨花融化前，把軟嫩搖晃的奶酪端下來。我總在天黑後從城市的各種奇怪角落回家，手裡抓著門禁卡，走回那間很少同學打工的宿舍，一頭栽倒在床上，然後呆望黃綠色的窗簾直到睡著——一如宿舍裡所有人的睡前風景。

有一年，我報名當校園開放日的學生導覽員，只要在那兩天為中學生介紹我們大學，就能換得優渥的工讀費。我們那組統一著青色的學校T恤。衣服可以自己「斟酌修改」，因此我花了點時間把領口拉到屁股，將之撐鬆，袖子摺起來，用髮夾固定。「我看起來像我們學校的學生一樣。」我心想。我心情大好，感覺自己是學校公關團隊的一員，盤算著要怎麼花這兩天的薪水——終歸還是得花在學校，不是買書、買食物，就是付住宿費。活動當天，參訪者問我覺得金匠大學有什麼缺點。我說階級和貧富太懸殊，發現他們一臉興奮，追問我學校裡有富豪嗎？有沒有名人？我認為堪憂的那些地方，許多未來學生根本不介意。對他們來說，那些才是賣點。第二天，我決定翹班，一整天都在咖啡店裡趕我的閱讀進度。誰也沒發現我沒去。

因應寂寞的設計

學生宿舍試圖透過設計，拉近人與人的距離。有些效果良好，有些不太成功。設計左右著你會遇見誰，至少左右了你們擦肩的頻繁程度和——借用一句詩意的宿舍設計宣言——碰面於何種「輕鬆日常之情境」。[5]費斯汀格（Leon Festinger）等社會心理學家的研究，發現增加碰面機會的空間設計，能使友誼更容易萌芽。[6]在學生宿舍裡，這些考量尤其重要。它們能延緩根據高等教育政策研究院（Higher Education Policy Institute）的報告、幾乎每四個學生就有一個經歷的問題，亦即寂寞。

一項英國的研究指出[7]，人們進入大學後，心理壓力指數會逐漸上升，畢業前都不會降回原先的等級。封城期間，學生關在房裡的時間達到前所未有之多，英格蘭過半的學生皆表示該學期中，他們的心理健康變差了。[8]二〇二一年發表於《BMC公共衛生》（*BMC Public Health*）的一篇文章發現，上述情形與宿舍的設計與品質直接相關。[9]既然如此，有什麼設計方式，能使這些建築更符合學生的需求呢？

寂寞需要被嚴肅看待。在十八、十九世紀的美國，工業化造成的人口大遷徙之後，思鄉病如此盛行，當時的醫者甚至將之視為一種主要的危險心理疾病。假如今天我們也以同樣認真的眼光看這些問題，一條有趣的思路是，可以如何將促進社交的設計融入建築裡。因為即使科技進步，離家者的寂寞也不比過去輕。

在大學裡，我並未意識到自己想家，但我確實一天到晚吃Quorn的皮塔漢堡、玉米罐頭和Maryland巧克力脆片餅乾，現在回想真是憂鬱得可怕。當我覺得孤單，有時反而不想去公用廚房，怕要和人搭話，寧願躲在房裡，吃一碗又一碗家樂氏水果麥片，用打火機融化巧克力淋在上面。也許我在宿舍真的過得不太好吧。

社會流動是個神話

大學宿舍的確能加以改善，透過細心的設計，以及自始至終照顧學生身心健康的經營框架。但階級、收入、生活經驗的鴻溝能因此跨越嗎？一致的設計有其目的，創造一種同舟共濟的錯覺。事實是：即使房間一樣，我們也不一樣。

唯才是用的幻想，以無數方式破滅。我們並不一樣，因為這套結構從未給予非富裕白人的許多族群公平的發展機會。根據學生事務辦公室（OfS）的統計，二〇二〇學年度，在高等教育機構就讀的吉普賽或羅姆學生只有六百六十人。[10]曾經住進寄養家庭的青少年，只有百分之六唸到大學。[11]英格蘭超過一半的大學中，清寒白人學生占不到百分之五。[12]少數族裔的大學畢業生，在半年內找到工作的機率比白人同學低百分之五至十五，即使找到工作，也往往要等著迎接薪水較低的無數年頭。[13]二〇一七年一月，高等教育統計局（Higher Education Statistics

Agency）公布的資料顯示，擔任學術機構主管或高階職位的「菁英教職員」中，連續第三年沒有任何黑人。[14] 二〇一八年，五分之一的跨性別大學生表示，教職員勸他們隱藏或掩飾自己的跨性別身分。[15]

學生們吸收了這些誰握有權力、誰任憑宰割的想法，而且可能在走出校園後，將它們散布到世界任何角落。想像一下，當從這套侵蝕社會、結構性的種族主義中得益的年輕人，有朝一日成為房東、房產業者、建商或坐上更高的位子，惡性循環將如何加深。

儘管宣稱要靠社會流動帶來解放，新工黨為全民重建社會安全網的計畫，以結果來看是失敗的。社會學家喬．利特樂（Jo Littler）曾經指出這一點，闡述於她二〇一七年出版的《反唯才主義：流動性之文化、權力與神話》（*Against Meritocracy: Culture, Powers and Myths of Mobility*）中。自那以來，危機似乎只有愈演愈烈的跡象，我針對目前局面訪問了她的看法。「光是一個最重大的問題就足以駁倒唯才主義，那就是過去這幾十年，不平等變得更嚴重了。」她透過視訊鏡頭向我解釋。我請教她認為在今天的社會，擁有文憑或擁有房屋，哪個是較重要的階級指標。長吁短嘆了一陣，她得出無可避免的結論，說她認為是前者，因為「年輕一代要取得房屋比文憑困難許多」。她總結道，今日的大學畢業生，有一大部分可能都會感覺「文憑就像……一艘所費不貲的救生艇」。

學生們站起來！

把大學當作救生艇的想法很有感染力。但與其接受走出校園就要面對住房危機的命運，學生們更可以——也應該——起身反抗。或許這會開啟一場真正的教育。

學生宿舍的供應方式已與過往不同。⓬如今宿舍不再完全由大學掌控，將近一半都是民間業者提供，與大學合作或業者自行管理。可惜的是，這通常不代表宿舍品質會有所提升。最清楚的例子之一，是TikTok近來爆紅的「就是要有這些東西」（things that just make sense）影片。人們戲仿高級室內設計帳號，展示了學生宿舍的特色風物——隨便亂裝的燈、關不緊的水龍頭、剝落的水泥——出現在各式各樣的新宿舍或淒涼破敗的老宿舍裡。疫情以來遍地開花的「拒繳租金」（rent strike）抗議活動⓭，證明學生不是待宰的肥羊。意識到自己也是付錢的房客，使他們有能力抵制房東的剝削。事實上，經營薩里學舍的校園生活村（Campus Living Villages）公司，也曾於二〇二一年被點名批評。當時金匠大學學生會長勞倫 柯瑞里（Lauren Corelli）在推特上寫道：「薩里學舍的問題不是一朝一夕。學生忍受**老鼠**、黴菌、破爛不堪的

⓬ 原注：過去只有校區周圍的學生合租屋為民間提供，學校安排的宿舍皆為校方自己持有及管理的館舍。

⓭ 譯注：二〇二〇年秋冬，不少英國大學改為全面視訊授課，卻仍向學生收取全額住宿費 甚至有學校於疫情嚴峻時期拉起封鎖線，將學生關在缺乏照顧且有群聚感染風險的宿舍中。這些情形引發了曼徹斯特大學數百學生、布里斯托大學上千學生，以及後續超過五十所英國大學學生的抗議行動。

房間已經**多少年了！**校園生活村還是只顧牟利，不願處理。」號召學生共同以行動抵制。這些運動似乎顯示，事情正在朝好的方向轉變。愈來愈多學生以租屋者自居，要求合理的租金與居住條件。

我們其實可以保護學生，不必將他們扔進弱肉強食的租賃市場。住宿費的設定必須得透明，給住校青年的學舍不能成為業者營利的場所，因為這場抗爭的重點始終在於打破階級，讓出身清貧的學生不因住宿門檻而無法深造。學生的意見需要被傾聽——好歹他們的開銷也為英國經濟貢獻了超過八百億鎊。[16]也許關鍵會是為低收入學生爭取住宿費減免，或者強制學校公開與業者的契約，或者改革、甚至取消學生住宿必須簽訂的租約。而比一切都重要的，可能是繼續反抗學術機構宿舍的市場化與私有化。

我在大學有許多快樂的回憶，雖然說沒有什麼比進入金匠就讀，更快速粉碎了我對社會流動的幻想。大學點醒了我，令我開始看見某些世界，也因此，當我於職場再次體會到同一類的不平等，震驚程度（稍微）小了一點。我發現深夜圖書館的魅力。在專題課上聽時髦的師生清談我親身體驗過的事，我通常只有翻白眼的份。我的大學是個不完美的繭，但如果不曾去那裡，我未必有其他羽化的機會。

過了許多年，我才意識到大學的經驗多麼令我失望，彷彿終於撕下夾板桌的漂亮貼皮，看見裡面的木屑。我現在很清楚當年我缺的是什麼。如果校園中存在對於（至少）殖民的正式承認與省思，如果學校主動支持家境不富裕、努力打工養自己的學生，我想我會覺得好多了。更重要的是，如果有人讓我明白我也是租屋者，參與著我加入的社區，我想我不會自以為什麼也改變不了，像隻候鳥過境我的宿舍，如同許多學生過境他們讀書的小鎮。視自己為租屋者，而不是學校的孩子，也許會讓我有能力為自己作主，對其他事物發聲。

我大學的日子將盡時，新工黨也日薄西山了。畢業典禮上，連系主任都在致詞中說外頭經濟慘澹、工作難找——難找到以前的履歷模板都不能用了，撕碎的紙片就像彩砲的碎屑，落在穿學士服跳舞的我們腳邊。離巢住了三年，我的多數朋友現在都得面對現實搬回老家住。想要自己租屋，待在景氣低迷、工作稀少、實習找得到也沒薪水的倫敦，會是一件苦差事。很多人對回家感到沮喪，覺得那是幼稚的表現。一個朋友開玩笑說她多不好意思，房間床邊還貼著真人大小的湯姆·約克（Thom Yorke，Radiohead 主唱）海報。我沒有房間可回，頂多和我媽媽分半張雙人床睡。所以，縱然沒有目標、沒有保證人、沒有穩定工作，面對一場全球經濟衰退和一個新的聯合政府，我仍然帶著端盤子賺來的積蓄，躍入了租屋生活。

亞默林街：潛入租屋的市場

畢業第一年，我決定不搬回家，和在大學裡拯救我的兩個好姊妹一同找房。我們三個已有心理準備，要一起度過蕭條時期的憂愁風浪。

看過無數房子之後，我們逐漸領略被拒絕是常態。每次找到喜歡的地方，興高采烈著討論誰要住哪間房，就會接到房東打來的電話，告訴我們有人願意出更高價。我們最後租的地方，是尋屋好幾週都沒著落、急得發慌的某天去看的。而且那日稍早，房仲還帶我們看了另一家。還沒搬走的房客正在客廳裡吞雲吐霧，手裡似乎拿著快克古柯鹼（crack）菸斗。房間床墊上癱著人，浴室水槽邊黏著乾掉的嘔吐物。我們的房仲神色自若，開朗地說：「哎呀，我應該先通知他們有人要來的！」所以，去看亞默林街（Amersham Grove）的時候，我們已經對推銷的話術疲乏了。他說這間很多人在搶，我們也懶得懷疑。因為實在累了，我們決定租下這間靜巷裡的三房排屋，至少離我們熟悉的新十字車站很近。剩下的就聽天由命了。

一則近期的租屋廣告形容這棟房子「門面古樸雅緻，典型維多利亞式聯排，可愛的工人小屋」。我個人會說它就是個快散了的爛地方。外牆是塵覆的鮭魚色撒石子，內牆薄得能聽見對側的輕輕咳嗽聲。客廳沒有門，浴室門是片霧面玻璃，所以上樓時，你能看見剛出浴的肉色屁股在門後晃，浴缸底部還有個莫名其妙的洞。廚房牆壁不知為何會漏水，有一次廚房地板全淹沒了，我只好抄起旁邊的碗和保鮮盒撈水，隨手往花園倒，把曬衣繩上的衣服濺濕。我們的第四個室友搬來前沒看過房，聽我們口口聲聲說「這裡很棒」——主要是因為臥室很大——，來了之後好像頗不以為然。

我這時才第一次發現，原來房東可以把出租的房子當倉庫。小客廳裡堆了無數書架和三張沙發，擠得甭想再放進任何東西，包括我們自己，除非使出某種軟骨功。如果可以對房屋產生同感謬誤（pathetic fallacy，把人的情感投射到非人的物體上），這房子似乎已快撐不下去，在一片黑暗的經濟中頹廢啜泣。

我們左邊第三家，窗戶上貼滿銀色、小雪人圖案的耶誕節包裝紙。那裡偶爾會飄出快克的甜辛化學味，瀰漫整條街，聞起來像加熱的清潔劑和燒焦的糖。我們右邊住著兩個白人，是一對生意搭檔，喜歡在家辦宇宙迪斯可（cosmic disco）風格的電音派對，透過牆壁送來擾人清夢的重低音。我房間天花板上每條隙縫在哪裡我都知道，太多晚上盯著它們，聽著隔壁連播史上最難聽的一些舞曲混音，在Squarepusher的音樂聲中研究水泥龜裂的紋理，設法於發瘋之前重新睡著。

我們從一開始便曉得這裡只是暫居地，我甚至從來沒把我那幾箱書拆開，搬來後一直放在前廳，把那裡搞得像個儲藏室。我們沒錢也沒能力布置出溫馨的家。我們不會去買地毯、一起窩在電視機前，因為心底某處，我們早就知道我們注定無處落腳，只能永遠漂泊。

樓下那間臥室裡有個壁爐，開口封上了，從內側靠著一片紙板，邊緣貼著一圈膠帶。夜裡，紙板有時會忽然往外凸出，鼓成嚇人的一球，某個我們稱為**神祕生物**™的東西會從後面推紙板、發出沙沙的搔抓聲。我們都很害怕睡在這裡會發生什麼事，神祕生物會不會在月黑風高的夜啃破紙板，爬到你臉上開咬？我的想像力受到惶惶的氣氛滋養，把壁爐後面的東西想得愈來愈驚悚。一隻打了類固醇的老鼠嗎？一隻獾嗎？一個前男友嗎？有時候，我會趁著大白天觀察它，見它一動就尖叫著衝出房間。神祕生物是幾個月以來啃食我的事物的化身：行政手續、表格、必須對室友說我又付不出房租的次數。租屋的新鮮感快速燒盡了，失控的費用和不安穩爆開成一顆亮破天際的超新星，將我吸進剩下的黑洞裡。

努力求職、努力工作

事後回顧，那個時期恐怕不是展開租屋旅程的好時機（如果有任何時候可稱為好時機的話），二〇〇八年全球金融海嘯的餘波仍未平息。假如我曾幻想過畢業後立即找到實習，這種樂觀也迅速蒸發了。雷曼兄弟之類遙遠而抽象的名詞，換成了在英國就業的現實問題，畢業證書一夕之間形同廢紙。大蕭條的原因簡而言之，是美國房市擴張十幾年後，於二〇〇六年開始泡沫化。過度繁榮的房市中放貸浮濫，一旦投資者信心動搖，便進入止不住的全面崩盤。如同講述崩盤前夕故事的二〇一五年電影《大賣空》（*The Big Short*）中，麥可・貝瑞（Michael Burry，原型為最早看出金融海嘯將至的美國投資者之一）說的話：「房地產市場是有問題的貸款堆出來的，像顆定時炸彈，遲早會爆發。」爆炸後的斷井頹垣便是我們探索租屋的風景。

緊接而來的，是一場災難性的失業危機。金融海嘯後首月，英國失業率飆升到百分之十，待業人口多達二百七十萬。[1] 青年失業情形空前慘烈，新增的失業者中，將近三成年齡介於十八至二十四歲之間。從二〇一一年到二〇一八年，房租平均漲了百分之十六，薪水卻只調漲百分之十。全英國都必須捨棄對於工作的舊想像。企業經費拮据，實習機會大減，許多經濟冰河期畢業的千禧世代，至今也沒受過完整的職前訓練。不難想見，媒體以唯恐天下不亂的狂熱報導這一切。我印象最深的故事（總不會是真的吧？），是說應屆畢業生平均每個月要投一百份履歷。有則報導介紹了一個求職者，把履歷做成廣告看板穿在身上，站在地鐵車站裡，歡迎路人拍照。新聞節目中，記者訪問那些於金絲雀碼頭發履歷的畢業生。愈來愈多超現實的荒謬故事，敘述人們為了找工作使出的奇招。

在這樣的氛圍下，我一心想擠進一個誰都知道十分競爭的產業。總之我嘗試擠進去，受益於那個新聞移向網路的節骨眼，為實體和網路刊物各寫了不少無償文章，算是累積了一點經驗。其中有提供零碎訓練的實體雜誌，也有部落格、評測網站、論壇、沒人想寫的網路刊物。那些網站迅速生滅，帶著我的幾千幾萬字消逝於數位宇宙的幽暗虛空——所幸如此，因為那些文字幾無例外都是垃圾。我彷彿想以鐵棍撬開一扇不對我開放的門，要是當初知道門禁多森嚴，或許我會死了這條心。❶但我天真地撐了下去，靠著五十份零工緩慢前進，偶爾寄錢回家，每次和編輯約在咖啡廳討論都自備保溫瓶裝的茶。

為了付房租，我接了一堆亂七八糟的工作，希望能更靠近我的理想職業。我加入所有找得到的人力派遣公司，從事各種打工：站在寒冬的街頭，為磚頭巷（Brick Lane，倫敦東區的名巷暨塗鴉聖地）一家叫「超爆酷」（Supa Dupa Fly，蜜西．艾莉特一九九七年專輯名）的夜店發傳單；去聽車庫饒舌和迴響貝斯（dubstep）現場，拍照寫評論給《NME》，一篇換三十鎊；替一家唱片公司做公關；為饒舌歌手寫自傳——其中一個人和我約在戴福大街（Deptford High Street），付我一袋棕紙袋裝的鈔票。我去手作市集賣耶誕卡、到披薩餐廳端盤子，時不時接些沒錢拿的報導工作，當作我的記者實習。

追逐夢想使我奔赴演唱會現場、參加新聞寫作班，還有一些無限供應酒類的活動與派對。我經常酩酊回到家，發現我的一個室友也和我差不多醉，梅杜莎似的鬈髮翹向四面八方，剛從她工作的劇院餐廳下班，正在爬往廚房的路上。有時我們會在途中撞成一團，兩個人哇啦哇啦交談起來，或者我會來到不舒適的客廳沙發邊，發現她已經躺在那裡。我們全都兼著多份工作，當服務生、劇院前臺、書店店員、某個客服地獄裡的悲慘角色，以及無薪實習生。過著混亂的生活，用二十歲出頭的精力拚命對抗新聞鋪天蓋地說畢業生不可能找到工作的絕望轟炸，讓我們感覺好像腳下的大地在一片片分裂。然而，環境的艱鉅也造就了一輩子的堅強情誼。我們都冥頑不靈，想在不斷被打擊的日子中找到快樂時刻，而友情就像一道強大的上升伏流，總能防止我們沉沒。亂槍打鳥找工作、研究租約、步履沉重向不動產公司前進，可能很少被寫進長存的愛的故事裡，但對愛麗絲（Alice）、法碧（Fabi）和我而言，這些是最真實的情節。有段時間，我們就像綁在一起的命運共同體，我是因為這樣才沒有跌進谷底。

二十幾歲那段有文憑但沒錢的日子，和我小時候的家徒四壁截然不同。我過的生活往往反映不出我缺錢的程度。我寫的文章不是無酬，就是三十天內付款，所以我得想辦法生出錢，付那之前的帳單。我在很多地方實習，有些工作要打電話採訪名人。我會花上自己繳不起的費用講電話，然後埋頭無數小時打逐字稿，用〇．五倍速聽克雷格．大衛的受訪錄音，讓他慢吞吞

❶ 原注：新聞業至今仍然是個不平等到可笑的產業。二〇二二年，全國記者培訓協會（National Council for the Training of Journalists）公布的「新聞多樣性」（Diversity in Journalism）報告發現，英國記者百分之八十出身上層階級，並有新聞相關背景。

的聲音迴盪在整個二樓。我會以媒體代表的身分去參加昂貴的音樂節、訪問饒舌歌手、搭機去體驗演唱會，然後心滿意足地回家睡覺，感覺自己像在發光，亮晶晶又暖洋洋——正好，因為我們沒錢開暖氣。

房租貴得太扯了

與此同時，無味的「租屋世代」（Generation Rent）一詞流行起來，用來描述買房史無前例困難的我們這一代。該稱呼捕捉了媒體上不少見的惡意詆毀，喜滋滋地稱任何有空享受小確幸的年輕人「就愛租屋」，把一場蔓延全國的住房危機簡化成（翻白眼）太愛吃酪梨吐司導致。

我一直都知道英國房租很貴、太貴，但以前不知道實際數據多可怕。二〇二二年的資料顯示，英國工資縮水的持續期間，已經打破拿破崙戰爭以來的最長紀錄，房租則不斷創下令人暈眩的新高。十年來，租金翻了整整一倍，倫敦人有三分之二的薪水要花在房租上。這絕對不是正常數字。全歐洲只找得到一個房租更貴的地方，即花都巴黎（但法國的基本月薪為世界第三高）。[2]一間市區的單房公寓，在瓦倫西亞平均月租為九百四十四歐元（約三萬三千新臺幣），在倫敦要付一千九百四十歐元（約六萬八千新臺幣）才租得起。拿出歐洲地圖隨手一點，你都會發現相同的結果：這樣一間房的平均月租，在里斯本為一千二百九十六歐元，柏林為一千五百零二歐元，以高物價聞名的雷克雅維克也不過一千三百九十一歐元。[3]

亞默林街是我和房屋仲介打交道的起點。我媽媽、眾阿姨和許多兒時認識的公宅鄰居，都不曾正式持有一間房子。我童年的家不是政府提供的，就是媽媽透過朋友介紹找到的。二十二歲初抵私人租屋地獄的第一站，我在震撼中明白了走進民間租屋市場意味著什麼。我對租屋所知的一切——始自皮鞋光亮的無情房仲——都是甫出社會那幾年、在景氣寒冬的倫敦當無殼蝸牛學來的。像我一樣的人所在多有，英格蘭每五個家庭，就有一家的房子屬於向私人承租（private rented sector，英國住宅分類之一，其餘為屋主自用、向政府承租、向居住協會承租）。[4]

現代的房地產代理人，在房屋租售中扮演仲介的角色，不過二十世紀前，房地產代理人甚少會有勞工階級客戶。房地產交易從前是菁英階級專屬的活動，早期的這類公司（例如一八〇五年開始經營的家族企業卻斯特頓〔Chestertons〕）主要服務為辦理拍賣，或經營房屋鑑定及估價等特許業務。如今在英國，房屋仲介業已有約九十一億英鎊的總值。[5]

房仲是一個破碎的生態系中，人們通常最先看見的一面。結果是，房仲很容易被討厭。大眾文化裡，似乎沒有太多人企圖挽救房仲的形象。由二〇一四年的BBC職場紀實系列——《洽價中：房仲工作祕辛》（*Under Offer: Estate Agents on the Job*）看來，這份工作的內容好像包括遭社會唾棄。其中，一位房仲達倫．葛菲斯（Darren Griffiths）告訴攝影機，他每次在聚餐上介紹自己職業的時候是什麼光景：「要是你說自己是連續殺人犯，大家臉色可能還不會那麼難看。」第四臺拍了三季、二〇二〇年獲得英國影藝學院獎（BAFTA）肯定的《租屋就找史代斯》（*Stath Lets Flats*），描述無能的主角史代斯，如何憑藉虛張聲勢和一套空話推銷房子。[2]雖說該影集是喜劇，但英國人對房仲的普遍看法可能與此相去不遠。二〇一八年的一項調查發現，百分之八十七英國民眾有過與房仲互動的負面經驗（在同業競爭應該特別激烈的英格蘭南部，甚至達到百分之九十一）。葛菲斯在《洽價中》談到他們為何不受歡迎，認為理由之一是當房仲無需資格：「可能因為這樣，這一行魚龍混雜，人們對房仲的印象也變得非常差……因為只要掛塊招牌，誰都能跑來賣房子。」

但或許還有更根本的原因。房仲被討厭，因為他們賣的不只是房子，他們銷售著關於家的夢，那不僅僅涉及磚瓦而已。美好的家當然也需要某些物質條件，譬如可以正常開關的窗、有水的水龍頭。但對於有財力選擇的尋屋者而言，你真正想找的是一種感覺、一種回應你心底需求的特質。那樣的尋找過程並不歡迎一個準備抽取百分之一至三．五作為佣金的陌生人把臉湊過來，把熱氣呼到你脖子上。房仲——一如所有盡責的推銷員——合理化那些離譜的房租和房價，祭出高壓的行銷手段催促你快點決定，儘管你更需要的可能是一杯茶水、一個溫暖的招呼，或在沙發上坐一下。

房屋市場的細節繁複向來為人詬病，也有些業者利用這一點，選擇性強調對賣方有利的資訊，使買賣雙方無法公平角力。許多產業受惠於科技帶來的「資訊對等」（指由於價格競爭和網路資訊充足，消費者知道的不比銷售員少），但房屋市場仍然維持本質上的「資訊不對等」。消費者很難單憑看房子，便知道的和房仲一樣多，也很難在凡人看不出邏輯的房市中，比較不同產品的價格。

二〇二〇年英國宣布封城後，房屋仲介是首先恢復上班的產業之一。三月到五月間爆發的第一波疫情，使全國連續封城了七週。但房屋租售被認為太過重要，即使這種時候也必須繼續。於是那段期間，房仲成了人們實際能見面的少數對象之一。房市不容停歇，因此當街上空無一人，許多房仲仍然載著顧客去看房，宣稱這是維繫經濟命脈的必要活動。

人們對房仲的刻板印象似乎停滯在文化中。確實，我所見過的房仲之中，多數人放到現代史上任何年代好像都不奇怪。他們不受社會變遷影響，依然全套西服，許多還是不時拋出「男人才是一家之主」一類的厭女言論，或者見到兩個女生一起住便自動產生恐同的幻想，依然笨拙地拿錯鑰匙，笨拙地想騙你某些鬼地方多少人在搶、晚了就沒了，彷彿你是連間浴室都沒看過的小白兔。

不過針對個人還是不妥。即使有些房仲令人感覺惡質，歸根究柢，允許他們剝削租客的

---

❷ 原注：《辛普森家庭》（*The Simpsons*）有一集叫〈房仲難當〉（Realty Bites），描述辛普森家的媽媽美枝（Marge）挑戰從事房仲業，但因為太誠實，房子賣不出去，於是去向他們家的律師萊昂內爾．許茨（Lionel Hutz）請益。「你不能說房子小，要說溫馨！」許茨道，並帶她練習了一下房仲語。美枝：「這間很破。」許茨：「鄉村風！」美枝：「這間……燒起來了。」許茨：「屋主急售！」

私人租市是國家創造出來的。有趣的是，服務富裕階級的房仲，或稱「房產經紀人」，倒是開始懷抱遠大志向。熱門的美國實境秀《日落豪宅》（*Selling Sunset*）以一群俐落時尚的金髮女郎為主角。她們是奧本海姆集團（Oppenheim Group）的經紀人，專門銷售西好萊塢日落大道的豪宅。類似節目還不少，連同Instagram上的房仲網紅，一起為此產業披上了光鮮亮麗的外衣，以權力和地位為商品。擁有房子可以帶來令人欽羨的價值與聲威，也一直被視為值得追求的最終目的。在英國，一些不動產公司開始將買房子包裝成某種奢華體驗，把接待空間布置得活像都會酒吧，擺著流線型的現代家具，用洋溢高級感的玻璃水瓶倒水給你。[3]力爭上流的業者之一，「現代住宅」（Modern House），將公司經營得猶如生活風格品牌，好像更在乎設計，不關心仲介費那類齷齪的小事情。這種生活風格化甚至擴散到了周邊商品，例如一家業者「波提科」（Portico）就有販賣帆布托特包，以免你不知如何表達對你仲介的忠誠。看到上面的字體設計，你會以為那是哪裡來的文青商品。[4]

私人租市靠著一房難求的想法獲利，房仲因此能用天花亂墜的各式胡謅，令你相信你能看到這間房子有多幸運。雖然房屋興建的速度確實無法跟上需求，但稍微說得誇張一點總是對業績有益。這種技巧早已被用於行銷中。一九七五年，史蒂芬．沃徹（Stephen Worchel）及同事提出著名的「稀缺性原則」（scarcity principle），用餅乾罐的實驗探討了物以稀為貴的現象。[6]他們在一個罐子中放入十片餅乾，另一罐只放兩片，並且記錄餅乾被索取的情形。結果，較少的餅乾被認為較珍貴，但真正的關鍵在於供應數量浮動的程度。當人們看到餅乾原先很多，迅速減少之後，又迅速補充回來，他們會更想得到這些餅乾。房屋市場不僅利用稀缺性原則榨取財富，更將之化為一套迷思，製造出住房危機的贏家和輸家，在一個已經殘破不堪的體系中引起更激烈的競爭。我們被灌輸房子非常難找，於是在找到時沾沾自喜，或者更容易接受找不到的事實——反正世界就是這樣。

仲介被鼓勵和獎勵使用這些手段來炒熱房市。房子如此搶手，以至於不看房就簽約正在迅速成為常態，就像我的室友愛麗絲搬來時那樣。根據密蘇里州聖路易市的「聰明不動產」（Clever Real Estate）二〇二一年所做的調查，美國千禧世代有百分之八十願意購買自己還沒看過的房子。[7]二〇二一年，威爾斯的亞伯達鎮（Aberdare）有個新完工的社區釋出了十三間房子，消息吸引數十位民眾在不動產商「畢米庫克與威廉斯」（Bidmead Cook and Williams）門外漏夜排隊，開門不到三小時，房屋便全數成交。[8]紐西蘭的研究發現，錯失恐懼（FOMO）

❸ 原注：福克斯頓（Foxtons）一度上了新聞，因為他們在倫敦布里克斯頓的分店被人砸破窗戶，以噴漆塗上「雅痞滾出去」。雅痞（yuppies）一詞格外令人注意，它原是八〇年代對追求品味的「年輕專業都會男女」（young urban professionals）的鄙稱，而該族群在柴契爾時代的政策支持下購得的房屋，加速了地方社區仕紳化的腳步。重見這個詞彙，使人反思倫敦依然多麼深受當年政策的束縛。

❹ 原注：他們在官網上鼓勵大家拍攝帶著托特包在街頭走的照片，分享在推特或Instagram上，一本正經地稱這些袋子為「倫敦意象」。

是人們搶購房屋的理由之一，歐洲和美國也逐漸有人以此解釋房屋搶購潮。

當一切成為奢侈

對於大部分英國人而言，買房子是一件永遠辦不到的奢侈事。《泰晤士報》惡名昭彰的房地產專欄時常可見一種照片，年輕網紅拿著鑰匙、戴著戒指，在美肌模式下眺望他們新買的房子。同樣的主題氾濫了Instagram。這個平臺上很流行宣布自己買了房子，年輕實業家會在限時動態裡介紹他們的新居，描述自己也是經由那條輝煌而可喜的道路——努力工作——走到這裡，然後露出燦笑。西方富裕國家的某些部分，完全受到這種新自由主義的購屋狂熱宰制。此脈絡下，買房是一種個人追求，徹底不同於七〇年代居住運動中集資購屋的精神。看著這些富貴滿屋的光鮮照片，你很難想像為所有人爭取居住權。因為這個世界裡，沒有什麼天賦的權利，一切都是個人贏來的獎品。疫情爆發後，名流的家成了娛樂內容。人們熱議直播背景裡的驚人豪邸、交換那些房子多貴的八卦，《建築文摘》（*Architectural Digest*）則不斷刊出新的名人夢幻美宅直擊。

同一時間，房屋交易的價格已經貴到像是異國神話。二〇〇〇年到二〇二〇年，房價增加了百分之一百九十七。[9] 過去半世紀，英國房價的平均漲幅，為薪資漲幅的將近兩倍。[10] 有紀錄以來，首次購屋者的平均年齡第一次超過了三十歲。[11] 對多數人來說，只是「努力工作」根本不夠。（更別說罹患慢性疾病或遭到解雇的人，他們要怎麼努力工作？）《租屋族》（*Tenants*）一書作者薇琪．史普拉特（Vicky Spratt）認為，英國正在走向「家產決定一切」（inheritocracy）的社會，想要脫離租屋生活，往往需要透過一筆富爸爸或富媽媽幫你出的購屋頭期款。單獨而論，這樣做並沒有傷天害理，但隱瞞這些資助是在餵養一個謊言，讓其他人繼續相信只要更努力就能和他們一樣。

政府也曾推出一些協助購屋的政策，只是這些政策不無瑕疵，而且說改就改。一個方案是半租半買的「共享產權」（shared ownership），讓你可以先購買一部分的房屋產權（一般介於百分之二十五至七十五之間），只須負擔自己持分的房貸，剩餘部分向居住協會承租。你能透過「階梯式升級」（staircasing）慢慢買下更多持分，直到完整擁有房產。但共同持有期間，你必須自行承擔所有雜費、無法享有屋主的法定益處，且若拖欠租金，持分也可能被全部收回。另一個方案是優惠貸款「政府幫你買」（Help to Buy），購屋總價百分之五你自己出，最多百分之二十（倫敦為百分之四十）向政府借，五年內免息。不過，如同省錢大師網（MoneySavingExpert）記者約翰娜．諾伯（Johanna Noble）的說明，「該方案僅適用於四十萬鎊（倫敦為六十萬鎊）以下的新建住宅。這類住宅可能產生預料外的雜費，例如地租（ground rent）、管理費、建築修繕維護費。」以上這些政策，都還需要跨越一個顯而易見的障礙，即一般人申請房貸的額度，不得超過年收入的四到五倍。非營利組織「積極貨幣」（Positive

Money）的政策與倡議總監西蒙・尤爾（Simon Youel），曾於二〇二一年告訴《Vice》，倫敦房價約為人們年收入的十二倍。

實情是，仕紳化已經滲透房屋市場的每個角落。居住工業複合體（housing-industrial complex）改變了形狀，將買房的方方面面都仕紳化，更準確來說是「富豪化」。縱使身陷這一代最嚴重的住房危機，人們還是深深嚮往買棟房子，有房仍然是文化資本的象徵，如同一面插在山丘上的旗幟，向世人昭告著你的勝利。不只因為這樣比租屋便宜[5]，或者能提供租屋沒有的保障——除非哪天你繳不起房貸，或房市崩盤——，而是因為擁有房子仍然代表一幅閃閃發亮的誘人幻想。

P出來的夢

並不是所有潛在租客都得到一樣的對待，從網路上的房屋呈現就能看出來。許多潛在租客被Zoopla等大型租屋網站以高品質的漂亮照片款待。這些美麗的幻想是一整個產業撐起來的。英國公司DCTR（我猜是取自「doctoring」〔竄改〕），就專門製作某個客群習慣看見的「房屋意象」。他們透過電腦繪圖和其他影像增強工具，做出明亮、柔美的房屋照片，特別適合編織輕飄飄的快樂妄想。DCTR的創辦人約翰・杜蘭（John Durrant）從前當過房仲，透過視訊為我解說他們如何製作照片——他的背景圖是螢光藍的雷射波浪，彷彿在演科幻電影，和他慈祥的灰白髮鬚、塞進毛衣裡的POLO衫反差頗大。「我都是用一臺Canon相機，搭配廣角鏡頭拍室內，較長的鏡頭拍室內，再以HDR（高動態範圍）加大亮度範圍，讓照片上有從最亮的白到最暗的黑，你要先拍幾張不同曝光值的照片，再用一個叫EnfuseGUI的程式合成一張，」聽他的口氣，我覺得他好像對攝影的藝術潛力不太感興趣，結果他真的這麼說了。「我對攝影沒興趣，我有興趣的是怎麼讓房子看起來更迷人，」他說。「客戶也可以把照片傳給我們，讓我們用專業的後製技術修飾，這樣照片效果至少會提高兩三成。」

我問他，這樣竄改照片，他會不會覺得是在傳遞錯誤印象給消費者？無論是用軟體編修，或者幫客戶後製用魚眼鏡頭拍攝、使空間看起來比實際大的照片。

他歪眉看我。「應該擔心的是，房子會不會售價過低了？房仲會不會把一間六萬鎊的廚房拍得像挪亞方舟歷經大洪水之後的船艙？」❻

房屋行銷公司也會雇用模特兒製作精緻的影片。麥可（Michael）是這些俊美模特兒的其中一人，向我侃侃而談最近去某個新社區拍攝房屋廣告的一天。「他們會請我展示現場的設備，」他在電話上解釋，「搭出日常場景，讓我在浴室假裝刮鬍子、刷牙，走進各個房間，在

❺ 原注：根據英國政府二〇二〇至二一年的「英格蘭居住調查」（English Housing Survey），向私人租屋者平均要為房租花掉收入的百分之三十一，繳納房貸者則有百分之十八收入用在房子上。

❻ 原注：我的嘆息大概大聲到全世界都聽見了。

廚房假裝做菜，看電視等等。他們在賣一種夢想中的生活方式，讓你覺得住進這些房子，你就可以這樣生活，你就能變成廣告上這樣的人。」他還揭露了徵選時的一個特殊之處。「其中一個問題是我自己有沒有房子，我就誠實說有。」他不經意提起的這個細節令我反覆思索。也許不只客人，所有參與製作這套遊戲的人都必須全心相信它。這一切都屬於一個大體系，杜蘭和其他人做的照片勾起你的興趣，一旦你踏進一家不動產店，房仲就能開始舌粲蓮花遊說你。

在英國申請社會住宅則是完全不同的體驗。很多地方議會用拍賣系統展示房源，讓列在社宅名單上的人們挑選。這類房子美其名曰「自選屋」（choice-based lettings）[7]，但很多時候你看了也不知道怎麼選。蘭貝斯區（Lambeth，南倫敦的一區）的社宅分配網「家庭連結站」（Home Connections）上，可以選擇的房屋以模糊的小方塊呈現。多數房子只有一張公宅或排屋的外觀照。有些甚至沒照片，只給你一個地址，讓你搬家那天去報到。（這些房子在網站上顯示為一個紅框框，裡面寫著「找不到圖片」。）意思再清楚不過：你沒資格要求什麼，給你房子就該感激不盡了。連網站上的文字描述，都好像霸牛小姐（Miss Trunchbull）[8]轉職到議會之後寫的。例如這一段：

> 本房舍一主臥，位於二樓，公寓不提供電梯，至少需爬十五級階梯。家中有無法爬樓梯者勿選。不接受孕婦或有兒童的家庭申請。申請通過者須於簽約時預付租金，

預付金額由居住協會決定。

語調十分明白，告訴你閉嘴、忍耐。我的一個熟人最近用過施洛普郡（Shropshire）的「尋家小站」（HomePoint）系統，申請舒茲伯利（Shrewsbury）一棟新建住宅的兩房公寓，結果收到一張費解的要求列表。聽她說這件事的感覺，最保守的形容是很令人難過：「他們告訴我，每人一週只准申請一次，不是週一就不受理。如果電話響三聲你沒接，居住協會就會自動把機會讓給下一個人。」這些對待如此不友善，你甚至會開始覺得房仲的油腔滑調也沒那麼壞。值得一提的是，沒有立刻接電話就取消申請者資格於法無據，所以應該不是正式規定，只是當地團隊的惡習。一種可能使申請者蒙受嚴重後果，卻幾乎無法證明的行徑。

手續就是排擠用的

找到房子後，你得接著翻越一道沒有規則、非常現實的難關，叫做行政手續。我不得不迅速學會一堆新單字，弄懂解約權、清潔費、信用查核。在亞默林街，被索取各種規費的電子

❼ 原注：人們主張，這樣做至少比直接幫你分配房子好。我個人沒被說服。

❽ 譯注：《小魔女瑪蒂達》（*Matilda*）裡的凶惡校長。

郵件轟炸之同時，我必須到處哀求，想辦法借到或騙到一個保證人——某個年收入三萬鎊以上❾，而且和我夠熟，願意承諾在我付不出房租時負責的人。（從房東的角度看，像我這種薪水低又領現金的房客相當不可靠。）那個時期，我唯一認識收入這麼高，又肯為我作保的，就只有我在《衛報》的編輯。雖說他好心答應，但請他幫這個忙實在太麻煩他了，所幸最後一刻，一個朋友的爸媽出手相助。

經過這麼多年搬遷、被驅逐、被居住協會無視的歲月，我已經認清一件事，就是我在全能的行政勢力面前毫無權利可言。我只能接受世界就是這樣運作，像隻癱軟的蛞蝓，眼睜睜看著人家對我撒鹽。

你很容易覺得毫無招架之力，因為居住工業複合體充滿行政管理，是個關卡重重的排外之地。隨著居留權（Right to Reside）政策的推行，等待簽證者喪失租屋的權利。英國土地上的大批人口受到震盪，一個黑市因而出現，裡面充斥無良房東，知道沒有租屋權的人即使被剝削，也無法向國家權力求援。零工時契約工、寄養家庭出身者、吉普賽或羅姆族群、離開原生家庭的人，亦難以在此環境中租到一間房子。二〇〇四年的《性別承認法》（Gender Recognition Act）改變了跨性別租客的處境。該法允許一部分人更改性別、拿到新的出生證明，但如今許多房東會要求房客提供身分證明及性別證明。要取得後者，必須經過繁冗而折磨的手續，二〇二二年上政府網站申請這份文件，你會被詢問是否年滿十八歲、是否曾被診斷出性別不安，以及「你是否準備以新性別度過餘生」等侵犯個人隱私的問題。這些問題竟然是租屋正式程序的環節，或許部分說明了為何英國的跨性別者，每四人就有一人曾經無家可歸。凡此種種都提高了租屋對某些族群的難度。

要想租屋，需要熟諳一個階級歧視的行政系統。我過去在居住協會櫃檯、社會福利窗口、陳情信件往來中對行政的認識，來到私人租市一點用處也沒有。真正經濟健全的大人，似乎必須精通信用評分、保證人制度，對此懵懵懂懂就會被小看。（我出於謹慎，連一張Tesco會員卡也不願意辦，聽到一個房仲建議我申辦信用卡，以提高信用評分，簡直不敢相信自己的耳朵。我還以為信用卡已經不被崇尚。過度依賴信貸不是全球金融海嘯的主因之一嗎？）

那陣子，政府喊出「catch it, bin it, kill it」（用衛生紙打噴嚏或咳嗽、丟垃圾桶、洗手消毒）的防疫口號，但我還是得了俗稱豬流感的H1N1。問題大概出在平時不注重身體，經常沒吃飯，總穿一件薄薄的Primark外套，站在冰風刺骨的夜晚街頭發傳單。我在家臥病了一週，全身發抖，出現幻覺，看見旋轉的星系和變成炫幻霓虹色的「彼得．詹姆斯」（Peter James）不動產招牌，像迪士尼老電影《幻想曲》（*Fantasia*）的片段。累積幾個月的租屋焦慮浮上意識淺層。我看見我的夢幻房屋被裝在夾娃娃機裡，我投入硬幣，用爪子抓它們，看它們掉下來，

❾ 原注：這是當時的基本要求。通常，保證人的年收入要達到房屋全年租金三倍以上，仲介公司或房東才會接受。

像花苞般綻開。我夢見我買下大富翁遊戲裡的所有房子，還有一次夢見我死了，不良信用紀錄全部歸零，再也不必為保證人或押金煩心。

拿回掌控權

許多房東並不知道怎麼善盡職責，畢竟沒人為他們提供任何訓練。不少房東甚至沒錢修理一扇破窗或一臺壞掉的熱水爐，導致整個租屋生態系的壓力愈來愈大。不想買新熱水爐的房東、生活不便的房客、國家政府的壓力都一天高過一天。

我們需要徹底轉換思維，重新想像好房東應該是什麼樣子。大環境如此惡劣，以至於我們時常接受了其實不該接受的品質和條件。我們應該共享關於這些過程的所知。這是個人、社群與機構可以共同努力的一件事。如果有學校提供保證人或租屋契約的觀念課程、如果有Instagram帳號專門分享相關知識、如果有社團開設租屋工作坊，那會帶來多大的差別？我為自己設定的任務，是告訴每個想租屋的年輕朋友，他們在行政手續上可能遇到的痛苦及麻煩。（我從來沒在假裝我是個有趣的人。）

我如今的理解是，好房東不須把租金哄抬到市價以上。他們可以定出一個能付房貸的合理價格。他們不會把房客當作一臺吃角子老虎機，每個月來猛力拍一拍，看會不會掉出更多籌碼來。危機使人更唯利是圖，想從有限的資產榨出更多利潤，同時又拚了命地東扣西省。一個健康的社會不該如此。艱難的時節，我們更可以思考怎麼共度難關。也許我們能討論租金減免（疫情時似乎失敗了），或協助不得已的人反抗強制驅趕。（這些都是較溫和的短期策略，在我看來，真正理想的長期目標依然是將今日的房產所有制整個改掉。）我所在的地區，草根組織已在引領行動，例如「倫敦租客聯盟」（London Renters Union）發起的「絕不付帳」（Can't Pay Won't Pay）[10]運動。他們幫助人們結成抗議或協商聯盟，不僅爭取減租，更要求社會正視一項事實，即結構性的不公義導致了付不起高額租金及流離失所者多半是黑膚與棕膚族群。房東和房仲總是聯手。但我們也有手，可以反擊、擷取資訊、嘗試撥開倒在我們頭上的爛泥。

打掃的女人

我始終對壁爐後的黑暗深淵耿耿於懷，但幾個月以後，終於也學會接受或忍受它的存在。我們在神祕生物門前堆了一小片磚牆，作為紙板外的第二層堡壘。到最後，我也能走過那裡而不尖叫了。總歸來說，亞默林街是那種事後想想才覺得有趣的地方，適合在聚餐時當話題，一面苦笑一面講（我就講了）。因為你要離開那段記憶夠遠，才有辦法笑得出來。現實是，我很可能還會遇見那樣的房子。說不定下一間就是。

[10] 譯注：義大利劇作家達利歐．弗（Dario Fo）一九七四年的經典諷刺喜劇《Non si paga! non si paga!》慣用英譯之一，描述物價太高，一群主婦以超市購物不買單聯合起義。

搬走前夕，我們意識到房子交還時的清潔程度攸關能拿回多少押金，對於要掃到多乾淨的問題鑽進了牛角尖。我和室友都聽過房東在沙發下發現一隻襪子，就全額沒收押金的恐怖故事，一個朋友還跟我說過，她因為冰箱沒清乾淨被扣了兩百鎊（她少擦了一格）。被恐懼驅使，我們著手對房子進行徹頭徹尾的大掃除。因為深怕拿不回急需的錢，我卯足全力洗刷那間可惡的爛房子。我們乘著集體瘋狂的動力，開始清理正常人不會檢查的地方，擦拭碗櫃內側的角落、把冰箱頂擦得亮晶晶、用蒸氣清潔機清理沙發和地毯。我跪在地上刷地板，感覺一個沒有名字、沒有相貌的房東鬼影站在旁邊盯著我。掃除完成，一個室友自告奮勇，用數位相機幫每間房都拍了數百張照片，以證明我們沒有對房子造成任何損害，除非要說我們卑微的存在玷污了它——拜託，不要為此扣我們錢好嗎？她寄了大約50 GB的照片給房仲。沒想到真的有效，押金全部拿回來了。

第一次在外面租屋的經驗，讓我學會怎麼利用這套體系找住處。雖然很辛苦，但還沒苦到磨掉我對人生新階段的熱情。我依然懷抱興奮，開始尋找下一個家，很高興身在一個允許我一找再找的體系中。也許下次，我有機會發現更好的地方。我想我今生都不會有自己的房子，所以最好趕快摸熟這套遊戲，至少已有一次經驗，下次找房一定會更順利、更輕鬆、更公平。可惜我錯了。

皮普斯路：討回我們的健康

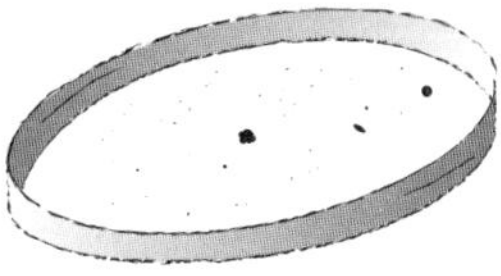

皮普斯路（Pepys Road）是我在倫敦住過第一棟長黴的房子，之後我還會住進無數這樣的地方。黴菌如一條閃電劈開我房間的牆面，迸出樹狀的觸鬚。

二〇一〇年，我和同一群室友及新加入的我男友，搬進了這間新十字的二樓住家。房子是倫敦千百棟維多利亞老屋改造的公寓之一，位於一條住滿學生的林蔭道上，路名紀念山繆．皮普斯（Samuel Pepys），著名的十七世紀日記作家。皮普斯也是倫敦人，也經歷過他那個時代的大瘟疫❶，儘管從文獻看來，他並不屬於住在擁擠房舍或「與窮人混居」的高風險族群❷。路

❶ 譯注：一六六五至六六六年爆發於英格蘭的嚴重鼠疫，俗稱倫敦大瘟疫（Great Plague），造成倫敦約五分之一人口死亡。

和他本人不太一致，但確實訴說著這座城市立基的某些故事，說著讓人失望的殘破今日，建立在君主神話的昨日上。

經過亞默林街的問題，我們覺得單層住家可能比整棟房屋好處理。標準已經低到掉進地獄裡了，但我還是很期待住進一個有些功能可以用——例如門——的地方。我和我男朋友合住一間，不過前幾個月，只有他的名字列在租屋契約上，因為我沒來得及找到保證人。有時候，不知道我住這裡的房東會來突襲檢查房子。我的室友們會擠到玄關拖住他，我則慌亂把鞋踹進床底下，消除有女生住這間房的一切跡象（要抹去自己是多麼輕易呀）。我終於成為正式房客時，黴菌災情已經完全失控，我忍耐好久了，立即開始向房東反映。

那一陣子纏繞我腦海的景象，除了牆上的黴菌，還有電視機上天色轉灰、下起大雨的畫面。那是二〇一〇年的某一天，我看著現場轉播，禮車正載著新任首相卡麥隆（David Cameron）抵達白金漢宮。卡麥隆的政策更強化了新工黨充滿說服力的新自由主義「唯才是用」，說成功和貧富都取決於你自己。他夢想將英國變成一個「宏願之國」（Aspiration Nation，卡麥隆在二〇一二年保守黨大會上首度使用該詞，但此為他整個任期的基調），並讚揚那些「想要改善生活」的人（潛臺詞：不管你想要什麼，都請自己努力）。我在二〇一〇年主要的宏願，是得到一個不會害我生病的房間。

在英國生活的人，十有八九遇過黴菌問題。由於英國房源的屋齡和屋況，黴菌可謂普遍而嚴重的房屋疾病。根據世界衛生組織（WHO）的估計，歐洲人生活、工作、休閒的室內場所，有百分之十至五十屬於潮濕環境。[1] 二〇二〇年的官方資料顯示，英格蘭平均百分之三的家庭，也就是八十五萬戶，家裡至少一個房間濕氣過重。[2] 致使房屋發黴的濕氣主要有兩類：一類為地面上升（rising），源頭是浸濕建築磚頭的地下水，另一類為外部滲入（penetrating），肇因是屋頂漏水或排水不良流入的雨水。還有一些房屋被上下夾攻，例如皮普斯路。黴菌逐漸攻占了我的房間，像地獄的滾滾黑煙。

黴菌對健康非常不利。❸ 黴菌孢子可能誘發皮疹、氣喘等過敏反應，引起感染，乃至憂鬱等症狀。黴菌的毒素可能導致前額葉皮質受損、多巴胺分泌異常等人腦功能失常。黴菌之危險性不容輕忽，有些黴菌會引發肺部感染，例如「農夫肺」（farmer's lung）的元凶煙麴黴（Aspergillus fumigatus），有些更會造成器官衰竭，例如紙葡萄穗黴孢菌（Stachybotrys chartarum）。長期暴露於黴菌環境中，還可能導致思考變鈍、大腦退化等嚴重問題。這是因為

---

❷ 原注：事實上，傳記作家克萊兒．托瑪林（Claire Tomalin）於《山繆．皮普斯：無與倫比的自我》（*Samuel Pepys: The Unequalled Self*，二〇〇二年）中寫道，瘟疫於倫敦肆虐的一六六五年，是皮普斯「生命中最快樂的時期之一」，他的財產於此期間翻了四倍。

❸ 原注：打從聖經記載的時代，人們就知道畏懼房屋石壁上的有毒黴菌。發現屋裡或屋外有石材發黴時，人們會將石頭換掉，帶到城外丟棄。一再長黴的房屋被認為會帶來傳染病，必須拆除。簡而言之，當時人們看待黴菌問題比現代房東嚴肅多了。

黴菌孢子會刺激免疫系統，引起全身性發炎，而大腦若長期處於發炎狀態，可能致使認知功能衰退，演變成長久後遺症，甚至致命性腦部疾病。這絕非小眾議題，所有人類都受這些反應影響。然而有些人風險特別高，根據估計，英國有百分之五的民眾，亦即三百多萬人對黴菌孢子「尤其」敏感。[3]縱然如此，我和室友卻總是要低聲下氣懇問房東願不願意、方不方便、有沒有空在我們肺部病變而死之前處理一下房屋受潮問題？這些掌握在房東手中的事務，涉及遠高於他們的公衛層級。但無論屋況如何，房東通常都收得到房租，意思就是他們很少有興趣解決房子的毛病。

為了更瞭解黴菌，二〇二二年一月的某個早晨，我前往克蘭菲爾德大學（Cranfield University），拜訪應用真菌學教授納里什・瑪根（Naresh Magan）。我們邊喝菊花茶邊進行訪問，坐在校園一棟漂亮玻璃建築的室內中庭，看著周圍閒晃曬太陽的學生——想必沒有黴菌能在此定居。瑪根教授一開口就很討人喜歡。他從種族隔離的南非來到英國求學，從此對真菌燃起興趣，已經研究此領域三十五年。他穿著一件毛衣，一條海軍藍的燈芯絨褲，柔軟的白髮勉強蓋過頭頂，掛著精巧的銀邊眼睛。他眼中閃著友善的笑意，先是修正了我道聽途說的用詞。「真菌不屬於植物❹，」他強調，「也不屬於動物。而是介於兩者之間，自成一界。它們有自己的蛋白質和碳水化合物，但也像動植物一樣具有細胞核，且不少為多細胞生物。」

他解釋，真菌可以單憑一個孢子繁衍成廣大的聚落。它們利用酶來分解物質，吸收其中的養分，有本事長在看起來一點也不營養的東西上，好比一塊磚頭。他又說明道，對黴菌孢子而言，人的肺部正好是完美的繁殖場，維持在攝氏三十七度，宛如一個溫暖潮濕的培養皿。不過，並非所有孢子都對健康有害。瑪根教授形容，「我們呼吸的空氣就像微生物的濃湯」，裡面充滿「透過空氣傳播的感染源」，即聚集成團的孢子，可能被空氣清淨機的風、人們的咳嗽、開門的氣流帶動。

他指出這些知識可能如何應用於居住問題。天然災害發生後——例如卡崔娜颶風重創美國時——，政府會聘請真菌學家，測量泡水屋的潮濕程度。儘管不多，但確實也有一些私人建案，開始諮詢真菌學家的意見。聽了這番話，我告訴瑪根教授我聽過的幾種房東對付濕氣的方法，似乎害他血壓飆高了。他皺起眉頭：「通風一定多多少少有幫助。但假如牆壁受潮是因為外來的水，例如水管或屋頂漏水，那通風也沒什麼用。事實上，除了拆掉重建，幾乎沒有別的辦法。」聽起來很絕望。然而，我們還能以其他方式爭取，不讓我們的肺再受黴菌滋生的環境摧殘。

❹ 原注：有意思的是，真菌需要氧氣才能存活，而且會製造二氧化碳，跟人類一樣！

房東你好，我是吉蘭

我向房東反映房間發黴的時候，還沒有現在這麼多知識。他建議我去買一種叫「防潮盒」的東西來解決我的問題。我聽話地走入佩克漢大街（Peckham High Street），走進專賣生活用品的可汗超市（Khan's），花了一英鎊，帶著一個塑膠盒走出來。所謂的防潮盒，裡頭裝有照理說可以吸濕的矽膠和數種有毒物質（包括腐蝕性、會嚴重刺激眼睛的無水氯化鈣，盒上警告「切勿接觸皮膚」）。我把這個裝滿化學物質的小盒子放在我房間一角，結果黴菌還是一樣嚴重。於是，我房東建議我用漂白水消毒牆壁。我奮力把所有牆都擦了一遍，犧牲好幾條擦碗布和茶巾，將它們泡在沸水和漂白水裡，抹掉牆壁上的黑斑，摧毀那些已經移居到我肺裡的黴菌聚落。沒過幾週，它們又冒出來了。房東教我患有氣喘的室友另一種作法，叫她粉刷牆面。順帶一提，黴菌很多的時候，這種方法也沒用。因為真菌在多孔隙的環境長得更好，而且只要一個細胞就能繁殖出數百萬倍。一罐普普通通的得利油漆，是不可能打贏這麼一場生物大戰的。你只會看見油漆剝落、浮起，證明一個生態系正在收復失土，準備奪取勝利。

那些緩緩沿牆上升的黑色斑點令我陷入了偏執，我愈努力消滅它們，它們好像變得愈大塊。夜裡翻身，我的手臂有時會擦過冰涼的濕黴，使我驚得一縮。我想到黴菌在我肺部複雜的纖維和管束間築城，住進那兩只纖毛受損的小口袋，不禁痛罵起以前的自己，為何要在夜店吸菸區抽那麼多菸。我幻想小小的孢子人，揮著武器，占領我的肺。宿醉的早晨，我茫然注視牆上黑雲形成的圖案，看見墨跡測驗似的醜怪形狀，像牛頭人身的米諾陶（minotaurs），不管我用濕布擦掉多少次都會再回來。我寫了長長的電子郵件給房東，沮喪又心煩。他叫我別把濕衣服晾在室內。

同時，我沉迷於看Reddit上的討論，加入了媽媽網（Mumsnet）的幾個看板——家裡有網路的黑暗面。網友推薦我工業級的除黴劑，某些非法管道有在賣。如今懂得稍微多一點，我邊寫邊想像我吸進的各種孢子型態：顯微鏡下才看得見的厚壁圓球、細長尖刺的外衣、卵形種籽的小叢集。

我開始覺得呼吸不順暢。最初以為是妄想，但是胸悶的感覺愈來愈頻繁。我當時的男友會開玩笑，說我是《祕密花園》裡的孱弱男孩柯林，害怕「有孢子」而不敢去戶外。[5]不久後，黴味變得更重了，一股土壤味，夾雜幾絲腐臭。我很在意那味道，每天狂灑美體小舖的香草香水，走到哪裡聞起來都像塊巨型棉花糖。我連心愛的音樂也不能盡情享受，擔心在房間唱歌跳舞會呼吸太大口。因為覺得丟臉，我不再邀朋友上家裡來，在房中點香，希望能賦予臥室新的代表味。某次房東來突襲檢查後，為此嚴厲警告我，好像我是個想把自家燒掉的專業縱火犯被

---

5 原注：一九九三年的電影版中，柯林因為「那種空中飄的、會黏進肺裡的小東西！！」而情緒失控，激動得跺腳、哀嚎、從喉嚨發出怪聲。

他即時阻止似的。我趁機問他何時要處理黴菌的事，他說他已經在處理了，嗯，總之我們這陣子多開窗就好。黴菌終於攻下我的身體、襲擊我的肺部與血液、造成多種胸腔感染的時候，我想起那句「多開窗就好」的混帳話，每一口呼吸都使身體挫敗地糾成一團。

居無定所使我們更難為自己爭取健康。我的變通方法，是盡量看同個家庭醫師（GP，英國國民保健服務的一環，原則上應選擇離住址最近的診所），沒跟他們說我搬家了。當櫃檯人員問我地址，我總是背出舊的郵遞區號[6]。幸運的是，郵遞區號本來就很好背——皇家郵政（Royal Mail）的一項調查發現，百分之九十二的英國人還記得老家的郵遞區號——因為五〇年代的認知心理學家在編號設計上結合了腦科學原理，譬如短期記憶最多可容納五至七項資訊、英數混合比較容易記憶。這個方法真的有用。雖然欺騙神聖的國民保健署令我愧疚，但那年冬天生病時，能求診一位認識我多年的家庭醫師，給了我莫大的幫助。

我真希望有個專門設計的中央資料庫，讓人們登記對房東的投訴。以前一度有個類似系統，但根據我認識的一位居住領域律師所言，實際上「毫無用處」。不肖房東可以輕易換個地區，繼續做他們的黑心生意。我們處於一個病態的環境中，房客必須經過層層推薦，房東卻無須附上任何房客評語證明清譽。房東靠著我們的租金繳納房貸、生活寬裕，呼吸困難的那段日子，我一再想起這項事實。我很樂意看看人們會怎麼寫對他的評語，想必是長篇的憤怒文學，引起網路瘋傳的好材料。

然而，關鍵不是在推特上公布某些個人的惡行，要求下架他們（雖然這可以是第一步）。這些問題事關重大，無法單憑鄉民的憤慨解決。出租黴菌滋生的房屋可能致命，而受害的往往是特定族群。貧窮家庭有更高機率生活於空氣品質不良的室內。[4]不難想見，比起白人家庭，黑膚與棕膚家庭更可能住在過度潮濕的屋子裡。[5]身心障礙者經常別無選擇，只能住進會使病況加速惡化的環境。我們的健康、生活方式、是否相信自己有能力改變處境或爭取健康，這幾件事都是息息相關的。

COVID-19爆發後的第一年，或紅或藍的病毒在空氣飛的圖片貼滿所有媒體。新聞報導不斷告訴大眾肺部多麼珍貴，又是多麼脆弱與暴露。被疫情奪去性命的人當中，BAME（黑人、亞裔與少數族裔）的比例失衡地高。二〇二〇年五月，英格蘭公共衛生署（Public Health England）公布一項數字，震撼了身為有色女性的我和我的社群：BAME的染疫死亡率比白人高出百分之十至五十，其中黑人的死亡率又高過所有族群。[6]這種結果，與居住條件及醫療資源的不平等直接相關，也關係到不平等的就業機會和已患有其他疾病的機率。疫情只是更彰顯了住房危機已經多麼深刻，以及居住環境多麼嚴重衝擊著國民健康，尤其是非白膚的國民。我們應該討論的一個全國性議題，是如何向房東施壓，敦促他們重新審視受潮與發黴的房源。但

❻ 譯注：英國郵遞區號和其他國家很不一樣，定位精確到每棟建築有專屬的郵遞區號。格式上為兩小段英數組合，合起來介於五碼到七碼之間，例如A00 0AA。

這樣的討論從來不曾實現，惡房東繼續利用房客的挫折感與無力感，迫使他們接受可能致命的屋況。

除此之外，還存在著族裔間的醫療不平等。這指的是數據證實的一種現象，即相較於邊緣族裔，白人患者能獲得較好的醫療照顧。箇中原因，包括結構性以及個人偏見導致的種族差別待遇。醫事人員潛意識中的種族主義，會影響他們診斷、治療、照顧非白人患者的方式。醫療不平等展現於各種方面，例如認為「黑人比較不怕痛」的成見，或者僅針對疾病於白人身上如何表現的醫療教育，又或者因膚色而有巨大不同的產婦死亡率。一些主要發生於有色族群的健康問題，也沒有得到應得的關心，例如移民流離對身體造成的影響，或者維他命D缺乏、乳糖不耐等領域。

考量到這些情形，我頗訝異的是，目前還找不到任何研究，在探討黴菌危害上的種族差異。譬如我很好奇，已為其他病症所苦的BAME族群，受黴菌影響的嚴重程度會不會增加？瑪根教授順口提到，也許可以從推廣皮膚過敏測試做起，讓人們知道自己是否屬於對黴菌敏感的族群。我愈想愈覺得，推動這些努力可能帶來革命性的意義。

送他們吃乳酪啦

世界各地的藝術家正紛紛以新方式探索黴菌。畢竟黴菌是種令人著迷的生物，而且套句流行新聞的話，菌類「正當紅」。在音樂界，北卡羅萊納的一人樂團「蕈狼」（MycoLyco）和溫哥華的塔倫・納亞（Tarun Nayar），近來於TikTok的菇菇愛好者之間捲起了旋風。他們把電子合成器夾到蘑菇上，聽蘑菇唱歌，成品有點類似幽暗的電子環境音樂，大概就像布萊恩・伊諾和Kraftwerk（德國教父級電子樂團）一起關在錄音室幾週會做出的東西。有些藝術行動團體舉辦活動和工作坊，例如Instagram上的@fungi.futures，邀請參與者一起描繪「激進另類未來的可能光景」。Netflix廣受好評的紀錄片《美妙蕈菇》（*Fantastic Fungi*），探索了蕈菇的輝煌國度。我在二〇二〇年到桑默塞特府（Somerset House）看過一個展覽，叫《菇：蕈類的藝術、設計及未來》（Mushrooms: The Art, Design and Future of Fungi），主題集中於蕈菇的藥學用途、文化影響，以及未來應用於生態設計的可能。二〇二一年，《Vogue》還出現一篇報導，題為〈這不是幻覺：蕈類進軍時尚界〉（You aren't tripping: fungi are taking over fashion）。[7]

黴菌典型的斑駁污跡全然看不出時尚氣息，像張黑色的裂縫之網，被噴灑在我皮普斯路的臥室牆上。我和視覺藝術家艾薇兒・柯隆（Avril Corroon）聊起此事，宅居南倫敦前，她成長於愛爾蘭潮濕的西米斯郡（Westmeath）和都柏林，作品探討「濕氣作為藝術媒材的潛力」。我們坐在她位於戴福（Deptford，鄰近新十字）的工作室裡，旁邊放著一叢一叢她培養的黴菌，全都是從她房間採集來的，她用它們來發酵乳酪。她甩動捲捲的頭髮頑皮說道，她的美妙計畫是做出彷彿小農生產的精緻乳酪，包得漂漂亮亮，送去給她房東進補。

這組作品（必須澄清，她只是想，沒有真的打算毒死她房東）將黴菌轉化為拜物主義的昂貴乳酪。看起來也確實很像，乳酪上還有靜脈似的絲紋，跟史蒂爾頓藍紋起司（Stilton）一模一樣。（想想看房東拆開包裝紙，準備品嘗他家黴菌的畫面，多精采呀！）她想傳達的是，所有包裝成奢侈品的東西，都建立在剝削上，包括房屋租賃中的剝削。

黑色妄想先擱一邊。柯隆最新的作品《發黴了》（*Got Damp*），試圖將發黴呈現為社會漠視造成的一種物質處境，以衝擊的方式，讓大眾看見有人實際在過的生活。她四處徵求房屋長黴的人（包括在Instagram動態上用加了閃爍效果的大寫紅字問「你發黴了嗎？」）[7]，採訪這些人，並從他們的房屋中採集樣本，作為展示的一部分。「人們今天依然害怕黴菌，因為黴菌使我們想起自己會腐爛的事實，」她解釋。「住在黴菌之中是很危險的，」她嘆口氣道，「要是飛到兩百年後，你一定會看到傻眼的未來人，覺得以前的人竟然住在這種地方，好像用鉛當化妝品一樣。」

我請教她，她覺得把這些來自底層住家的材料，搬到更中產階級的藝廊裡讓人觀賞、甚至讚美的意義是什麼？這種主題的作品，若不回過頭來讓租屋族賦權、讓他們意識到自己有能力行動，不就毫無意義了嗎？「我希望它是一種控訴，」她強調，「這種作品本質上就是政治性的，就是挑釁的。」我開她玩笑，說她的作品很適合仕紳化，我看很快就會有倫敦藝術學生跑來，求她用透明樹脂做高級黴菌墜子了。她狡黠一笑，愛爾蘭腔抑揚地道：「他們可以滾了。」

我告辭前，柯隆教我如何自製小道具，捕捉空氣中的黴菌孢子。須將洋菜粉和大麥芽粉加水煮溶，倒進培養皿裡（麥芽是營養成分，洋菜用來當凝固劑）。她會把這盤東西開著，擺個四小時左右再蓋上蓋子，然後每天觀察，看看長出的是哪一種黴菌。

後來我問瑪根教授，從學術的角度看，這樣自己採集黴菌是否可行。聽說有人用沒消毒的培養皿、在骯髒的房間隨機養菌，他露出無法接受的表情。可以想見。因為我們正穿戴實驗衣和護目鏡，置身大學的無菌實驗室裡。他高聲表示這樣測量無法精準、氣膠採樣裝置有效得多等等。不過離開前，為了避免我胡亂實驗，他送給我兩個徹底殺菌過的培養皿，上面貼有金黃色的標籤，一個寫著「YES」（酵母抽出物和蔗糖），另一個寫著「MEA」（麥芽抽出物和洋菜）。經過來回討論，他同意這種方法也能有效採菌，但他強調——我覺得有責任轉述——操作過程一定要精確。（他建議先用酒精消毒器皿，並確保蓋子完全密封，像在做果醬一樣。）

那天稍晚，我便著手捕菌，把培養皿放在我家的不同角落裡。幾天後，培養皿內成了新世界。一個長出了一團團棉花似的白黴。另一個布滿橘色與綠色的斑斑點點，周圍有圈深灰輪廓，後來變成了漆黑。每次我鼓起勇氣看它們，都覺得那些菌既迷人又噁心。像這樣可以自己

❼ 原注：這句話借自一九七一年的一場抗議。當時泰晤士米德（Thamesmead）一批新建房屋出現嚴重滲水問題，受災居民組成自救會要求政府關心。一位國會議員偕大倫敦議員們去視察時，民眾在窗上掛出直截了當的「我發黴了」白布條。此話的力道使政府不久便推出了修繕計畫。

動手進行的努力，也有讓我們賦權的潛力。這些證據或許能交給居民聯盟（TRA，一所公宅或一個街區的居民組成的權益促進團體）記錄，向拒絕相信的房東證明，他們房子裡真的有紙葡萄穗黴孢菌或其他可怕的黴菌。

團結、行動、ACTION！

居住條件惡劣，特別是房屋受潮的問題，刺激人們集結並展開行動，不再坐以待斃。這些發自社區的運動是獨特的有機體，安靜而不懈地展延，揭開被掩蓋的裂縫，爭取更好的可能性。

有時候，辦法會以意想不到的形式抵達。我最喜歡的例子，是發黴屋抗爭史上曾發揮關鍵作用的一種機器——Portapak行動式攝影機。這種錄影設備於六〇年代從日本初抵英國，雖然可以攜帶，但頗沉重笨拙。七〇年代中到八〇年代末，租屋族、影像工作者與藝術家以之拍出了一系列影像，記錄房屋受潮（及房東疏忽導致的其他問題）的嚴重程度，後來被稱為「發黴屋影片」。要不是有Portapak，造福今日我們的許多運動都不可能出現。正因為它很重，人們使用時自然而然會合作。

Portapak包括一臺背在肩上的回放裝置、一臺手持攝影機以及一支麥克風，攝影時最多要出動三人一起操作。它最重要的功能，是可以即時回放錄下的影像。此技術提供人們完整製作影片的能力，使邊緣社群也能主導影像的錄製過程和呈現樣貌。人們將發黴屋影片帶到居民集會上，用電視播出，或者播給居住機關或地方議會的官員看。

藝術家及研究者艾德・韋伯英格（Ed Webb-Ingall）著有《影像行動主義的故事》（*The Story of Video Activism*），其中詳細探討了Portapak與社區自製影片運動的歷史及意義。「根據流傳的說法，當時最多人用的Sony Portapak非常貴，要價一千三百鎊左右，和一輛小型汽車差不多，」他在視訊通話中告訴我，「Sony送了四組這種攝影機給滾石樂團，四組給披頭四。約翰・藍儂把他那組不知是借還是送給了在北倫敦蹲占、綽號『霍皮』的約翰・霍普金斯（John "Hoppy" Hopkins）。後者便開始用Portapak拍片。」

這類故事很多只是傳說，但霍普金斯確實成立了「奇幻工廠」（Fantasy Factory），使低成本製片改頭換面，成為社運人士亦可運用的利器。就這樣，Sony贈送高科技產品給知名樂手，以催生有趣幕後影像的計畫，帶來了一場抗爭中的關鍵資源，讓人們看見令地方議會汗顏、為自己爭取安全居所的可能方法。

韋伯英格解釋道，七〇年代生活在倫敦、「大多數為中產階級白人」的蹲占者，記錄了他們與其他租屋族的經驗。他們背著取自菁英階級的昂貴器材，走入長黴的廚房角落。製作過發黴屋影片的團體包括：新堡的旋轉橋媒體（Swingbridge Media）——他們一九八三年與倫敦的北肯頓居民聯盟（North Kenton Residents Group）合作拍攝過《不要口水，給我乾燥》（*Don't*

Talk Wet – Dry Up）、格拉斯哥的伊索爾居民協會（Easthall Residents Association）——拍攝過《濕氣終結者》（*Dampbusters*）、諾丁丘的西倫敦媒體工坊（West London Media Workshop），以及東南倫敦的奧巴尼影像（Albany Video）。

拍攝這些影片最重要的目的，未必是向地方議員證明黴菌有多嚴重，而是藉由這些眾人合力的成果，向他們展示租屋族可以團結起來，採取行動。某方面而言，拍片只是這段努力中的一步驟。發黴屋影片讓地方議員看見社群營造的力量，明白居民有權利，也有能力為自己發聲。

錄影至今仍是租屋族使用的抗爭策略。格蘭菲大火後，住戶帶著攝影機參加居住機關舉辦的集會，即時拍下政府或業者對問題的回應。有些房客會將慘不忍睹的屋況貼上TikTok，透過數千名追蹤者分享出去。也有些倡議人士，例如@KwajoHousing，定期在推特上分享人們被迫忍受的恐怖發黴環境，引發網友關注。二〇二〇年疫情期間，「南華克與蘭貝斯居住行動」（Housing Action Southwark and Lambeth）[8]邀請被安置在檢疫所的成員拿起手機，錄下這些政府核可、過度擁擠的臨時住所對他們和家人的衝擊。攝錄影像，早就是以真相對抗權威的一個方法，也是現代生活中，連結我們與過去社運人士的一樣事物。

面對房屋健康危害的案件，各地的地方議會依舊反應遲緩，有時甚至抱持懷疑。今日的租屋族能蒐集證據，證明家中有過於寒冷或潮濕發黴的角落，來要求議會嚴肅處理。舉例來說，如果居民聯盟能發起群眾募資或認捐，購買共用的紅外線熱像儀，並且提供學習使用的上課機會，人們就有辦法拍下惡劣屋況，向居住協會舉證。我就是為了這個理由，在寫作本書的過程中，把一部分的預付稿費拿去買了一臺紅外線熱像儀。

理論上，房東疏忽造成的黴菌問題，能循法律途徑獲得幫助。你可以針對「失修」或「不宜人居」（unfitness for human habitation）的屋況提告，請求房東賠償。然而，實際上很難成功，原因很簡單：英國居住領域的律師太少了。二〇二二年的現在，英格蘭和威爾斯人口的百分之四十一，即二千三百萬人左右，無法於當地法扶機構取得居住相關協助。[8] 而且，目前大部分的失修求償案例，都不屬於法律扶助支援的範圍。也就是說，除非房客有聘請律師的財力，或找得到「勝訴才收費」的律師，否則無法尋得法律專業人士協助。

專精居住領域的訴訟律師安荷拉．孟克（Angharad Monk），盡量深入淺出地為我說明了現行法律。「只有在房客能提出證據，證明屋況對健康與安全有嚴重危害的情形下，才能獲得法律扶助，」她解釋，「你可以主張黴菌是嚴重危害，但通常需要醫師開立證明，所以依然很不容易。居住法律中，對發黴責任的判定也很棘手。如果發黴原因是冷凝，即建築本身設計不良（譬如不通風）造成水氣凝結在牆上，就不能算是房東失修。」二〇一八年《出租住宅條件

❽ 譯注：蘭貝斯和南華克為南倫敦相連的兩區，蘭貝斯區大約位在倫敦市中心正南，往東為南華克區，再往東即是新十字所在的路宜申區。

法》（Homes (Fitness for Human Habitation) Act）通過前，房客對於冷凝造成的發黴完全沒有法律對策。

瑪根教授認為，如果地方居住協會、居民聯盟、建商能與真菌學家合作，將對社會大有裨益。也許在令人興奮的未來，真菌學家會出席關於社宅房源的討論（假如這能成為社宅標準，情況會好轉多少呀！），又或者提供意見，為租屋市場建立闕如已久的規範。如今偶有建案會聘請真菌學家當顧問，要是能將此推廣為常態，租客的處境會有天大的改善。我滿心期待看見這種藝術、科學、社區運動的三方合作。

穿上你的馬汀鞋

我們都有時候會想起過去，惋惜當時年輕不懂事，如果住在皮普斯路時，我知道的和現在一樣多，或許就能更強硬，要求房東重建受潮的牆壁。但說真的，那又改變得了什麼呢？我和室友盡了最大的努力，抗議還是無人回應。一些寄件備份還留在我信箱裡，一封比一封更焦急，信裡充斥氣得發抖的手打出的錯字，或許只是讓人們更能輕鬆無視我，判定我不是有地位的社會人士。我的信成為無意義的垃圾，加入成千上萬的房客抱怨信，被遺棄在全國各地的房東收件匣裡。

我清楚記得的一個片段，是某個冬日午後，我穿著馬汀鞋（Dr. Martens），氣沖沖地蹬下大街，前往新十字的一家不動產公司。我百般說明我的苦衷，最後還是對牛彈琴，導致我踹了一個垃圾桶，向一個坐在龜速Dell電腦後面、神色驚惶的女士咆哮。那次發飆之後，我被不動產公司謝絕往來。我的室友很不高興，不懂我怎麼會以為發脾氣有效。已經很糟的處境被我攪得更糟了。但是，當你除了血中奔馳的憤怒，別無其他影響局面的力量，你還能怎麼樣？事關健康時，沒有得體的爭取方法。

這段期間，我的報導工作逐漸步上軌道。我得到今生最榮幸的其中幾次採訪機會，專訪了艾莉卡・芭朵、德瑞博士、米克・傑格（Mick Jagger，滾石樂團主唱）等音樂明星。我去參加不可思議的出差行程，在後臺訪問完P. Diddy（美國饒舌歌手）後，下榻於邁阿密的五星級萬豪酒店——和我的現實相隔五千英里那麼遠（大約）。出差回到家，我總是累得倒頭就睡，夢見郝薇香小姐（Miss Havisham）發黴變黑的結婚蛋糕[9]。儘管夢境被黴菌糾纏，清醒時，我能把它們拋諸腦後。我的事業好像終於有了進展。我享受著一步步前進的感覺、開始收到稿費（！）、時常關在房裡揮筆、偶爾為殘留的漂白水氣喘吁吁，每次看見文章被刊出來就樂得忘了一切煩憂。

話雖如此，我不想成天待在家裡吸黴菌孢子，所以經常往外跑。不管別人邀我做什麼，我

[9] 譯注：狄更斯《遠大前程》（*Great Expectations*）中的角色，婚禮當天被新郎拋棄後，二十年來都穿著發黃的結婚禮服，生活在鬼屋似的塵封大宅中。

都一律答應。我去了透納獎（Turner Prize）展覽，看我不特別熱衷的藝術家作品；去了噪音之夜，聽彷彿千片指甲在刮水泥地的「聲景」。我會去不喜歡的人家裡辦的派對，還一直留到續攤，隔天早上才走。我看了國家歌劇院的《阿依達》（*Aida*），因為正好拿到一張免費的票。我看了兩個不同業餘劇團做的《陰道獨白》（*The Vagina Monologues*），因為……沒什麼理由。我甚至耐著性子看完了一場金匠大學的畢業製作。黴菌大概為我拓展了文化胃口吧。[10]我也發現了我愛的事物——令我感動的展覽、國家劇院的便宜票和令我醉心的製作、大英圖書館的音樂資料庫、使我想起阿公的多爾鼓樂手，還有好多好多幫助我的良師益友（艾瑪〔Emma〕、拉胡〔Rahul〕、提姆〔Tim〕）。我永遠驚嘆於自己多麼幸運，在需要的時候被這一切環繞。

我室友的呼吸症狀比我更嚴重，終於使我們下定決心搬走。打包完畢，我房裡只剩一張床和牆上的黑污漬，像某個住過的人投出的影子。來幫忙我的波蘭搬家工一抵達，馬上注意到那塊痕跡和房裡的濕氣。他做著怪表情，把箱子舉到膝上，再舉到腰際，然後給了我一點好心建議：「那看起來像發黴了，」他吹口哨道，「你們應該叫房東處理一下。」

[10] 原注：我在《Metro》上得到一個每週介紹夜店的專欄時，覺得簡直太理想了，這樣我週末就有房間以外的地方去了。

我寄居過的幾個地方

我記憶裡第一次睡別人家地上——不是去表親家玩耍過夜那種——是在我姨媽（masiji，旁遮普語，母親的姊妹）家。離開梅佛小屋後，我們一時無處可去，於是一家三口帶著行李，住進了姐姨座落倫敦伊靈的家中客廳。地板材質是比木頭廉價的薄薄油氈，淺棕表面塗了光亮的漆，掃起來不費力，而且可以穿著襪子在上頭滑來滑去。有幾個月，那片地板就是媽媽、弟弟和我的家，我們每天晚上都會搬出便宜暖被、毛衣、毯子和枕頭，墊在地上睡覺。你能透過稀疏的聚酯纖維感覺到硬梆梆的地面。每次翻身，手臂就會掉出被褥外，如果側睡太久，醒來時半邊屁股會像瘀青一樣。

我好喜歡住那裡。如果忽略廚房飄來、姐姨抽的 Silk Cuts 淡淡菸味，感覺就像去親戚家玩的永恆假期。我享受著不會掉下床的空間，覺得往每個方向都能打滾二十圈。我會海星般攤開四肢，想像自己睡在 MTV 豪宅節目裡的那種奢華巨床上。隔天早上跳起來，把我的臥室變回

客廳。我真想永遠住下去。

經過多年打地鋪的經驗，我變得訓練有素，可以飛速疊好棉被枕頭、收走夜裡踢掉的襪子，讓客廳恢復公共區域的模樣。寄人籬下就要學會不留痕跡。

某段找不到工作又和男友分手的時期，我寄居在一位朋友弟弟的住處。我茫然失向，也還沒找到住的地方，於是搬進他們那裡的空房間，順便接手了一個暫時的弟弟。房子是很典型的男生風格，沒有植物，我房間的床頭貼著一張怪海報，是無厘頭的科幻卡通風，像你能在維珍唱片旗艦店的海報格子裡翻到的東西。弟弟和另一個室友在打賭，看誰能買到最醜的海報，目前的贏家就是我房裡那一張，真的醜斃了，畫著一隻猴子坐在馬桶上，大字寫著「SHIT」。住在那裡的期間，我白天去參加室友面試，晚上睡在那張海報下，有種瘋癲的可笑感。我覺得沒資格把它拿下來，因為這裡不是我租的。而且老實說，它真的總結了我的感受。

另一次找到房子前，我暫居在一位朋友的姊姊家。我們一起睡一張床，所以我和她變得很熟。那幾週，我的東西四散在倫敦的各個角落，把它們全部收回來實在太累，最後我索性放棄了。或許就因為這樣，我現在很怕把東西亂放。我會猛然想起某樣消失好久的東西，比如說我曾經很愛的一件上衣，但是怎麼也想不出丟在誰家，只好再把它忘記。它也許躺在某個我一直沒去拿的箱子裡。那是我第一次在東倫敦長居，住在哈克尼區（Hackney，塔村區之北），我在那裡沒有熟人，所以姊姊把她的朋友分我。有天我回到家，發現她清出了一格抽屜，正溫柔地把我的衣服疊整齊，放進抽屜裡。我時常想起那些溫柔的褶子，想到她多麼慷慨，願意和我分享她擁有的小空間，甚至把床分給我睡。

搬家有時不是你自己的選擇，尤其當你受制於國家對社宅的不關心、房東的臉色，或是收入狀況的突然改變。我向諮商心理師賈斯普雷特．提哈拉博士（Dr. Jaspreet Tehara）問起不斷搬家可能對心理造成的影響。「當生存的基本條件（食、衣、住、溫暖、衛生）都不穩定，我們比較難前進到生活的其他面向，」他告訴我，「這種條件下，你很少有餘裕去想更高層次的問題，例如愛、歸屬感、自我肯定或自我實現。如果總是在搬遷，我們關注的焦點會從怎麼生活，轉移到怎麼生存。」簡而言之，漂流輾轉使人無暇顧及自我成長。我時常好奇，當一個社會裡，搬遷成為愈來愈多人必須經歷的常態，這究竟意味著什麼？這麼多人都沒有心力思索重要如愛或歸屬感的問題，究竟意味著什麼？

我至今仍然感謝所有曾經把屋簷借我的人，他們讓我能喘口氣，暫時止住那腎上腺素驅動的狂亂遷徙之舞，靜靜待上一會兒。

奧斯巍路：迎接進擊的網路

有個玩笑說，住房危機影響了人們的情感關係，說英國有無數情侶決定交往，是因為兩個人住比較便宜。當你想到多少人不如此就租不起房子，會覺得這玩笑更像殘忍的事實。二〇一六年拍賣網站Ziffit做的一項調查中，將近三分之一受訪者，即兩千多人承認，經濟保障是他們和現任伴侶在一起的關鍵理由之一。[1]

我的第一段真正戀愛，使我開始理解與情人同住代表什麼。在亞默林街瞞著房東擠一間房之後，男友和我搬到了新十字門（New Cross Gate）的某棟新建住宅，住在月租七百鎊的迷你單房公寓裡。廚房窄得我們無法同時站在裡面，煮菜時，其中一個人得坐在流理檯上。我們手舞足蹈繞過對方、在狹小的空間裡共同起居，或者於壓低聲音吵架之後，各自窩在小室一隅生悶氣。一年後我們分手時，痛楚似乎特別劇烈，雪上加霜的是我一個人租不起這間房子，只能

退租再找地方住。

拆夥的藝術™帶我到了未曾知曉的奇異城市角落。其中一個是叫Big Ye low的倉儲空間，以陽光色的黃招牌、黃牆、黃門迎接人生雨季的顧客。金屬走廊上可見一對一對淚眼汪汪的人們，好像某種荒誕的心碎管理局。我付了二十五・二五英鎊的週租金，租下一個二十平方英尺（約〇・六坪）的小空間，用來放我最珍惜的所有寶貝，有時也把自己放進去。看著小小的空間，想起我們的廚房，又失聲啜泣。

我錯過了朋友找房子的時節，他們都還有租約在身。經歷彷彿把我全身肌腱都撕裂的一場分手，我殘破地倒地掙扎，無處可去。我嗚嗚咽咽睡在布里斯托的卡莎家地板上、威爾斯的湯姆家客房裡、我媽媽的床鋪上、某個朋友弟弟在南倫敦的住處空出來的小房間裡。我掉進情傷的老套，重讀《失戀排行榜》（*High Fidelity*），狂聽Fleetwood Mac❶，染了頭髮，抽了不少劣質大麻。然後像許多在我之前的人一樣，轉向自信崩潰的傷心人最不該投奔的地方，也就是網路世界。

這時候，尋找空房間的人上網參加競爭激烈的室友徵選，已經相當普遍。二〇一四年，我曾為《Grazia》撰文描述這種趨勢，標題定為〈租屋版飢餓遊戲〉（TLe housing Hunger

❶譯注：一九六七年成軍的英美五人樂團，代表作《Rumours》被認為是史上最經典的「分手專輯」之一。

Games）——形容那種反烏托邦生存遊戲的氛圍確實很貼切。彷彿在失業潮中為搶工作廝殺還不夠，現在我們這代連找房子也要歷經一番死鬥。我悲慘地爬遍合租網站的那年，約瑟夫・朗崔基金會（Joseph Rowntree Foundation）預測八年內，租屋市場將再湧入一千五百萬無力買房的十八至三十歲青年人口。[2] 結果是租市爆滿，合租網站SpareRoom在英國的會員數一度突破三百萬，至今還是全英最大的此類平臺，每月約有兩百萬人使用。而且這種現象全球皆然，譬如美國的Kangaroom、新加坡的Roomies、印度的IndianRoomates，或者日本的TokyoSharehouse，也都是近年崛起的合租網站。❷

很多英國讀者可能已經知道，SpareRoom是個讓你找室友的地方。你可以搜尋某地區所有在找房間或徵室友的人，並且自訂篩選條件，從抽不抽菸、吃不吃素、是否喜歡寵物、性別到職業頭銜都能挑選。最重要的是，網站規定人們必須附上照片。不久後，一些流行便開始出現。（二〇一四年，Pantone選出的年度代表色為「蘭花紫」（Radiant Orchid）❸，我不確定是因是果，但許多人照片背景裡都不經意露出這種濁紫紅的牆壁、被單、抱枕。）

合租徵選制像個不完美的發明，用來解決千禧世代特別深受其害、有史以來最嚴重的房子買不起也租不起的問題。由於薪資成長跟不上物價飆漲，千禧世代（一九八一至二〇〇〇年出生者）能在三十歲前購屋的機率，僅為嬰兒潮世代（一九四六至六四年出生者）的二分之一。這是時代之弊。八〇年代，一對二十歲後半的普通人大約存錢三年，就能付得起平均的購屋頭期款；今日要花十九年。而根據國家統計局（ONS）的數字，二〇二一年四月至二二年三月，英格蘭房屋月租中位數為七百三十英鎊（約三萬新臺幣），倫敦地區更要一千四百三十英鎊，皆為史無前例的天價。愈來愈多人無力獨自負擔租金，只能選擇合租。[3]租屋族的平均年齡也在升高。如今三十五至四十四歲左右的人，仍在租房的機率為二十年前的三倍之多，原因與房租飛漲直接相關。SpareRoom的資料也顯示，從二〇一一年到二二年，在該網站尋室友的五十五到六十四歲者增加了百分之二百三十九。[4]

如果你對SpareRoom上的某間房有興趣，可以傳訊息聯絡二房東，安排時間去看房子及面試。我成為旋轉木馬般的許多房客之一，坐在陌生人的廚房裡，聽見前一個人在隔壁被出其不意的問題問倒、支支吾吾作答的聲音。有時候還有團體面試，我們像在參與某種變態社會實驗，猶如被丟到《蒼蠅王》孤島上的孩子，不安地游移，臉皮最厚的人開始大聲說笑。有些人好像有天生的推銷細胞，總能找到夠主流或知名的話題，引來正面回應：《火線重案組》（*The*

---

❷ 原注：查閱這類網站後，我發現一些不變的原則：一對馬來西亞華裔姊妹想找靠近中峇魯（Tiong Bahru，新加坡近來成為文青景點的老街區）的雅房，一個「愛乾淨、作息規律」的單身男性想找新加坡西區的整層住家，而日本澀谷有十一人合住、一房四萬四千日圓的「女性合租屋」。

❸ 原注：二〇二二年則是「長春花藍」（Very Peri），一種帶深藍調的紫，據說代表「可能性」及其他種種特質。

Wire）、《六人行》（*Friends*）、《X音素》（*The X Factor*，英國選秀節目）對嘉慕（Gamu）多麼不公平……等等。要失戀的我扮演幽默的人實在太難，勇闖倫敦各處的陌生房間尋找潛在室友，已經是希臘神話般的艱鉅任務了。

購屋市場也同樣講求形象包裝，一個好證據是近來興起的「買家自薦信」。這些信經常裝滿甜膩巴結的言詞，設計風格有點近似大量製作的婚禮邀請卡，印著花邊和飄逸的書法體。Etsy上甚至找得到範本，供你製作手寫風的信函，寫著「我們非常喜歡您欲出售的房子」，更恐怖的類似「我們深知這棟房子是您的回憶之地……我們是一對年輕夫妻，只想能像您一樣擁有自己的家。」不知怎地，我搜尋了好久，尚未找到任何範本上的照片不是一對白人男女。[4]

某次看房的地獄試煉中，我被問起喜不喜歡Coldplay和阿莫多瓦的電影（可惡的選擇），以便判斷我這個人是否適合當室友（喜歡這些到底代表得了什麼？）。參觀另一棟合租屋的時候，我被告知室友們週日要輪流購物，每週至少要為其他五人下廚一次，而且必須開放看待藥物——就算不說，我大概也能從進門即見的螢光綠水煙壺、照亮昏暗客廳的橘紅熔岩燈、書架上的《賭城風情畫》（*Fear and Loathing in Las Vegas*）和《壞壞好先生》（*Mr. Nice*）[5]猜出來。當然，看過房間（真的很大）後，帶我參觀的人語帶期盼地問了我最後一個問題：「話說你嗑藥嗎？」

室友面試在諸多方面都很可議，但真正糟糕的一點，是二房東們被賦予決定誰能入住的生殺大權。這種流程被稱為「換血」（churning，取該字「企業大換血」的意思），能讓房東不必費事找新房客，就能繼續收到租金。房東與房客們的關係有幾種模式。有時候是一群室友共同承租房子，自行分配房間，再由其中一人——通常是最有條理的那個——負責每月收齊租金、轉交房東。有時候，每位室友是各自付押金與租金給房東。人們也許有個別和房東簽約，也許沒有。無論如何，當室友中有人要搬走，大家就會尋找新室友來接手此人的位子，然後祈禱新舊室友的押金交接別出什麼問題。

與房東同住則是另一件棘手事。多數房東會使合租屋裡失去平等的氣氛，也會有意無意賣弄權力，因為不管發生什麼，要搬出去的都不會是他們。作為彌補，通常與房東合住的房間租金較便宜，或者聲稱較便宜。但與其接受這種條件不佳才降價的房子，我們更應該努力抗爭，要求政府介入，使房租全面下降到合理的價格。

找室友的過程，可能使你看見平常隨和的人醜惡的一面。我的經驗是，一旦得到挑選的權力，許多人就會定出不妥、任意的招室友規則，也能放肆地基於種族、階級、性向、性別認同

❹ 原注：我只是觀察，可沒有要鼓勵效法。

❺ 譯注：皆為翻拍成電影的小說。前者為美國「荒誕報導文學」（Gonzo journalism）代表作家杭特・湯普森（Hunter S. Thompson）的反文化公路經典，敘述一個毒蟲記者和一個藥頭律師前往賭城的迷幻旅行。後者為前毒梟霍華・馬克斯（Howard Marks）的自傳小說，描述他拋棄牛津學業、闖進毒品江湖的顛狂見聞。

或年齡歧視他人。

尤其駭人的一種情形，是男性二房東尋找女性室友的時候。我也曾經在室友面試上被表情猥褻的男人們打量，詢問我都幾點睡、晚上穿什麼。二〇一九年，「女性預算聯盟」（Women's Budget Group）的一篇報導指出，收入的不平等，導致男女尋找住處的難易度也有落差。英國沒有任何地方是收入中等的單身女性買得起或租得起一間房的。[6]這使得許多女性必須仰賴合租或高價的私人房源，儘管真正健全的解決方式，應該是為她們提供社會住宅的選項。這一點已經造成嚴重的問題。過去十年來，英格蘭無家可歸或以臨時住處為家的女性，增加了百分之八十八。

這段時期，我固定為《衛報》的音樂專區寫文章，並且主持著他們的一個音樂Podcast節目，不自知地成了人們嘗試買通的對象。我最近才在信箱中挖到一封當年錯過的來信，寫道：

哈囉吉蘭！

是這樣啦，我們家最近難得有間房空出來，月租五百二十（英鎊）。雖然有十幾個人在問了，但我滿喜歡你這個人的，覺得我們會是好室友。我在想，如果你能讓〔馬賽克處理〕和我上衛報，房間就給你怎麼樣？成交嗎？

很遺憾，沒成交。但我最後還是找到了地方住。經過勤跑徵選、漂流在許多沙發和小房間的幾個月，我成功獲選住進坎伯韋爾（Camberwell，位在南華克區）一間破落但便宜的四人合租屋（房間月租四百鎊）。我一直在想，難民或無力滿足社會任意制定的文化標準的人，究竟該怎麼通過這些室友面試？拜《衛報》與金匠大學給我的文化本錢之賜，我似乎是通過了。這醉人的組合使我深陷認同危機，初次嘗到了我想應該是叫「中產階級罪惡感」的滋味。這時候，我已真正感受到搬家的疲倦，總是搭錯地鐵，回到上一個住處，腦袋無意識地轉動，分不出真實生活和舊生活的鬼影。

我的室友是一班換來換去的白人女生，年紀都和我差不多。我個人的經驗中，一般而言，與白人當室友有時得付出一種代價：你會覺得自己不只代表自己。和陌生朋友相處時，人們通常會小心迴避種族話題，微妙的文化差異則可以大方著迷及剖析。有一次，一個室友看見我房裡的金色面紙盒，大為讚嘆，以為那是代代相傳的珍寶。我沒說什麼，任她相信我是某一類的印度王朝後代。還有個室友在我初來那幾週，都叫我「有色人種」。她覺得那是沒有惡意的普通代稱，但另一個我才認識幾天的室友蕾倫（Lerryn）聽見，立刻紅著臉跳起來，叫她閉嘴。從那之後，蕾倫和我就成了朋友。

---

❻ 原注：該報導引用的國家統計局資料顯示，目前在英格蘭租屋的平均費用，占英格蘭女性收入中位數的百分之四十三、男性收入中位數的百分之二十八。

療癒之地

根據一八七五年《坎伯韋爾教區志略》(*Brief Account of the Parish of Camberwell*)[5]的記載，坎伯韋爾原本是個叫「瘸井」(Cripple Well)的村落，倫敦城居民染上痲瘋等傳染病時，會被放逐來這裡。他們來此接受教堂人員的醫治，並以「坎伯井」(Camber Well)的清淨水源養病。這裡似乎是一個被社會拒絕、拋棄的殘破之人尋找新生活的邊陲。無論是史實或傳說，這段故事為我提供了完美的背景，孑然一身來到這裡，連續數月都只認識合租屋裡的人們，在單人房中過著寂寥的日子，等待傷癒。

找到奧斯巍路(Oswyth Road)的房間似乎是一大勝利。至少那時我是這麼感覺。(無數面試之後，至少六間我想住的地方拒絕了我，我不斷揣摩我有什麼問題，黑暗的思緒像惡劣的餘味纏繞不去。)近來一家知名不動產公司的網站上，登了當年我們隔壁戶的廣告，古怪的宣傳詞稱此地坐擁「猶如狄更斯筆下的倫敦風景」。更精確來說，應該是狄更斯筆下的倫敦室內風景。你能體驗又濕又冷、水泥龜裂、屋頂凹陷、窗子夜裡會喀喀震動、建於維多利亞時代的老屋。那種舊屋需要人們認真照料，而我們之中誰也沒有這種心力，那也是我住過第一棟沒有任何感情連結的房子——我只是淒慘落魄，不得不搬進這個充滿陌生人的地方。我們屋裡有三間臥室(客廳被改成第四間臥室)、兩間浴室，其中一間寒氣颼颼，冷到你來不及放好洗澡水，水就涼了。

對租屋族而言，家裡沒有客廳頗為尋常。二〇一九年，倫敦二十至三十歲的人（常被稱為「租屋世代」的一群）之中，百分之二十家中完全沒有客廳用途的空間。[6]同一年，合租網站上的倫敦房源，百分之九十不具獨立客廳。愈來愈多房東將客廳當作臥室出租，以便多收一間房的租金，而且在人人搶破頭的租市中，這麼做不會受到任何懲罰。如今，無客廳已然成為租屋新常態。二〇一八年，國際知名的札哈．哈蒂建築事務所（Zaha Hadid Architects）新總監派翠克．舒馬赫（Patrik Schumacher）主張，千禧世代並不需要客廳。媒體也相繼報導這種趨勢，介紹「飯店尺寸」的獨立套房何以最適合時下的忙碌年輕人。

「不盡理想」是對這一切輕描淡寫的說法。英國睡眠基金會（The National Sleep Foundation）長期建議人們避免在臥室工作。當大腦將睡覺的地方和工作聯想在一起，人的睡眠品質會降低，進而危害心理健康。儘管知道這件事，我還是和多數朋友一樣，時常好幾小時倚靠床頭，坐在床上打字，一面虐待我的脊椎，一面努力靠筆墨養活自己。我會用一個小托盤充當桌子，在放茶杯的圓圈裡擺巧克力消化餅，作為賞給自己的點心。不過說真的，那些在臥室敲鍵盤的漫長時間裡，我更可能是在為自己招來脊椎側彎，和一種與住房危機脫不了關係的重複性施力傷害（RSI）。

URL和IRL

資本主義的籠罩下，我們無時無刻不被迫自我行銷。網路強化了這種動機，甚至使我們在最脆弱的場合也必須推銷自己。尋找安身處的同時，我們經常在網路上將自己包裝成比實際上更風趣、更愛玩、更善於社交的人。近年來，這種壓力有增無減。我找房子的二〇一四年，Instagram才剛滿四歲，當時便能感覺到一切開始亂了套。僅僅四年後，Instagram的使用者已經從一千萬暴增到十億人了。

不難預料，網路成為「室友物競天擇」的一環。如今找房子一定得上SpareRoom等網站註冊，說明了網路已經多麼深刻改變我們的習慣，並且正在變成當代生活的命脈。它為房東和二房東提供篩選的功能，能夠在求屋者的人海裡輕鬆撈出幾個人。能否雀屏中選，始終取決於你在線上的表現。令人沮喪的事實是，行銷力逐漸成了住房危機中的決勝特質。

我們的IRL和URL[7]生活處處交錯，連平庸的土地房屋生意也被電玩化了。《動物森友會》（*Animal Crossing*）中，你要向一隻狸貓地主繳納租金。而在《模擬市民2：公寓生活》（*The Sims 2: Apartment Life*）和《模擬市民4：都會生活》（*The Sims 4: City Living*）裡，如果你和房東交情夠好，他們有時會幫你的房租打折。《不動產大亨》（*Landlord - Real Estate Tycoon*）的簡介說，這是一款結合真實地理區位的得獎大富翁遊戲。實際上差不多就是手機版的大富翁，玩家可以靠買地和蓋房子賺錢。（這款遊戲點燃了大眾的想像力。二〇一一年，孩之寶公司〔Hasbro〕在托登罕宮路〔Tottenham Court Road〕辦了一場真人尺寸的大富翁競賽。廣告標語道：「快來參加挑戰，買下房產，把一切納入手中！」。好像我們每天被真實地主遊戲折磨得還不夠似的。❽）

搬家這件麻煩事也成了許多手機遊戲的主題。《搬家大冒險》（*The Big Moving Adventure*）教幼童什麼是搬家，《拆箱》（*Unpacking*）是款意外溫柔的沉思遊戲，讓你一面替角色拆箱和布置新家，一面想像他們是什麼樣的人。《分手郵務局》（*Postdates*）不是遊戲，它提供貨運服務，幫你去前任家搬回你的東西（真是實用）。《搬家》（*Move House*）是款移動箱子的小遊戲。從評價看起來，遊戲體驗和它模擬的活動很像，有一則這麼寫：「看起來很好玩，所以我滿心期待地安裝了，結果超失望的。」

真實世界往往更不好玩。網路不僅能滲透居住生活的方方面面，造成的擾亂還毫無邏輯可

---

❼ 譯注：IRL（In Real Life）指與網路世界或虛構情節相對的「在現實生活中」；URL（Uniform Resource Locator）指網路資源之統一識別位址，即俗稱的網址。

❽ 原注：諷刺的是，一九〇四年發明原版大富翁（Monopoly）的伊莉莎白・瑪姬（Elizabeth Magie），原本希望她做的《地主遊戲》（*The Landlord's Game*）能帶來警世效果，「將現行的土地占有制，及它通常導致的一切後果實際演繹出來」，而使人們意識到壟斷式資本主義（monopoly capitalism）的可怕。

言。二〇一六年，鹽湖城城市公園（City Park）社區住戶收到一份「加臉書通告」，限房客於五天內將大樓臉書帳號加入好友，不然就得準備打包。現在房屋翻新，通常都要開設專用的TikTok或Instagram帳號。比特幣也進了房屋交易市場，艾塞克斯（Essex）一棟房子二〇一七年登上頭版，是英國首棟完全以加密貨幣買下的住宅。擁有房子已經徹底成為豪奢的象徵，以至於Instagram上開始湧現以房屋為頭獎的線上競賽帳號。@RaffleHouseUK（一萬七千一百名追蹤者）邀請挑戰者前來「贏取夢幻住宅……或把免稅獎金抱回家！」@Omazeuk（三萬三千五百名追蹤者）則以「獨得百萬豪宅」吸引人參加。與此同時，人們在推特上向群眾集資買房子，能夠成功的永遠只有少數幸運兒，或許憑一個動人的夢想故事一夕爆紅。這套被操弄的置產遊戲裡，運氣成分本來就很重。

網路上沉默的壓力，要求我們演出理想的自己——一個經歷可靠、興趣廣泛、歡樂風趣、能為周圍「加分」的人。新聞工作者吉亞．托倫提諾（Jia Tolentino）在散文集《魔術鏡》（*Trick Mirror*）中提及這種「最佳化自我」（optimised selves），認為這是網路本質必然導致的結果。「網路這種媒介，本質上就被表演動機定義……它的中央平臺以個人檔案為核心，因此可能使人感覺……線上交流的主要目的，就是美化自己的形象。」在找房子這件事情上，涉及的利益比平時更重大。這不只事關推特追蹤人數，或能否得到品牌合作機會；事關你有沒有可以回去的家。

另一方面，房東不無偏見地挑選房客後，又將決定誰能進住的權力外包給他們，而後者經常利用社群媒體找人。已經令人暈頭轉向的租屋競爭，在網路的介入下更白熱化，因為人們又多了一種挑室友的管道，即演算法隨機丟給他們的選擇。正如同網路上對生化人的模樣有番固定的想像——小小的鼻子、細長的雙目、立體的輪廓——理想室友在人們心中也有既定的模樣，是那種顯然光是認識就會對你有好處的人。Instagram和臉書上都有人利用這種優勢，公開徵求合租的房間，他們的自介迷人程度不下他們的照片。

很多人連加入這場遊戲的機會也沒有。沒有網路可用的人（英國有一千五百萬[7]）、不熟悉線上社群語言的人、不懂怎麼篩選數位資訊的人，皆被排除在這些挑選管道外。我們急著於線上世界留下足跡的同時，很少想到這些人該怎麼辦。

資本主義使我們只看見人們能提供的價值，而且認為這樣想再正常不過。我們依照朋友能給我們的東西將他們歸類。聊天有趣的朋友、政治立場相同的朋友、玩耍可以找的朋友……諸如此類。有時候，你會覺得你好像一直在蒐集可以加在自己周圍的漂亮身分，彷彿人生是一則很長的Instagram貼文。當今社會裡，非主流的人走到哪裡都被期待主動解釋身分。人們習慣了以一個無可避免的問題自問：認識這個人對我有好處嗎？

每個人對於室友當然都有偏好，也可以有偏好。舉例來說，我的夢想室友可能是個有養植物、讀貝兒·胡克斯（bell hooks，美國女性主義學者及作家，筆名慣以小寫表示）、喜歡芝加哥浩室音樂（house）、每週會和我一起訂達美樂「週二買二」的人。[9]但這只是許願，不是必備條件。因為無論願望清單多長，我總覺得根據特定價值觀來決定這麼重大的一件事，並不真的妥當吧？另一個需要有地方落腳的人，為什麼非得為我帶來好處不可？這些問題似乎沒有清楚的答案，但有件事是清楚的：僅僅憑藉一次會面或一段網路上的文字，就對他人的身分、尊卑、價值做這麼多預設，對我們或社會都不是好事。

數據顯示，超過半數大眾會先google一個人，再決定要不要和對方約會。沒有正式研究告訴我們多少人會google潛在室友，不過我敢打賭，絕對比google約會對象的人多得多。這麼做有不少理由，比如說，你可以避開到處張貼種族歧視留言的傢伙。問題是，當網路上每個人都在表演，想徵得一個推特形象很好的室友，需要的就不只是運氣了。這種渴望養出了一個充斥網路空間的大謊，彷彿我們全都過著精彩充實的人生、都有完美的室友、都從來不會和人起摩擦似的。

如果你有社群媒體帳號，你幾乎能肯定，正在考慮你的約會對象、老闆、室友就算不曾肉搜，也暗中觀察過你。一句罵碧昂絲新專輯的玩笑話，或貼文透露的政治傾向，就可能使你降級為賤民，失去本來要寄給你的室友錄取信。這些潛伏在檯面下的形象維護手段十分有效，也使主張個人資料根本不必保護的聲音更放肆了。我們活在一個線上足跡直接連到線下身分的世界裡。

嚴禁咖哩味！謝絕香料飯！

在網路上積極包裝和推銷自己或許能獲得「回報」，但群組對話的房間裡有頭數位大象⑩：我們都知道，線上世界不講平等。

學者用「無意識偏見」（unconscious bias）或「隱性偏見」（implicit bias），描述不知不覺滲入我們言行舉止的成見。心理學家珍妮佛・艾柏哈特（Jennifer Eberhardt）博士著有《偏見的力量》（*Biased: Uncovering the Hidden Prejudice That Shapes What We See, Think, and Do*）一書，她曾在二〇一六年與同事發表一篇研究，發現受試者看見黑人家庭的照片時，會下意識聯想到不好的社區，無論照片裡的人看起來多中產階級。近幾年，有大量研究及學術計畫在探討如何對付無意識偏見，以及我們能採取哪些微小但必要的步驟，來卸除過去養成的糟糕直覺反應。擺脫習慣性偏見的方法，包括戳破刻板印象、更了解人們作為個體的特質、尋找與刻板印象相反的例子、嘗試以他人的角度看事情，還有多多接觸不同類型的人。

這可能是項迫切的工程，因為無法迴避的一件事實是，居住工業複合體的每個角落，都泛種族化了。二〇一六年，英國最大的包租公之一——佛格斯・威爾森（Fergus Wilson），鬧

⑨ 原注：一個香辣坦都里，一個火山鮮蔬。

⑩ 譯注：改自「房間裡的大象」（elephant in the room），指所有人都佯裝沒看見的大問題

出了惡名昭彰的新聞。這位當時在肯特郡（Kent，位於英格蘭東南）艾許福德（Ashford）和梅德斯通（Maidstone）擁有約莫千棟房屋的房產帝王，指示房仲勿將房子租給「有色人種」，「因為會有咖哩味」、「留在地毯上去不掉」。[8]（我想他所謂的「有色人種」應該是專指一類長相和我差不多的人。）巧得很，威爾森還命令他在「進化房屋」（Evolution Properties）的房仲，不要把房子租給「淒慘的女人、單親家庭，以及低收入或零工時的人」。二〇一七年，平等與人權委員會（Equality and Human Rights Commission）裁定威爾森設下的限制「有違我國法律」，因此無效。[11]但這不表示類似歧視會這麼簡單走入歷史。我打電話到艾許福德的不動產公司問了一圈，詢問當地人怎麼看這件事。大部分人覺得威爾森的作法令人反感至極，但也有位女士說：「我想他的規定應該很有道理。」

此問題並非英國獨有。慈善組織「香港融樂會」（Hong Kong Unison）發現，百分之九十的少數族裔人士，過去曾在找房子時被歧視。二〇一六年，法國不動產公司拉佛黑（Laforêt）登出一則廣告，以囂張的貴族姿態替一棟公寓招租，地點位於勒瓦盧瓦—佩雷（Levallois-Perret），巴黎近郊最昂貴的社區之一：「嚴正聲明：限本國籍人士入主，黑人勿擾。」二〇二一年，在維吉尼亞州東南擁有五百多萬美元房產、名下有十幾棟出租公寓、時年五十六歲的大衛．梅里曼（David Merryman），叫他的黑人房客「滾回非洲去」。二〇二一年，Airbnb不得不公開道歉，因為他們網站上刊出了一間「奴隸小屋」的廣告。這間一八三〇年代留下的可怕蓄奴制度遺跡，被改建成供遊客過夜體驗並享用早餐的地方。像這樣的故事還有成千上萬。

會上新聞的總是最極端的例子，較幽微的歧視則更難指出及追訴。無意識偏見在一房難求的租市中造成尤其嚴重的影響。二〇一六年，幾位哈佛商學院教授所做的研究揭露，Airbnb上「姓名像非裔美國人者送出的住宿申請，被房東接受的機率比姓名像白人者低大約百分之十六」[9]。同一年，#AirbnbWhileBlack（黑人也要Airbnb）標籤衝上推特趨勢，人們紛紛以此標籤發文，分享於該網站租屋或找房客時受歧視的經驗。在全球各地，有色族群持有的房屋普遍被低估價值。二〇二一年，美國一對黑人伴侶對一家公司提出告訴。他們請 位白人朋友扮演屋主，重新委託該公司估價（並把屋內的「非洲藝術品」全部換成她的白人家人照片），結果估出的價格比原先自行委託時高了五十萬美元。「白人房客最好」仍然是許多腦袋裡根深柢固的想法。

網路、科技業和房屋市場三者，都同樣被種族歧視侵蝕得千瘡百孔。三者聯合造成問題升高的一個例子，是相對新近，且不受管制的背景篩檢產業（screening industry）。這種服務為人們檢查潛在房客的身家背景，過去二十年來，由於租屋市場和房地產分析的蓬勃而連帶成長。[10]如同非營利網路媒體《標記》（*The Markup*）所述：「這些公司提供廉價、快速，但未必

⓫ 原注：威爾森說這項裁定是「失控的政治正確」。

精準的報告。」然而根據統計，美國每十個房東，還是有九個會參考此類報告。[11]

且讓我們舉個實例說明可能發生的狀況。二〇一八年，美國公民馬可・安東尼奧・費南德茲（Marco Antonio Fernandez）欲承租一間公寓時，被房東要求參加背景篩檢。檢查項目包括信用及犯罪紀錄，以及過去是否曾被強制遷離，是一套以演算法為基礎的軟體。篩檢結果判斷他不具租屋資格，因為他有一次藥物相關的犯法紀錄，該軟體將他與一名有藥物走私嫌疑的墨西哥人混淆了——後者名叫馬力歐・安貝托・費南德茲・聖塔納（Mario Alberto Fernández Santana）。[12]像費南德茲這樣的案例所在多有。近十年，美國聯邦法院已受理數百件控告背景篩檢公司的訴訟案。此產業在英國正快速興起。不可諱言，我們需要慎重防範這些新科技成為當前體系中最惡劣的一些（種族）歧視的幫兇。

歧視被編織在醜化勞工階級——特別是非白人勞工階級——的訛謬敘事裡。晚至二〇二〇年七月，英國才立法禁止房東拒租領有福利者。此前，許多房東以惡意的「不租DSS（英國社會福利部縮寫）」來排除任何領有社會津貼的人，使這個國家裡最需要棲身之地的一群，反而大半無房可租。這些舉止透露一種想法，相信一個人領了福利就會變得不可靠，會毫不愛惜地蹂躪你的房子。誰會去管我媽媽之類的福利戶是否珍惜每次租到房子的機會，用心照顧那些房子，在離開時使它們變得更美呢？這種對於需要國家扶助的人的錯誤印象，至今依然在張狂散播，依然強而有力，使得沒接觸過福利戶的房東們也深深相信一個領福利的人不是好租客，儘管根本還沒見過這個人。

有些種族歧視甚至受法律保護。英國的租屋權（Right to Rent）政策要求房東檢查房客的移民狀態。二〇一九年，該規定被高等法院裁定不合法，認為有種族歧視之嫌，使房東能選擇不租給少數族裔的英國公民，或有合法租屋權力的外籍人士。然而，內務部於隔年提出抗告，並且勝訴了。他們主張雖然有些房東確實會歧視特定族群，但該作法是「為實現正當目的」「合乎比例之手段」。

友情

考慮到以上重重阻礙，能夠從這任性的遊戲中脫穎而出，獲得坎伯韋爾的房間為獎品，我的歡欣鼓舞或許不難想見。只是興奮沒多久就被澆熄了。

住在那棟房子的感覺，很多方面就像置身網路世界：冷冷淡淡，和誰都沒有連結，小圈子聚了又散，人們隨意登入登出。但我享受到了一種新體驗。浴室裡擺著新推出的產品，家裡貼有我聽過但沒「聽過」的樂團海報（Bastille？真新鮮）。我得到鑑定新香水的機會（耶），迫於壓力必須也把衣服借給室友穿（唉），早上在廚房裡撞見過不同男生穿著CK內褲（有時不壞），不少次回家看見晚餐聚會還沒散，代大家解決了很多免費食物（絕妙）。

我最大的焦慮來源，是家中有老鼠出沒。這件事更加深了我在這裡沒有連結的感覺，身在一棟沒人愛的屋子裡，裡頭有沒人愛的嚙齒類。我會半夜驚醒，過度敏感地聽見任何小聲音，像有蜘蛛感應（蜘蛛人感應危險的超能力），目光急速投向某個在窗隙鑽進的冷風裡拍打的外套標籤、牆上的某塊暗影、我想像中的窸窸窣窣、彷彿有東西爬上來的起幻覺的腳。我的恐鼠症已經很難熬，更心焦的是不論我怎麼勸，室友還是執意把披薩拿到床上吃（就像我以前常做的）。房東不願意付錢幫我們請滅鼠公司，自掏腰包又太貴了（要五百鎊）。我於是前往附近的一鎊商店採買黏鼠板，發現這種道具有效的時候比沒效更糟。我會聽見令血液凍結的吱吱叫，嚇得瘋狂嚷嚷，求室友來幫忙。鼠患使我心力交瘁，怎麼也解決不了。住在這間合租屋，我不能想開就開暖氣，必須應付打掃輪值和公務氣氛的室友會議，還要藏起失戀的傷心，假裝自己喜歡社交。我的室友蕾倫也剛結束一段感情。我們像兩架漫無目標的飛機，開始繞彼此盤旋。她同時於幾家咖啡店工作，總在城裡到處跑，會帶著甜點回家，換套衣服，邀我一起出門放鬆。我也過著東奔西跑的生活，採訪各種人物，去雜誌社代班，不過平常日至少三天沒事做，和她的咖啡店班表正好一致。所以空閒時，我們常一起度過，跟著對方去參加活動、探望家人，或者互相吐槽。

那年，我聽了很多芝加哥浩室音樂。浩室帶我走出房間，鞏固了蕾倫和我的交情，因為她總是樂意跟我一起去跳舞。這是一種允許你隨處發現快樂的樂風，誕生於木條牆板的小房子裡、市區酒吧裡、公寓斗室中。浩室的先驅，有不少是黑人或拉丁裔酷兒舞者，在仇視他們的大環境裡占領一塊自己的角落。我播放RP Boo和Teklife音樂社群的曲子、大量的法蘭基・納寇斯（Frankie Knuckles）作品、紐約人芭芭拉・塔克（Barbara Tucker）的演唱，試圖將一點芝加哥狂喜注入南倫敦這裡。我去夜店聽演出，書寫在舞池尋找同道中人的體驗，參加Night Slugs、Livin' Proof、Visions和幾位已經不在的音樂人（願他們安息）於倫敦夜店舉辦的派對之夜。每次聽見房裡有東西在竄，我便打開MikeQ在紐約錄的Boiler Room秀，飛進另一個時空。並且不忘調高喇叭音量，祈禱重低音有驅鼠作用。許多週末，蕾倫和我都在熱舞的人群中度過，把狄更斯的《荒涼之屋》（*Bleak House*）拋諸腦後。

住處的爛問題促成的患難情誼，有時親密得像情侶關係。要是半夜聽見老鼠叫，我會輕輕跑過走廊，逃到蕾倫房間睡。當開門的嘎吱響起，她會睡意朦朧地把屁股往旁邊挪，空出床鋪半邊，讓我靜靜鑽進被子裡、靜靜入眠。我們共享的安心時刻教了我很多，我開始明白在合租屋也能找到懂你的盟友。有時候，那些半睡半醒的慷慨挪動，已經道盡了關於孤單與支持、關於同樣經歷分手和匆忙搬進陌生房屋、關於兩個來自不同世界的人在途中相遇的一切。蕾倫，謝謝你為我騰出一塊空間。

我投廢票

這整套室友面試制，還有另一個問題。應徵室友就像應徵工作一樣，一旦被錄取，你就感到有責履行或許同意過的不成文契約。我在面試中說我會下廚、烤餅乾、看過坎伯韋爾藝術學院（Camberwell College of Arts）的畢業製作。那都是我臨場瞎掰的。我還胡謅了一些我崇拜安尼施・卡普爾（Anish Kapoor，英國雕塑家）、喜歡雕塑之類的話，現在要拿出該有的產值來了。我懷疑有些室友已經覺得我不符預期。資本主義只看見我們的使用價值（use value），這個馬克思提出的概念，指的是一項商品滿足購買者需求或實現特定用途的性質。我的使用價值，可能是煮北非塔吉鍋（tagine），或對透納獎發表內行意見。自從我搬進來，每次凌晨一點下樓覓食，從我的水果麥片紙盒搖出幾片殘餘的椰子乾，吵醒睡在客廳的室友時，就會直覺感到我在辜負室友對我使用價值的期待。

我在這棟房子的時光黯然繞完一圈。一年後，一個室友搬走，改變了屋裡的權力平衡，主掌面試的大權忽然落到我手中。我好像被命運的一擊，從普羅大眾提拔到統治階級、從農奴提拔到封建貴族。我馬上試圖把這種權力推給別人，不想參與這個制度，於是開啟了一場誰有權決定誰入住的混亂討論。我難得有投票資格，卻故意投了廢票（！），又繼續加碼，在一個我討厭的人被看上時什麼也沒說，不屑用特權改變結果，就讓那個人成了新室友。

在綠人巷，我和鄰居學著全面地共同生活。和賈法瑞同住時，我們學到一個屋簷下的人怎麼互相保護。和另外七人共享宿舍一層的那年，我和舍胞練習著欣賞彼此的差異。這些人都不是專為我挑選的。世上沒有為誰訂做的完美室友，想找到這麼一個人通常是白費力氣，也弄錯了共同生活的重點。如果去掉篩選，我們會不會都成為更好相處的人？我想恐怕是的。因為這會迫使我們協調、真正設法解決衝突；迫使我們向彼此學習，不只思考自己能獲得的好處；迫使我們習慣與形形色色的人共處。這些都是我們應該帶出住處大門的能力。

最後，房東決定出售房子，我們只好各奔前程。蕾倫與我決定同行，一起踏上新的冒險之旅。我之所以能走出慘重的情傷，都要感謝友情、歡笑，還有許多賴在床上抽菸聊天、像《查理與巧克力工廠》裡的爺爺奶奶一樣的日子。我覺得自己煥然一新，從網路的跳圈圈遊戲中收穫了再真實不過的東西。再度展開尋覓之際，我們試著運用已有的知識，找到一塊能幫助我們實現夢想、讓網路有溫度之地。

關於雜物的二三事

我們也許情願相信，自己的生活不可能塞進幾個箱子裡，情願相信處理這麼無可取代的一件大事，至少要有更多高潮迭起。但是每次打包，我都意識到自己的微渺——要收完我的所有一切，總是比我想像的快。生活是你可以在一個週末之內裝好，搬到別處的東西。

從小搬了那麼多次家，照理說我也該熟能生巧了。但我始終沒能記起這一串打包、搬運，再俐落開箱新生活的舞蹈動作。我有過很多排練的機會，但每次都累到不想管，只把東西拉拉雜雜塞進幾個Sainsbury's超市購物袋，丟到車上就算了。搬離亞默林街那次，我真的好疲憊，實在沒力氣把桌子扛下樓，本來打算直接從窗戶扔下去。我的室友法碧說她坐在客廳裡，看見窗外落下鉛筆屑和藍丁膠的碎塊，彷彿核爆殘骸，就猜到我大概理智斷線了。她上樓關心，發現我正使勁抬著幾支桌腳，準備將桌子推落窗口。

雖說搬家被封為壓力最大的人生事件之一，但我覺得打包的部分相對輕鬆。我比較難想像，除了把一堆猶如自己延伸的東西扔進去，還能怎麼讓空間有我的特色。我想踏進一塊地方，用無懈可擊的能量將之充滿，不費吹灰之力，讓家在我散發的氛圍下自然成形。我偶爾也會近藤麻理惠模式大開——她是全球銷售破千萬本的《怦然心動的人生整理魔法》（人生がときめく片づけの魔法，英譯：*The Life-Changing Magic of Tidying Up*）作者——，清清爽爽丟掉幾袋東西。其他時候，我都戀舊地守著我的 **Jordan V** 鞋盒們，裡面裝滿了我參加過的演唱會門票。

我買不起家具來裝飾我的家，所以有一套折衷辦法。我會為屋裡既有的、通常沒什麼特色的家具添加花樣。為它們披布，或小心用無痕膠條貼上照片和圖片。有一次，我們亟需一座層架，我室友不想寫信給房東，於是開始了似乎長達數月的採購討論。我們決定又作罷了好幾回，興奮定案，然後又有人提出新選項。與其買個搬家時還得帶走的東西，要不要乾脆把紙箱疊起來用，將就將就？（嘆。）試著把家變成想像中的樣子時，我們總是一再被阻撓。對我來說，那就像在訓練自己，練習怎麼把布置房屋的欲望壓回心底。房東希望我們不留一絲痕跡，別往牆上釘東西，以免刮花他們的商品。我們的世界流行著一場貨物、買賣和生產過剩的傳染病。[1] 多數時候，這種結構性的力量強過我們或我們的欲望。我們該屈服嗎？

[1] 原注：如同馬克思一八四八年指出的。

搬家鼓勵我屈服。那些時候，我腦中好像有什麼斷掉了。我看見什麼都想買。搬家讓我有理由花錢，重啟生活，所以我忽然覺得有資格添購一點好東西。我一面為我的香檳社會主義者（champagne socialist）行徑心虛，一面大口品嘗對量產垃圾的物欲。氣候危機當頭，我卻還是想買廉價製造的桌燈和書架和蠟燭檯。我想買地毯和瓷碗和水瓶，在我幻想的請客場合拿出來用。我想買藝術海報和畫框，把我寫過的每則封面故事都掛上牆。我想買花瓶和……反正我全部都想買。我想去當地市集掃貨，為自己買份認同，我想狂購家飾消耗品，買個新的生活。我想把家裡擺設得像我採訪過的藝術家、作家，甚至政治人物。每件想要的東西都令我叱責自己，低頭走過又一間商店，但欲望仍未熄滅。

我知道資本主義希望我和物品、而不是和人們交朋友。遠大於我的體系煽惑我，令我渴望售價過高的粉彩香氛蠟燭，相信買了就會讓我脫胎換骨。我知道消費的衝動綁架我們，造出一個永遠飢腸轆轆的市場，扭曲我們對何謂人生圓滿的想像。我白天為此憤慨，晚上夢見自己裸身躺在一張細細柔柔、淡寶藍色的絲絨沙發上。某個網站的演算法那週天天讓我看見這張圖，跟21號巴士上的Loaf家飾廣告同一張。在那反覆出現的夢裡，我摸著沙發的絨毛，一次又一次對自己說：「我終於買到了。」

我們都為東西太多煩惱又開心。什麼該丟、什麼該留，已經成為這個時代的住房危機必然包含的習題。連看幾集《囤積癖》（*Hoarding*）之後，我開始思索囤積症的議題。該節目鄙夷一群受過不同創傷、用雜物築起一道擋住世界的城牆，卻令自己透不過氣的人。英國囤積症協會（Hoarding Disorders UK）推估，英國大約有百分之二．五至六的人口（約一百五十萬至四百萬人）[1]苦惱於無法控制的囤物習慣。然而環繞此種障礙的嘲笑與污名，使真實人數難以統計——我猜恐怕高上許多。囤積症有時出現於注意力不足過動症（ADHD）的患者身上。被堆積如山的雜物包圍，可能使ADHD的症狀感覺更加嚴重。此種情境中，建議的作法是不要急、用「每次前進一點點」的方式對付囤物問題。滿屋沒整理的東西，有時會使我們覺得被愈堆愈高的小失敗或該做卻沒做的事壓垮，失去應付的能力。「每次前進一點點」有助於——無論我們是神經典型（neurotypical）或神經多樣（neurodivergent）的人——暫時脫離這種洪水般的壓力，靜下來想想怎麼處理過多的東西。

看《囤積癖》令我好奇，哪些人會像這樣留著東西不肯丟，堆得雜物滿坑滿谷？然後才發現我自己就是其一。以目前來說，已經跟著我在倫敦漂泊十載有餘的東西包括：一盒生鏽的Primark金色圈圈耳環（含各種大小）、一張潔芮．哈利維爾（Geri Halliwell，辣妹合唱團成員）的瑜伽DVD、幾包凱特和威廉的王室婚禮紀念保險套（？）、少許世界各國貨幣，以及一盒從Nokia 3210到Sony Ericsson到黑莓機的舊手機。我也說不清楚幹嘛要留。

當然，累積的欲望與資本主義密不可分。但什麼時候，囤積會被視為令人嫌棄的古怪行為？這些節目企圖告訴我，就是當老鼠開始在垃圾袋間出沒的時候。然而誠如我們所知，這是因為更怪異的那些瘋狂收集財富、不顧他人死活的囤積者已被視為正常，我們也習慣被他們剝削了。

威廉・莫里斯（William Morris，十九世紀英國織品設計師、文人及社會運動者）透過美的力量撼動世界及改善人們生活的追求，至今依然啟發著許多居家藝術設計。他常被引用的一句名言道：「家中的一切都該是你明白用途，或認為美麗的事物。」這句話告訴我，現在我感受到的問題，自古以來都有人體會與思索過，我為此感到欣慰，彷彿我和今昔無數的家相連。

我們為什麼喜歡特定物品？品味來自我們本身，還是我們之外的行銷產業？我想答案介於兩者之間。打造夢想住宅❷的廣告和青春時期的鄉愁，共同決定了我們的家飾偏好。我們會被喚起舊家回憶的東西吸引（二〇二一年，英國Instagram上搜尋「熔岩燈」的次數上升了百分之五十六。這種燈是九〇年代家庭的愛用品，再上一波流行則是六〇、七〇年代，突顯了此類趨勢本質上是週期性的[2]）。這類喜好是我們的過往經歷塑造的，有時感覺就像一股清流，帶我們短暫逃出資本主義強勢潮流。

二〇一八年，我為一篇報導調查了我們死後，數位資產會去哪裡。譬如握有的比特幣、Apple上的音樂、Kindle上的電子書。我訪問了在遺囑裡交代數位遺產如何分配、指定了雲端資料的「遺產聯絡人」（legacy contacts），抑或社群媒體帳號由誰接手的人。這麼做主要是為了防止自己過世後，家人對於遺留的線上身分何去何從意見不合。（我猜我媽媽會想把所有內容刪除，而我二十五歲的妹妹可能會想看看我的推特，用Z世代的獨特方式緬懷我。）這使我想到我死後會留下什麼東西，哪些真的有必要處理。我最珍貴的東西全都只對我一個人珍貴，包括十多年前刊登我第一篇文章的舊報紙、我在《Metro》日報上的夜店專欄（就像其中介紹的大部分店家，在大砍預算的年代熄燈了）、跨國火車票、幾封情書等等。

如果我現在死去，我身後唯一的值錢財產，只有一張咖啡几，和一件鮮黃的Versace二手外套。也許IKEA家具迷人之處，就在於你能肯定它不會比你長命。一個Billy書架不會令我想到終將一死的問題，因為它八成在那之前就壞了，不像我婆婆那座橡木五斗櫃或那口木箱，在恍若隔世的八〇年代買的、能夠長久使用的家具。

❷ 原注：疫情時，DIY和居家用品業逆勢成長，坐困家中的人們紛紛試圖購入新的生活體驗，嘗試新顏色、質料、鼠尾草綠的牆、手繪拱門、翡翠綠的浴室瓷磚、粉紅絲絨沙發、裱框的海報……以便忘卻門外的可怕世界。英國第一次封城期間，DIY用品的線上銷售額成長了百分之五十。二〇二〇年夏末秋初，DIY和居家用品消費增加了百分之九．九，是那段時間景氣回暖的一大功臣。

佩克漢萊公園：思索城鄉仕紳化

二〇一六年，我終於找到了我夢中的家❶，是間兩房的小地方，位在一棟三層樓喬治時代連排建築的一樓，門外就是佩克漢萊（Peckham Rye）❷。從已經改成臥室的客廳窗子看出去，能看見那片因為布雷克（William Blake）而聲名大噪的風景。他曾描述一七六〇年代，幼年的他經過這裡時，目睹一棵橡樹上出現了滿樹的天使。

我與蕾倫合租的屋子外，不只有布雷克的詩影徘徊，還有美髮沙龍、理髮廳和那幾年逐漸成為固定景致的咖啡餐車。不知多少時間，我都站在那扇偌大的重錘式窗戶（sash window）前眺望綠地，或者穿著襪子在光滑的木地板上到處溜，或者在屋後的野花園伸展拉筋，我從來不曾這麼愛我住的地方。這間屋子好像有股魔力，帶動其他神奇的事發生。住在這裡的期間，我遇上了喜歡的人，開始自己做小誌，受邀寫書籍文章和封面故事，加入了一些我人生中最有意義的草根運動。我常聽Sampha——他也是南倫敦人，能做出彷彿靈魂出竅飛進太空的音樂——並讓一波波音樂沖過我。我有一種感覺，好像停不下來的旋轉木馬總算轉到了盡頭，我找到了能安然變老的一個場所。這快樂的小避風港令我一時忘了過去二十八年教我的事，忘了這樣的時光往往維持不了太久。

欣喜之間，我偶爾會掉進洩氣的低落，想到我永遠不可能買下這棟房子，渴望我也能爬上居住的階梯，給我媽媽好日子過。儘管從沒有一個地方這麼快令我覺得像個家，每天早上醒來，我還是會被罪惡感淹沒，知道我喝著燕麥奶拿鐵、抱怨編輯不回我信的時候，我媽媽可能正為沒錢加值電錶憂愁。不知怎麼，住在這麼奢侈的地方，讓我覺得自己好像更自私了。我們都家徒四壁時反而比較好受。

想起這段時期最美好的一些回憶，我彷彿又回到了常去的佩克漢大街。自從我迷上美味的「欽欽」（chin chin）[3]，一個小販每次看見我來了，就會搶在我走到之前，先幫我拿好一瓶已

---

❶ 原注：我可能不會夢到工作（英國網路哏「我沒有夢中的職業，我不會夢到工作」），但我會不由自主夢到擁有房子。

❷ 譯注：佩克漢萊為南倫敦地名，過去是指佩克漢南邊的一片有小溪流經的土地（rye為古英文「溪澗」之意），如今也是此處的大公園及夾著公園兩側的道路之名。佩克漢和坎伯韋爾同屬南華克區，大約位在坎伯韋爾和新十字中間。

用寶特瓶裝滿的這種點心。附近有家當地人開的網咖，我三不五時去那裡列印，老闆後來都算我便宜，看我坐在燥熱的房間裡，等待Word檔開啟。我有時會走去當地社群經營的Reprezent廣播電臺，在懶骨頭沙發上啪地躺下，聽錄節目的人對話，偶爾也客串出場。

那陣子，我和一個男生短暫交往過。他在附近一家專賣水耕栽培器材和各式大麻菸具的店工作，超級喜歡椰絲巧克力球，出門總是戴著手套，以防指紋「被政府採去建檔」。有時睡前他會說個不停，憤憤告訴我新開的店和餐廳多誇張，一份酸甜醬居然要收一英鎊（他爸爸是經營當地咖啡店的土耳其移民，酸甜醬從不收錢）。他很氣白人願意多花錢，只為了被白人服務。他出生以來都住在佩克漢，提起他們公宅可能被拆除的消息，怒氣忽地沉了下去。說到底，我只是一個客居於此的人，屬於一個遊牧世代，因為大學碰巧在南倫敦而來到這裡、因為有歸屬感而留下而已。他的沮喪令我憶起童年的漂浪，翻出多年以來埋藏心底的某些感受。在綠人巷，我還太小，無法理解我的公宅——我世界的中心——和大街上一家新咖啡店的關係。而今，說咖啡店出現代表有人得滾蛋，已成為一個難笑的笑話了。

改變的若干面向

在海耶斯長大的那段日子，我聽過很多計程車不肯去佩克漢和布里克斯頓的故事。一九八一年的布里克斯頓暴動[4]發生後，大批媒體助長了這些種族歧視性的恐懼。這使工作地點在倫敦其他區域的當地人處境更艱難了。你想坐車回家也攔不到車，因為每個計程車司機都說你住的地方太危險。❺誰能想到今天，佩克漢的SE15會變成倫敦最炙手可熱的郵遞區號。

仕紳化確實是居住問題。不可否認，仕紳化與公共衛生、地方經濟與教育相關，但占據其核心的，是一場社會清洗（social cleansing）和階級之戰。最早在著述中使用仕紳化一詞的，是馬克思主義社會學家露絲・葛拉斯（Ruth Glass）。她一九六四年寫下的先知之作《倫敦：改變的若干面向》（*London: Aspects of Change*），不僅觀察了她所見的現實，也預言了我們面對的現在。「『仕紳化』一旦開始，」葛拉斯寫道，「就會持續進行到一個地區的社會屬性全然、或幾近全然改變為止。」她談的是她生活的伊斯林頓（Islington，北倫敦的一區），但這段話可以用來描述英國任何城市，以及全球許多地方。仕紳化讓房租漲到舊房客租不起，像強酸般侵

❸ 譯注：奈及利亞油炸小點心。佩克漢以移民社群蓬勃聞名，特別是擁有英國最大的奈及利亞社群，別稱「小拉哥斯」（Lagos，奈及利亞舊都，昔日西非第一大港）。狹義的佩克漢坊（Peckham Ward）有約百分之五十的居民為非裔或加勒比海裔，百分之十為亞裔。

❹ 譯注：一九八一年四月連續三天，布里克斯頓黑人社群由於不滿警方長期種族歧視等原因，與當地警力爆發衝突的事件，造成數百人受傷，八十二人被逮捕。（該事件背景為同年一月發生於新十字的派對失火案〔the New Cross house fire〕，導致十三名黑人青少年不幸喪命，疑似遭到縱火，政府與警方卻冷漠處理，使黑人社群的憤慨情緒持續升高。）

❺ 原注：全世界在嫌棄一個地區上好像有套通用的語言。《慾望城市》（*Sex and the City*）中，米蘭達要從曼哈頓搭車去——（驚！）布魯克林看房子的時候，計程車司機拒絕載她，嗤笑：「我才不去布魯克林那種地方。」

蝕扎根於此的在地社群，特別是黑人社群。

若是二〇一五年住在佩克漢，你會見到社會經濟變遷以瘋狂的速度展開。我不是仕紳化的光鮮大軍來到之前就住這兒的人，但我見證了有錢的建商多麼火速搶進此地。茲舉一例說明這對房價的影響：塔爾福路（Talfourd Road）的一棟五房住宅，二〇一〇年成交價為五十三萬英鎊，二〇一九年再次轉手時，價格已來到一百七十九．八萬英鎊，暴增了百分之二百三十九。[1]（在布里克斯頓——我接著搬去的地方——新湧入的餐廳、小農市集、藝廊、咖啡廳、酒吧也使房租和房價不斷上漲，過去十年來漲了百分之八十五。[2]）

我搬進這裡一年後的二〇一七，一條新聞引發了媒體關注，說是全英國的租屋族，平均要為租金花掉一半收入。這件事震驚了一大票中產階級白人專欄作家，過剩的社論紛紛稱此為無法永續的租屋危機，推特上的聲音將此歸咎於年輕租屋族消費習慣不良。❻（後來情況只有更嚴重的趨向：二〇二二年我執筆的此刻，通膨率飆到可怕的新高❼，百分之四十五的租屋族表示他們的房租一年內漲價過，五分之一說漲了超過一百英鎊。[3]）

當時的我正邁向三十歲，對於輿論的反應十分納悶。這些新聞到底是寫給誰看的？對我和我身邊的朋友而言——其中多數沒有孩子或需要照顧的家人——，薪水都被租金吃掉是無可奈何的現實。在吸引點閱的風氣下，這些報導文章自然有刻意聳動的部分，但它們依然揭露了令人訝異的事實，那就是某個世代的許多人真心不解租屋那麼沒保障，年輕人幹嘛不去買房子？這就好像對沒工作的人說「那你怎麼不去找一份呢？」這時我每月要付七百英鎊的房租（現在的佩克漢兩房公寓平均租金為二千三百五十七英鎊，如果我和蕾倫還住那裡，一人要付一千一百七十九英鎊❽），當自由記者大約能有一千英鎊的月收入。不管怎麼說，比我以前寄居姨媽家客廳、天天吃**Kwik Save**冷凍魚柳條的時候有錢多了。房租幾乎把我壓垮，但我覺得既是自己選擇住這裡，便已喪失抱怨的資格。我馴服地接受一種想法，認為像這樣的幸福就是只能花錢購買。

我自己就是仕紳化大隊中的一員，因為我出得起比社宅均價更貴的房租。以筆營生的人，如同做藝術或玩音樂的人，屬於常被稱為「創作階級」（creative class）的一群。此群體有時會推進仕紳化，使一個地方更「酷」而吸引中上階級湧入，於是房價節節攀升，老在地人一個個被趕出去，最終他們自己也被趕出去。作家及學者喬爾·科特金（**Joel Kotkin**）於美國城市的脈絡下探索這些「潮與酷的地理」（**geographies of hip coolness**）。他認為對商人而言，照顧創

---

❻ 原注：這種說法已經成為英國某一群人的正常發揮。電視節目主持人克絲提·奧索普（Kirstie Allsopp）說，年輕人要是把訂Netflix的錢省下來，大概就買得起房子了。目前，你得存二千二百七十四年的Netflix訂閱費才買得起英國一間平均價格的房子，倫敦要三千九百八十年。

❼ 譯注：英國通膨率於二〇二二年十月達到有紀錄以來最高的百分之十一·一，之後開始有下降的趨勢。

❽ 原注：Home.co.uk上可以查到佩克漢租屋的即時行情。https://www.home.co.uk/for_rent/peckham/current_rents?location=peckham

作階級其實無利可圖，因此房價抬高後，最負擔不起高房價的創作階級必然離開此地。（這使人想到一個問題：如果今天這套制度造成的結果，連中上階級也不想看到，我們究竟為何要保留它？）我租屋超過十年的南倫敦，正緩緩地全面改變，但佩克漢大街變得尤其之快，才短短兩年，已經幾乎叫人認不出來。我看著它的蛻變，看著水漸漸漲高，有人在兜售為數不多的充氣臂圈，但你要夠有錢才能弄到一個。

建商經常以「更新」、「老社區再生」為由，拆除人們住的地方，蓋起新的大樓。公宅居民在這類說詞下被強迫遷走（迫遷有個優雅的稱呼，叫「轉注」〔decanting，一般指將酒等液體倒入其他容器〕），通常也不保證有回來的權利。政治史為此開了先例。新工黨一九九九年的「都市再生」（urban renaissance）計畫（仕紳化的暗號），號稱將那些在社會上更如魚得水的人帶進一個社區，可以幫助勞工階級舊居民「重新社會化」（resocialised）。彷彿與中產階級為鄰就能激勵他們沿著社會流動之梯順利往上爬，彷彿家產造成的巨大鴻溝並不存在似的。

右派堅信涓滴經濟（trickle-down economics，又譯下滲經濟），主張上層少數的財富會慢慢往下流，使窮人也跟著受惠。不過，真實情況通常更像個虹吸壺，下層的財富被一點一點抽上來，從此在中產階級之間流動。一家新咖啡廳來到社區開店，供應對附近居民而言太貴的咖啡和甜點，引來有錢的客人消費，財富始終在同樣富裕的幾群人之間轉手。事實上，關注種族議題的英國智庫朗尼米德（Runnymede）二〇二一年曾發表一份報告書，題為〈被排擠到邊緣〉（Pushed to the Margins）。其中發現，「倫敦人口流動最頻繁的幾個地區，最後皆出現少數族裔居民流失的現象，也就是說，一個區域變得搶手之後，最先搬走的總是少數族裔。」[4]如果會使舊居民無家可歸，任何更新或再生的論述都站不住腳。過去政府以購屋政策吸引有殼族選票、推出「共享產權」和「政府幫你買」等方案的期間，社會住宅的量與質皆不斷下滑，正好讓建商有大興土木的藉口。這些作法正在整個世代心中烙下傷痕，散播迷思和謊言，扭曲出身底層及住在公宅的意義❾，哄騙人們奪走他們的家對他們有益。

碩果僅存的在地人

仕紳化的問題影響全國，鄉村地區亦不例外。二〇二一年，英國鄉間房價大漲了百分之十四[5]，是城市的兩倍以上。造成鄉村仕紳化的原因眾多：疫情之後人們奔向鄉間租屋或買房；退休族群移往鄉下養老；富裕家庭流行買度假別墅；以及愈來愈多當地人不再務農，改開咖啡廳、餐廳或其他以觀光客為對象的服務。

這可能震盪村鎮的居民結構。二〇二一年，《德文郡現場》（*Devon Live*）的一篇報導調查

❾ 原注：二〇一〇年，赴黑蓋特公宅（Heygate Estate）拍攝電影《愛的法則》（*Rules of Love*）的BBC團隊獲得在這座公宅塗鴉的許可，因為他們覺得這裡看起來不夠讓人「覺得怕怕的」（edgy）。他們可能下手重了點，因為黑蓋特二〇一四年就被拆除了。

了該郡五個村子在這波鄉間置產潮後的情況。他們發現，金斯敦（Kingston）、南休斯（South Huish）、達爾伍德（Dalwood）、史垂特（Strete）與喬治罕（Georgeham）如今有百分之六十六至九十五的房屋被當作度假別墅，一年中大部分時間是空屋。[6] 土生土長的在地人逐漸被趕出他們的鄉土。同年稍後，《鏡報》（*Mirror*）報導了一則轟動的故事，主角是八十八歲的諾曼・湯瑪斯（Norman Thomas）老先生。他住在威爾斯彭布羅克郡（Pembrokeshire）景色奇麗的海灣小村——庫摩艾格魯伊斯（Cwm-yr-Eglwys），是那裡「唯一剩下的在地人」。過去他鄰居的房屋，幾乎都成了難得有人來的富豪別墅。[7] 英國像這樣的村子持續增加，被關注的卻少之又少。

繼續縱容高價私人住宅的市場擴張，受害的將是更多脆弱的地方居民。我們正不斷失去這些在他們的角落為鄉里——經常也為國家——付出的在地社群。而唯一停止傷亡的方法，是徹底重新思考居住議題。

歡迎來到空氣城

仕紳化帶來同質的審美品味。作家凱爾・柴卡（Kyle Chayka）曾為美國科技新聞平臺《The Verge》寫過一篇文章，描述此種現象，為它起了個貼切而美麗的名字，叫「空氣城」（AirSpace）。據他觀察，這種去到哪裡都感覺不出移動的體驗，是舒適與品質的標誌。他舉了幾個你我可能都看過的例子：「老木家具。工業燈飾。裝在小玻璃杯裡有奶泡的西班牙咖啡（cortado）」，並形容這種設計美學的最終效果是「你走進舊金山的咖啡名店Four Barrel，或布魯克林的Toby's Estate澳式咖啡，或哥本哈根的The Coffee Collective，或東京的Bear Pond Espresso，店內看起來都沒兩樣。你在哪家都能點到一杯有完美拉花的西班牙咖啡，然後把你的咖啡放在大理石吧檯上，拍照上傳Instagram，將這種審美觀繼續推廣出去。」你可能也在某間深色木頭家具、黑板上寫著小小白字的咖啡廳裡有過這種經驗。你甚至不知道自己是依什麼判斷的，但總會有些標誌向你宣告這是一間有質感的咖啡廳或餐廳。

這些品味構成了仕紳化大隊成員的老套形象：兩撇小鬍子的時髦文青，騎著大小輪的古董鐵馬（penny-farthing）馳騁在——比方說——威廉斯堡（Williamsburg，布魯克林最著名的文青區）。二〇一五年中有幾個月，我為了工作暫居布魯克林的皇冠高地（Crown Heights），那是我第一次有點懂了這種風格重點在哪。我不曉得布魯克林算不算仕紳化的創意先驅，但它常被指認為幾種仕紳化跡象的爆發地：飛輪健身房、芭蕾提斯（barre）課、印度小吃餐車——不知為何都是戴著Carhartt針織帽的白人老闆開的。這些活動或飲食最初為何受歡迎比較難說明，但很容易解釋它們擴散的原因。旅行輕易的今日，品味也全球化了。而市場主要是為白人中上階級服務，他們有錢用於休閒，願意購買新潮的「體驗」，包括點一碗貴得誇張的早餐穀片或體驗一八七〇年代的老代步工具。如今裝潢古樸的咖啡廳、一面牆漆成「千禧粉紅」的小店、菜單上有手繪酪梨的餐廳、極簡工業風的精釀啤酒店……已經常見到淪為模仿題材了。走在英美各地，你都能撞見類似的店，在歐陸城市如柏林、里斯本、巴黎及全球更多地方，它們也日益普遍。

談起這個話題，我常想到一個例子，是二〇一四年一件引發網路熱議的事。第四臺記者西米恩．布朗（Symeon Brown）在採訪新開幕的早餐穀片咖啡店「穀片殺手」（Cereal Killer，音同連續殺人魔）時，向老闆們問道：他們來這個倫敦數一數二貧窮的區域開店（塔村區，該區百分之四十九的兒童生活於貧窮線以下），一碗早餐穀片賣三．二英鎊，這樣當地人吃得起嗎？老闆游移答道：「這附近這個價很便宜。」便不願意再回應他的追問。這固然也是店家強勢進駐貧窮地區，從未想過當地人感受的典型案例。但這些店家之所以出現，其實反映某種更大、危害遠比一碗懷舊棉花糖麥片多收幾塊錢更深的問題。

當然，這些老闆，又或者坐在咖啡店裡喝馥列白（Flat White）的文青，都不是該為住房危機負責的人。咖啡店減少，建商依然會繼續鯨吞蠶食我們的城市。太尖刻批評個人（或不准人們在特別灰暗的時期花錢犒賞自己）是在協助政府規避責任。過去數十年，我們的政府使居住不平等更嚴重了，而這已經衝擊地方經濟、公共衛生，甚至導致食物貧窮（food poverty）問題加劇。每當右派政論節目拿「有錢南方人傻傻花太多錢在早午餐上」作文章，焦點就又被轉移，人們捉對廝殺，真正該負責的政府樂得清淨。我們必須認識到，這一切都是互相關連的。

仕紳化的野火

憤怒可能不宜「只」針對個人，但並不表示所有抵抗或奪回空間的行動都是無效的。二〇二〇年六月，社區組織「讓布魯克林黑回來」（Bring Brooklyn Black）在喬治・佛洛伊德（George Floyd）逝世後舉辦了一場遊行。走下布魯克林街道的隊伍唱著「火來啦，仕紳化的野火來啦！」（fire, fire, gentrifier!）⑩、「這裡曾是黑人的家！」引得路邊吃早午餐的客人呆看。見到這樣的畫面，你很難忍住微笑。仕紳化是個名詞，卻有動作的效果。一個影響我們、對我們不利的動作。但我們也能回敬它一個動作。

社運人士將仕紳化與種族連結是很有道理的。只要看看黑人、亞裔和少數族裔擔憂失去家的機率比白人高多少便可明白。[8] 近二十年來，英國BAME族群無家可歸的比例從百分之十八上升到了百分之三十六，而二〇二〇年，政府對法定無家者（statutory homeless，有領取福利的資格）的年度報告揭露，黑人無家可歸的機率是黑人以外族群的三倍以上。[9] 然而，任何區域再生的構想，也都必須敏銳考慮階級之間的勢力關係。中產階級有色族群亦可能造成其他人流離失所。二〇二〇年，倫敦政經學院（LSE）登出一篇研究的結果，顯示過去向私人租屋的

⑩ 譯注：這句歌詞利用了gentrifier（仕紳化者，通常指一個地區受歡迎後湧入的中產階級）和gentri-fire（仕紳火）的諧音。

房客中，有一部分勞工階級被「中產階級英國非白人」（Not White British middle classes）取代了。該研究主要作者安端・帕庫德博士（Dr. Antoine Paccoud）表示，「購屋後出租的仕紳化模式裡，不平等存在於包租公和經濟能力跟不上地區起飛速度的人之間。他們只能眼睜睜看著新搬入的中產階級——無論這些新鄰居是不是白人——逐漸將他們排擠出去。」[10] 對於國家中的邊緣族群而言，買房子是他們極少數能確保安全的方法之一。但我們應當質問，任何朝向私有的行動將如何衝擊我們自己的社區。因為若我們不問，沒有人會代我們問這個問題。

縱然如此，這些行動並不是某些媒體渲染的可怕威脅。根據朗尼米德智庫的資料，倫敦擁有自己住宅的黑人與少數族裔只有百分之三十五，白人之中則有百分之六十二。[11]

相信你的爛品味

仕紳化的美學與室內設計潮流之間的關係，是個值得探討的議題。先進科技為視覺通貨賦予了新的重量。Instagram和《建築文摘》不只令人嚮往買房，也令人嚮往買下房子之後以特定方式裝飾它，實際作法往往源自菁英階級對「好品味」的想法。當今網紅可以和搬家品牌合作來免費搬家，以家飾公司提供的贊助品擺設新居，向我們兜售有設計感的夢想住宅，儘管他們自己根本沒花錢買。社群媒體就這樣模糊了模型與真實、打廣告與自主選擇之間的界線。

「住宅妝點」（dressers）或「房產布置」（property stagers）之類的產業，可以幫你設計室內空間，貼一些雅致的藝術海報、擺幾張Herman Miller人體工學椅，以便賣個更好的價錢。Rightmove房屋網聲稱，經過布置業者打理的房屋，平均成交價比未布置者高百分之八。[12] 這類業者的網站上，除了隨意提起種族主義的「種植園百葉窗」（plantation shutters，大量用於美國南方的種植園主或奴隸主宅邸中而得名），還旋轉展示著無數畫廊牆、淺色木地板、裸磚牆，以及非常非常多龜背芋的示範照片。這些產業將品味與獲利動機連在一起，吸引有錢、也有能力跟流行的消費者上門。

這並不是要低估室內設計潮流的文化意義，室內風貌能映出我們身處的時期。疫情高峰期，許多關在屋中的人在牆上畫出拱門，彷彿那是通往他方的神奇入口——就像監獄時而請人繪製的整片風景或假窗景。木作牆裙線（dado rails）開始流行，人們用它來營造視覺把戲，改變熟悉房間的比例，使小空間看起來好像更寬闊。同時，一場灰的大流行席捲了英國各地的客廳。油漆與壁紙公司Farrow and Ball色號二二九的「象之氣息」（Elephant's Breath），在二〇二二年被選為「十年代表色」，綜括了這十年的憂懼與失序令我們逃向的淡泊。沙發、地毯、燈罩、牆壁全換上中性色調，讓我們有個單調的避難所，把社會與政治的空前騷亂隔在外頭。

二〇二二年，金・卡戴珊（Kim Kardashian）在《Vogue》的策畫下，向大眾介紹了她極簡、空盪、整潔得冷冰冰的家。一支如今傳遍網路的影片中，她帶我們走進她價值六千五百萬美元的豪宅，參觀有光滑混凝土、粗獷主義稜角、低調色系的建築內部。她的影片成為許多人的靈感來源——以及另外許多人的嚴厲批評對象——，人們效法那清幽的精神，訂做隱形水槽和隱形收納設計，來磨掉日常的亂枝雜節。[11]此中似乎傳授某種自制的心法，美術館般的家中只留讓你「怦然心動」的物品，不得體的東西全部藏起來。面對這一切，一股反抗潮流開始出現。二〇二一年底，經歷民生物價危機、眼看景氣又要陷入低迷，千篇一律的「那種灰」有退流行的跡象。鐘擺擺向極繁主義（maximalist）的豔色與混搭。部分原因，是人們比以前更常在家度過閒暇時光，希望在家也能獲得宛如上餐廳般飽滿鮮活的體驗。此外，它可能也是我們重新擁有混亂的新現實的方法。碧昂絲的新專輯《Renaissance》被《衛報》奉為「極繁主義的精湛展演」；TikTok上的極繁時尚網紅有數百萬人追蹤；二〇二二年八月號的《君子雜誌》（*Esquire*）甚至有篇專文，探討「極繁小說」對當代的意義。

當然了，家也反映個人風格。很少人會真的完全根據《Elle Decoration》的指示布置整個家。耐人尋味的是，品味愈來愈常形成於Instagram等平臺上——以Instagram來說，上面的網紅百分之九十一是白人[13]——由控制消費行為的人們發號施令，消費力雄厚的人們在各地推行。

之所以會如此，或許也關係到實際決定這些商品的都是什麼族群。二〇二〇年，英國首份「室內設計多樣性調查」（Diversity in Interior Design Survey）發現，百分之四十六的BAME室內設計師是他們職場中唯一的非白人。另一方面，只有百分之十五的受訪者自認是弱勢社經背景出身。[14]也就是說，一間三十人的公司，只有不到五人來自底層家庭。因此，中產階級白人

「品味製造者」告訴大家什麼值得渴望，中產階級白人消費者附和，留下一個已經注定的結局給其他所有人。

勞工階級常被鼓勵勇敢逐夢：實現你的中上階級夢，打造一棟代表這個夢的美宅，即好品味的同義詞。那些品味「低劣」的東西，譬如一張豹紋沙發，或我媽媽那個印有我大臉的枕頭，就算有人想買，也是抱著調侃的心態。品味從根本上便與階級主義分不開。在這樣的背景下，當你聽見一位特立獨行的美學家，例如導演約翰．華特斯（John Waters）說你可以「相信自己的爛品味」，你彷彿聽見了激進叛逆的可能。跟隨這句話創立小誌《聚酯纖維》（*Polyester*）的艾奧內．甘布爾（Ione Gamble），精闢剖析了我們的處境：「在這個國家，一切都是上層階級說了算，」她表示，「有一種很主流的信念，相信勞工階級無法做出好判斷，因為他們喜歡沒品味的東西。如果一個人連挑件對的衣服或擺設都不會，你怎麼能放心交給他們去選擇自己的人生或國家走向呢？」她很正確地點出品味與政治的關聯。「好品味」不只是抽象概念，它被套上了階級觀的牛軛，有時還被權力駕馭，給予不同社會階級和地位的人群差別待遇。

⓫ 原注：勞工階級品味一向被嫌「低劣」（trashy），塞得滿滿的，完全是極簡的相反。同樣凌亂的場景搬到中產階級家裡則叫做極繁。就像為了保持苗條而不吃東西，富人和極簡的搭配總給我一種不對勁的感覺，把那麼多空間占據了，卻任它空著。

拆遷

我搬到佩克漢前幾年的二〇一四，曾經住在幾個朋友租處的一間小房間裡。我們家的巷子出去就是南倫敦的沃華斯路（Walworth Road），白天晚上都聽得見拆房子的聲音。大鐵球的攻擊目標——當時的攻擊目標——是壯觀的黑蓋特公宅。我窗外的地平線逐日改變，住家一戶一戶被砍去，空出來的地方由吊車補上。夜裡，我總是夢見像變形金剛（Transformers）的吊車們，在黑暗中開心地打碎磚瓦。許許多多的柯博文（Optimus Prime），被某個建商遠端指揮著。我聽見銅欄杆吱嘎哀嚎，猶如陽臺在垂死掙扎。我在夢裡看見鷹架倒塌，落在我身旁。所有工程結束後，一千零三十四位黑蓋特住戶中，只有二百一十六人留在「再生」後的南華克區，才五分之一左右。社區的四百零六棵成年樹，也有二百八十三棵被移除[15]。掛上「象公園」（Elephant Park）的品牌再出發的這個區域，成為今日倫敦市沒有靈魂的一小塊亮晶晶土地。

多少錢能買一塊磚？誰會收走那些被拆除的公宅殘骸？多少錢能買到你看著孩子出生、長大、戀愛的那個家剩下的一磅瓦礫？一九八二年，主要由白人女性主義建築師組成的女性主義設計團體「母體」（Matrix），與塔村區白教堂（Whitechapel）的孟加拉社群合作設計了當地的加戈納里（Jagonari）女性教育中心。「Jago Nari」的意思是「醒來吧，女人們」，出自孟加拉政治運動家納茲魯·伊斯蘭（Nazrul Islam）的一首詩〈Jago Nari Jago Banhishikha〉。這座中心針對當地女性的需求為她們提供服務，包括托育、各式課程、家暴保護和家暴防治計畫。設計之初，建築師們認為有必要和當地女人們互相了解，認識她們的語言、她們對興建這座中心的想法，以便讓所有相關者都能參與或關心這項計畫。她們採取的方法之一，是舉辦「磚頭野餐」（brick picnic——應該叫 bricknic 嗎？）。在城市各處漫遊，一起享用食物，用蠟筆拓印磚頭，挑選喜歡的磚材。她們收集當地女人們的意見，將之融入建築設計，最終完成了一座受到使用者鍾愛的社區中心。試想，如果我們能像這樣，讓居民參與公宅興建的前期決策，那會是何等光景？

我們該怎麼做，才能阻止地方議會繼續忽視、拆除、賣掉人們的家園，讓開出最高價格的建商恣意摧毀人們珍惜的社區？除了向政府施壓，有能力選擇住處的人，也該認真思考自己究竟想住哪裡。同樣至關重要的，是教育未來的購屋族與租屋族，告訴他們這些已經消失的老社宅的故事。倘若我們開始說不，拒絕支持那些硬生生蓋在弱勢移民社群記憶場址上的新大樓，英國的居住地景將會完全不同。即使說得再冠冕堂皇，把一些最貧窮的社群趕出他們落地生根的地方，還不給他們回來的權利，本應是件令人作嘔的事、本應激起我們的憤怒。假如，每個有經濟能力和資訊的人，都能拒絕購買那些犧牲其他社群才建出來的精美樓房，我們能否造成一些改變？我們應該互相敦促，更深入了解這些歷史。我們能左右市場，也確確實實有權表達我們對未來的意見。

拆遷本質上就是侵略性的。它粉碎安穩、驅逐居民、奪走資源、使社群分崩離析。它挾著國家的漠然和放任式資本主義的輕狂貪婪，將人的安全感破壞殆盡。拆屋的心理代價尚未被廣泛研究，但學者已經發現，自家或鄰家被拆，會引起焦慮、憂鬱、妄想等症狀[16]，而拆房子的持續噪音就算不稱為污染，也是一種「反社會」（anti-social）的騷擾行徑。環境哲學家葛倫．阿爾布雷希特（Glenn Albrecht）創造了美麗的「鄉痛」（solastalgia）[12]一詞，發表在他二〇〇五年的同名文章中。他以此描述看見家園環境由於氣候變遷或資源濫採而變樣，帶給人的痛苦感受。對我而言，它也讓一種在城市裡愈來愈普遍的經驗有了可以言說的語彙。此觀念被應用於臨床心理學，以及因應氣候變遷健康衝擊的政策中，美國也已有學者運用它，來研究加州野火如何影響人們心中有歸宿的感覺。

許多曾經活在公宅拆遷陰影下，或見過自己童年的家倒下的人，都深切感受過這種悵然若失的痛。我們開始對磚頭萌生敬意，敬重那些看似無生命的乾土塊，它們撐起了我們稱作家的場所。我們很容易以為自己熟悉的地方會永遠存在，直到親身體驗了建商如何肆無忌憚夷平一座社區。回不去的家在我們心中變成一份又一份鄉愁。我們措手不及地遷離舊居、遷離城鎮，習慣了流離的瘋狂速度，甚至不再覺得那有什麼。我們看著居住成本飛漲，感到全然無力，好像唯一能做的只有很深、很深地歎一口氣。

關於這種失落之悲，我覺得威爾斯語有個字很貼切——「hiraeth」，指的是深深思念一個已不存在的家、感覺、地方或人。我們許多人對於在搬遷中失去的東西，都有這種悼痛的感覺。心理學家瑪格麗特・斯特羅貝（Margaret Stroebe）及同事曾於二〇一五年提出一個看法，認為想家可以定義為一種「小小的傷逝」（mini-grief）。[17] 根據她們的見解，有時思念一個家會將我們綁在焦慮不安的情緒之中，需要埋葬某樣東西才能走出去。我埋葬過許多那樣的東西。

每次小小的傷逝後，我會再重新建立生活。我歷經許多階段：試圖說服媽媽、房東或房仲改變決定，忿忿不平，後悔自己沒有更珍惜我的家。然後我終究會前進到接受和盼望，盼望再找到一個能發現喜悅的地方。現在我覺得，那些時候我們真正悼念的，是我們沒有機會實現的不同版本的未來。

穿梭屋間的身體

我們配合房屋的形狀，調整自己的身體。人類是適應力強大的生物，防疫禁足的日子裡，許多人發展出了和自宅相關的肌肉記憶。第一波封城解除後，學生慢慢回校上課的那陣子，我在小學裡幫忙開設工作坊，協助學生用歌舞和故事記錄屬於他們的疫情。視訊討論開課計畫時，有位老師順口提到一件事，不知怎地我一直記得。她說她的一個零年級學生（Reception，

⓬ 譯注：阿爾布雷希特用該字指涉一種新的鄉愁（nostalgia），將nost（回家）-algia（痛）的前半換成solas（慰藉）；若說 nostalgia 是無法回家的痛苦，solastalgia 則強調即使能回去，亦再也找不到慰藉的痛苦。

四至五歲，臺灣幼稚園中班的年紀）回到學校後，忘了怎麼爬樓梯，因為他們家住公寓一樓。

我們對自己家有鉅細靡遺的認識。它的拍子、聲音、縫隙；它傳達訊息的方式；它不起眼的角落。我們能快速衝過家裡的窄廊，避開所有會讓人受傷的尖角。今日的城市中，許多人正在學習怎麼以一個房間為家，學習與小巧的居所順利相處。而就像舊沙發上有我們坐過的痕跡，我們住過的房子裡也有我們身體的印記。

我繼父跟我說過，七〇年代，他會在布里克斯頓參加家庭派對。他說牆壁總是被搖擺起舞的人們蹭出髒髒的痕跡——在珍奈・凱伊（Janet Kay）或丹尼斯・布朗（Dennis Brown）的情人搖滾⓭歌聲中，擠在一起迴旋、繞著很慢的大圈子擦過牆壁的身體。派對後，眾人各自回家，只有狂歡跳舞的痕跡沒被帶走。一條牛仔褲的藍染顏色，一條皮帶的刮痕。或許是因為這樣，那種音樂精神依然活在布里克斯頓，在牆壁間唱歌。屋子的模樣被生活其中的人們改變著。

在佩克漢萊，我的身體被我家同化了，因為放鬆而展得長長的。但同時，它仍然被外面的世界形塑。有些房子，會令我們誤以為除了居家生活，其他都不重要，都不存在。以為能把世界擋在外面，只剩下我們的家。可是事實上，我們的家只是世界的一小塊，而我們也是世界的一分子，影響著一個地方的物理，影響著街道的頻率。我們改變它們，也被它們改變，並且經常需要付出有意義的努力，才能讓其他身體也能展延。

住在這裡的期間，我愛上了一個人，感覺到很多人可能已經體會過的感覺，好像得了一種瞬息萬變的奇妙熱病。愛以青春時期的濃烈搖撼我的世界，當我真的感覺胸口肋骨在挪動，好容納我快樂膨脹的心，我覺得這一切誇張得難以置信。那是一種打從骨子被震盪的感覺，身體自顧自唱起某個頻率，而你唯一的選擇是加入共鳴。說一連串沒能長久的住所會導致一連串沒能長久的感情，會有過分簡化的嫌疑，不過，感情和生活確實經常呼應。若以居住穩定為標準，我的生活無論當時或現在都還沒定下來，但愛情最初的狂風掃過後，我心中有別的什麼定下來了。我經歷的愛，讓我能開始想像一種安定——從未存在於我居住生活中的東西。當我的愛人在身邊，我能看見室內的物理因他而改變，牆壁、桌子、椅子都變成安安靜靜的小跳板，讓愛像光束一樣在中間彈來彈去。他住在布里克斯頓，過去十年都沒搬過家（對我來說簡直不可思議）。他會從那裡開車來佩克漢找我，有時走一條經過我們後來結婚登記處的路。我們婚禮那天，多爾鼓樂手在現場伴奏，我牽著他的手，覺得阿公也陪著我，提醒我總是醞釀著，醞釀著更好的什麼的喜悅。

這件事使我更加確信，家就在你選擇的地方。家可以是你自己，是其他人，在一些很幸運的情況下，也可以是一段感情中的伴侶。和一個就像歸宿的人在一起，並不會讓我脫離無殼蝸牛的行列，但在我心中創造了風平浪靜的一隅，能好好想像我追求的世界，也意識到這種餘力

⓭ 譯注：lovers rock，一九七〇年代流行於南倫敦、以情歌為主的一種雷鬼風格。

多麼可貴。家得來不易，無論你怎麼解釋這個字眼。

很能代表本章的結局是，兩年近乎神聖的日子過完，我終究還是被迫離開佩克漢萊公園。我負擔不起已經漲到天價的房租，只能搬出原以為還會陪我度過許多夏天的這間房子，我們能把幻想和虛構深深揉進我們的住處，揉進我們精心篩選過的美麗前景，只是這些前景很少考慮到生活成本飆升、收入不穩定等等令人提不起勁的現實。我被從這醉人的中產階級大夢裡猛然搖醒，狠狠摔出去。多希望我能撐久一點點，坐看重錘式大窗傾瀉而入的日光照得橡木地板發亮，渴望在我的桃花源裡多留一天也罷。

愛是變動、難測、需要努力經營的事。我們無法單憑愛，消除對動盪的不安，得到完整的安全感。但至少，我們可以從這一步開始。我們得讓家充滿愛，用愛灌滿整棟房子，壓得牆壁向外彎，為了我們自己、我們心愛的事物、它們給我們的與我們給它們的東西。我將這些房子帶在身邊。我要自己記得我們的家並不與門外隔絕。我知道忽視存在於很多地方，所以我們必須盡力消弭生活中看見的這種現象。我知道居無定所很普遍，但不代表它是應該的。我知道疊起的磚瓦有散落的一天，所以我們要拾起碎片，建起新的事物。生命帶著我繼續漂到新的住址，將我寫進我的每個故居的故事，其中許多都像這間房子一樣，給了我一個做夢的空間。我還在繼續做夢。

結論／我們住著的所有房子：爭取更好的未來

如果說三十年的搬家歲月教了我什麼，那就是如何抗爭。一次又一次和居住機關的人理論、拚命擦掉牆壁的黴、在室友面試上強裝笑容的經驗都成為我的磨練，最主要是磨出了我一種能力，學會在被擊倒後重新站起來。

居住是誰都應該享有的人權。我們常被灌輸說有自己的房子太難了，不必想了，說我們沒辦法改變這些事。我們必須拒斥這些說法。關鍵是，我們必須記得並非「成功」或「證明自己價值」的人才有資格住得安穩。在今天，擁有穩定住處是少數人才能獲得的特權，當我們幸運不必擔心流落街頭，不能不為其他人爭取他們也應有的相同權利。

我們的國家對某些族群的忽視，並非只表現在建築偷工減料上，也展現於媒體散播的敘事和政客製造的論調中，在政府、議會、建商、房東反應的遲緩上。忽視從那些決定哪些人才夠

「體面」的嘴巴裡蔓延開來。忽視無所不在，而我們可以指出它們，也應該指出它們。

我們有責任在老社區不斷被拆的同時，號召人們一起站出來。我們可以記錄歷史，說自己的故事，為需要的人提供法律協助，以及支持與關懷。我們有責任共同發聲，在每個角落建立團結的社群。創造不存在的距離何其容易——我們多輕易就能相信自己家和五公尺外的那座公宅隔了幾重山，或者與八公分的牆壁後的移民家庭相距八百里。

政策途徑和其他

房屋市場使我們在思索改善方法時，幾乎發揮不出什麼想像力。有幾項明顯現在就該做的措施，我們應該施加力道，要求政府盡速落實。包括：管制私人租屋市場；保障所有公宅迫遷戶「回來的權利」；規定新住宅建案中至少有百分之三十五（我認為這是最起碼的下限）對廣大民眾而言真正住得起；立法規定房東須與政府簽訂合作備忘錄，以保障房客權益；廢除對房客的追債與強制驅逐；確保所有建商都致力於興建品質優良，且數量更多的社會住宅；對第二棟以上的住宅徵稅；設定全國性的房租漲幅上限。我們至少必須先做到這些，才能開始對付一個更龐大的問題，即如何消除充斥在這一切結構中的種族主義。

我們應該堅持呼籲，將辦理居住與租屋事務的基本須知納入課綱，如此才能確保人人都能平等利用現行體系找到住處，不因為缺乏知識成為被欺負的對象。我們應該更積極勇敢，擔起自己能做的事——開設工作坊、參與租屋族聯盟、抗議預算刪砍、把資訊分享出去，或者告訴身旁的年輕朋友簽租約時該注意些什麼事項。[1]除此之外，向世界借鑑亦是很重要的。一九七四年，牙買加總理麥可．曼利（Michael Manley）設立了「全國居住基金」（National Housing Trust），從全民薪資提撥固定比例作為資金來源。低收入戶可以低息向基金借貸，購買房屋，或購買土地自建房子。退休時，人們能夠再將自己貢獻的資金領回來。這個制度並非十全十美，但我認為它發揮想像力，構築居住民主的方式，能給人不少啟發。在加州奧克蘭，一群失所或以邊緣住處為家的媽媽們組成「媽媽要居住」（Moms 4 Housing）陣線，發起占領空屋的抗爭運動（奧克蘭的空屋數為無家者人數的四倍之多）。在多倫多，政府諮詢社區意見是新開發案的標準作法，最佳範例或許要數勞倫斯高地（Lawrence Heights）的綠地再造計畫。逾百年前的一九一五年五月，格拉斯哥勞工居住委員會（Glasgow Labour Housing Committee）和婦女居住協會（Women's Housing Association）就曾合作舉辦蘇格蘭第一場拒繳租金抗議活動，繪出一幅藍圖，直到今日依然引領著為勞工階級爭取更好居住條件的行動。

重新想像所有權、重新想像世界

深陷這樣一場似乎無止盡的經濟蕭條，我們需要尋找超越政黨路線的辦法，才有可能走出泥淖。國家或許能改善社會住宅供應，但只是這樣，依然無法讓這片土地上被不平等，甚至不安全束縛的人們自由。政策或可作為改變的起點，但它並非我們唯一該關汁的地方。我們必須駁斥將一切看成競爭、叫人們閉嘴知足的主流論述，開始關注我們身處的共同體，即社群或社區（community）。在社區的脈絡下，所謂彼此照應可以是指任何小事：分享多的食物、協助翻譯一封信、送鄰居小孩安全到校、幫忙預約看病、幫忙打掃環境……或者真的只是在某些時候敲敲隔壁的門，確認是否一切安好。這些是政治光譜每一端都有人需要幫助的事情。

說穿了，今日的房屋所有權制度是一套被操弄的運氣遊戲。我自己認識的勞工階級中，有房子的人大部分是遇上了特殊機緣才能有房。例如服務的唱片廠牌有位歌手意外狂銷，所以連帶得到分紅。又例如碰巧第一手得知有人要把買下的公宅轉手。你也可能是繼承了一筆天外飛來的遺產，或者和一個遺產繼承人結了婚，或者獲得一家公司全職雇用或者在Instagram上抽中了房屋頭獎，或者你剛好就是那些非常幸運、真的從某個政府方案中獲益的人之一。這些事本身都沒有必然「不好」——我們不是在做什麼自責練習，只是我們可以藉機想想，這整套佯裝公平的系統究竟公平與否，它是如何搭建在一些輕薄不實、隨時可能飄開的雲煙上。

資本主義讓我們無時不在彼此競爭。我們應向邊緣族群——特別是酷兒社群——的兄弟姊

❶ 原注：容我再說一句：我們應該對最富有的百分之一課稅，廢止鉅額的銀行主管獎金（bankers' bonuses，可達到年薪以上，常被認為有助長金融掏空之隱憂），投資國民保健署和公立學校，然後靜看住房危機會發生什麼變化。

妹學習，設想不同的可能、構思新的機制，讓身在這個體系中的人除了把一棟房產納入名下還能有其他夢想。我們也應挑戰安於現狀的保守想法，質問追求狹隘個人成功的社會是否真的就是我們最想要的社會。即使買下一個家，也無法保障你不受國家權力侵害。我們須得質疑這個國家的移民政策，和任何認為賺夠了錢就能從不平等中解放的想法。或許我這一生結束前都看不見這樣規模的轉變到來，但我相信為之奮戰是值得的。畢竟，打造更好的世界不只需要重新想像居住的可能模樣，也需要我們一個個站出來，共同指證哪些結構對我們造成了傷害，耐心地將它們拆開。

解決住房危機的提案有其光譜，從密切與政府合作的一頭，到激進廢除主義的一頭。我們能從這些提案出發，透過試誤法和同儕討論，找到真正適切的作法。蘿拉・歐路費米（Lola Olufemi）是北倫敦的黑人女性主義作家，在他[2]的《被打斷的女性主義》（*Feminism Interrupted*）及《想像其他可能的實驗》（*Experiments in Imagining Otherwise*）中，鼓勵人們敢於爭取更好的，也解放對何謂更好的想像。「在我看來，我們思考很多事的方式真的太少、太封閉了。例如正義是什麼，或者美好的共同生活可以是什麼樣，」他說。「我們被鼓勵把所有希望與夢，還有對安穩的期待全都押在買房子上。我們不能說政治歸政治、居住歸居住，否則世界永遠不會真正改變。意思就是說，我們要審視自己在被剝奪得一無所有的同時，把多少對安穩的盼望，寄託在一個誤導我們的想法上。」

他接著道：「我說希望不要再有私有財產，不是指在某個幻想的未來。我真的認為這是可能的，我們真的有其他生活的方式。」

那場訪談後，我把一張粉紅色的便利貼貼在我桌前，上面列了幾個問句❷：

家可以不必「掙得」嗎？

若我們激進一點會怎樣？

能不能從蹲占著眼，思索人在公共空間中占據位置的意義？

假如所有權必須存在，怎麼設計一個我們真正想要的系統？

教育、鼓吹、串連

住房危機對各族群的影響是不平等的。除非我們誠實面對充斥在居住體系中的偏見，否則將始終在原地踏步。首先，我們勢必需要正視滲透英國居住各方面的種族主義、跨性別恐懼、健全主義與階級主義。勞工階級非白人，常被視為可犧牲或以短期住處唐塞的一群。二〇二〇年，朗尼米德智庫的報導指出，英國黑人及所有少數族裔皆「較可能屬於最低收入族群……較可能面臨貧困……〔部分是由於〕生活於居住開銷較高的英格蘭大城市中（尤其是倫敦）」。[1]

❷ 譯注：原文為they。

當一個地區有人要被迫搬家，最先遭殃的往往是移民家庭，但這些家庭的離去，對社區造成的損失是無可估計的。

必須認識到，許多人都同時承受著多重偏見。吶喊「黑人的命也是命」之際，你不可能不同時為跨性別者的權益高喊；為障權團體稱為「障兒運動」（cripping the movement）[3]的行動奮戰時，也一定會同時為勞工階級而戰。我們可以發揮彼此對社會的理解，集結面對不同挑戰的經驗，共同設法讓改變發生。這麼一來，那些孤單的知識會有意義多了。當我們無可避免地吞下幾場敗仗，我們還能提高呼喊的音量，加強反抗的力道。當社運的聯繫網難免隨著時間磨損了，我們可以用更多顏色織補第二層、第三層，直到團結的大網比從前更強韌。

毋庸贅言，無家可歸是這一切的背景，像條在我們腳邊盤旋的蛇，誰都可能是下一個被咬的人。我們距離無家可歸並不像自己希望的那麼遙遠。很多時候，其實只要一筆薪資沒有及時匯入，我們就會失去住處了。縱然如此，國家還是繼續妖魔化和排擠無家者，不給流落街頭的人住處或照顧，甚至在長椅等處設置尖刺或用噪音趕人。[4]但街道是我們大家的。除了採取立即有用的改善措施，例如增設品質良好的緊急住所，我們也需要發想嶄新的創意可能。這些可能性必然有部分要來自設計師、藝術家、作家、租屋族——所有心中想著「一定有更好的方法」的人。

長久以來，邊緣族群的權益都被放逐在所謂「社會普遍關心的議題」之外。人們好像每回都是順便才提到他們，譬如談女權的時候帶一句「當然這對某某族群來說更嚴重」，但未必真的思考過兩者的關係。然而，最有創意的社會運動就發生在這些邊緣地帶。我們能否借助這股力量，化邊陲為中心，重新設計居住的風景？房屋所有權的歷史建立在排除特定人群上，但重新想像的例子總是不乏。一九六四年，黑人女性主義作家瓊・喬丹（June Jordan）與建築師巴克敏斯特・富勒（Buckminster Fuller）聯手，設計了《摩天哈林》（Skyrise for Harlem）社宅興建構想。這幅願景裡，他們將為哈林區黑人為主的二十五萬居民造家，讓都會居住成為一種神聖權利。喬丹在這次「翻轉建築的合作嘗試」中，納入了透亮的圓塔、陽臺、音樂廳、劇場和運動場。八〇年代，倫敦女性主義建築師團體「母體」對人造環境（built environment，與自然環境相對，主要指建築和城市建設）的父權設計提出質疑。她們開設工作坊，教女性看懂住宅設計圖，以及修理電器。整個一九二〇年代活躍於德國的著名設計社群——包浩斯（Bauhaus）[5]，核心理念之一便是相信藝術負有社會使命。今日，成千上萬人受他們啟發，組

[3] 譯注：crip（俚俗「瘸子」）過去是對身障者的輕蔑稱呼，近來成為障礙者族群賦予新的認同意義、並重新使用的一個字。有點類似「酷兒」（queer）之於LGBT族群。

[4] 原注：有些豪宅住戶，甚或超市，會故意大聲播放音樂，令失所者無法睡在街頭。二〇一九年，佛羅里達州西棕櫚灘（West Palm Beach）就曾有團體到豪宅社區播放YouTube流行的〈鯊魚寶寶〉（Baby Shark）歌，以示抗議。

[5] 原注：德文「蓋房子」之意。

成結合設計與社會關懷的團體，例如「去殖民造城」（Decosm），「去殖民建築」（Decolonise Architecture），或與障權團體合作的「障常建築計畫」（DisOrdinary Architecture Project）。像這樣的跨域合作設計，是必須投注努力的方向。

與此同時，氣候緊急狀態（climate emergency）威脅著我們的家。迫在眉睫的工作包括大力推動「綠色新政」（Green New Deals），並加速升級既存建築，協助更多人生活在符合「綠色住宅」標準（Green Homes standards）的房子裡。另一方面，我們亦須嘗試理解氣候危機與居住困境之間的相互關係。我們即將面對一個未知的世界，須在其中摸路及築路；這正是移民精熟的一項技藝。移民能帶來聰明老成的築造點子、豐富的想像力，還有在荒地上種出花的能力。而如同我們所知，跨性別者、性工作者、寄養家庭出身者、無家或曾經無家的人，也能從幾乎一無所有中造出一切所需。這些會是未來世界需要的能力。

我住過的所有房子

寫作本書的過程中，我有過氣得燃燒的時刻，有過腎上腺素令手指顫抖、停不下瘋狂打字、思緒來不及跟上的時刻。我總會聽著迫遷的故事，把下唇右半咬得腫脹，在嘴唇破開時感覺血衝出來，嘴裡湧進鐵鏽味的甜腥。

在外頭遇上一些情境時，我的伴侶得揉我的背讓我冷靜。我的左耳開始有點毛病，會在血液衝過時嗖嗖作響。有好幾個月，那隻耳朵只聽得見什麼在大聲跳動的聲音，醫生說是耳鳴，但我知道我聽見的是直接而赤裸的沮喪。寫書期間，我試著讓自己輕輕聆聽，引來耐心的冰涼池水壓下怒氣。我學會怎麼在盛怒中也往前進，就算覺得辦不到，也借用憤怒之力強迫自己站起來，不要停在原地。

那些時刻，我叫自己專注在家的喜悅上。想想多少友情、美麗的小設計、歡樂的爆笑可以誕生於那四面牆的空間裡。我知道我們能為那個聖域而戰，被擊倒，然後爬起來再戰。有些東西會被我們帶在心裡，比如金面紙盒、窗簾、浮雕壁紙。就連房屋市場也能帶來快樂，儘管那好像是種扭曲的快樂：房市也豐富了許多人的生活，只是同時剝奪了千百倍於此的人們。

有時候，你很難不覺得自己身處一條短期生活的輸送帶上，永遠無法歇腳，被市場決定下個該奔向的目的地。這種生活方式將成為Z世代、α世代和之後更多代的未來。一個被結構性無意識偏見染色的體系，顯然不是未來世界的理想體系，或許得用我們一生的時間來努力將它全面改善。沒關係——畢竟社運本來就是在倡議為無法即刻贏下的戰役而戰——，但若說有件事就算喊到嗓子啞了也值得繼續喊，那便是沒有人應該被剝奪有家的權利。

搬遷一直是我人生中巨大的一部分，但不再那麼像一股把我淹沒的瘋狗浪了。它現在更像一片能夠泳渡的海面，或可以堆起沙包防禦的大水——用我新取得的抵抗工具，和我在結構中已有的更多主動權。我也找到了庇護所：在友情中，在一扇窗的裝飾、發黴屋影片、對抗執行官的妙計和更多他人的創意發想中，在那些滋養我的人們的親切中，在無數形塑我脊椎的臥榻和地鋪上。

總有反擊的方法。當房租飆升、建築倒下、心碎的雨季來臨，當我想起已經失去多少東西，我會提醒自己永遠還有希望。畢竟，在為自己和他人爭取家園的路途上，我們能做的，不也就只是複誦歷史教我們的那句口頭禪嗎？它說，唯有一件事你不必灰心——抗爭總會繼續下去，總有一天我們會贏。

跋

擁有自己的家，是一個我既抗拒又享受的夢。身在一個彷彿以手術刀，而且動不動就割去我們權利的體系中，我們究竟怎麼找到內心平和？擁有家的想法被太多問題纏繞，但始終能在這混亂動盪的世界裡，提供我們寸土站穩。寫這本書的期間，我把我的預付稿費拿去，和我伴侶一起付了一間公寓的頭期款——很大一部分靠的是他祖輩傳下來的財產。明明相信應該人人均富，卻還是買了房子，我不知道該怎麼接受自己所為和理念之間的矛盾。

有時候，生活感覺還是和我大半輩子的徙居人生一樣，朝不保夕、昂貴、困難重重。有時候，感覺好像我得以駐足了。我是我的近親中第一個有這樣東西的人。一個屬於我的地方。一個或許不只能為我，也能為與我共享的社群提供慰藉的地方。有房子帶給我什麼新的責任？這些問題也許無法簡單解答。但我知道，持有房屋絕非童話故事結局那樣：住進你喜獲的城堡，從此關上城門。

儘管生活的臨時感依舊，但我也體會到一種新的快樂。能在一個家裡找到安慰和美。能覺得被家抱著。能為漆牆壁和貼瓷磚這等居家小事歡天喜地——是真的歡天喜地。知道自己並不孤絕，而是與我生活的街道、城市、國家、世界相連，給了我腳踏實地的感覺。每當我真的感到安穩（雖說那取決於我對現在的感情和工作還能繼續下去的信心），我好像又更理解了這種感覺的意義，以及為什麼每個人都不該被剝奪擁有它的權利。星火點燃更多星火。這裡打開的空間，支持我們去為開啟其他空間而戰。

我不相信有「永遠的家」。我不相信人有沒有房子應該由家產決定。我不相信今天居住體系造成的結果是任何人想要的，包括從不擔心失去家的人。我知道無論市場、我的處境、我的政治參與，都是隨時浮動的。我也知道我是因為特殊機緣才得到了千萬人沒有的特權，而且即使得到也從未脫離搬遷的威脅。這不是成功，也不證明現在的房產所有制對任何人有用。

我的人生依然充滿可能，充滿改變的可能，非如此不可。如果我未來有孩子了，我會告訴他們，營造一個家需要翻轉現狀的思考與努力。我會告訴他們，擁有安全感和一個讓你覺得被支持的社群是至關重要的、是生存必需的。我會把他們摟近，跟他們說人們可以一起造家，我會跟他們說，若有任何行動能把我們獨享的權利分出去，無論多小我們也義不容辭。

家是一份餽贈，我每天都為它的美妙快樂著。經過彷彿透不過氣的這麼多年，我終於找到一個讓我想要生根的地方，想往土裡長出強韌的錯綜根系、把長長的根伸向地底、發現水源、扎得更深更深，直到再也不怕因為肆意踐踏而死去。也許我們每個人都想試試長出移不走的根。若是如此，但願我們都被允許占用足夠肥沃的小小一片地。

鳴謝

如果沒有那些曾經挺身而出、為我們贏回尊嚴和尊重的社運鬥士，我不會有機會寫出這本書的任何一字。感謝你們所有人認識到家是誰都該享有的人權，為之奮戰過，並且持續奮戰著。本書獻給每一個相信世界能變得更好的人。

謝謝我的編輯阿薩拉．塔希爾（Assallah Tahir）如此勤奮敏銳，總是耐著性子細細審訂我的文稿，而且從來不失親切。這段時間能得到你的幫助，我真的太幸運了。感謝荷莉．歐凡登（Holly Ovenden）為本書創作美麗的封面及迷人的插圖，也感謝本書行銷團隊和西蒙與舒斯特出版社（Simon & Schuster）的大家庭願意相信拙作。謝謝我的經紀人凱莉．蒲里特（Carrie Plitt），你是最早為我倡議的人之一，一個夢因你而實現。

感謝金匠大學特藏與檔案館（Goldsmiths Special Collections & Archives）和熱心的館員們，協助了我填補書中虛隙，以及喬治．帕德莫爾研究院（George Padmore Institute）帶我重返七〇年代最燦爛的那些時光。由衷感激國王學院醫院（King's College Hospital）的女性外科團隊在此期間拔刀相助，讓我有足以走下去的強壯身體。

獻給所有激勵我把這本書寫完的人，無論是錄製語音訊息給我，或在我需要時點燃我的活力：法拉（Farrah）、伊利亞（Elijah）、阿瑪德（Amad）、希昂・羅（Sian Rowe）、湯姆，還有樂瑪拉（Lemara）。也獻給啟發我的同儕們：蘿拉・歐路費米、艾奧內・甘布爾、蕾妮・艾多羅奇（Reni Eddo-Lodge）、西塔・巴拉尼（Sita Balani）、西米恩・布朗，以及所有在這岌岌可危的年代勇敢提筆的人。

感謝尼凱什（Nikesh）總是為我打氣，你給我的電話和慷慨，是我在這產業裡不曾冀望的。你讓我認識到古加拉特人（Gujarati）有多棒！感謝阿曼迪普・辛格（Amandeep Singh），我一直受惠於你的好心幫助與鼓勵。感謝本書初稿的讀者們，你們的肯定是我建立信心的重要力量。謝謝露絲・薩索比（Ruth Saxelby），從《FADER》雜誌的日子至今，我總是從你身上得到啟發。也謝謝安荷拉・孟克為我動用強大的法學大腦，以及比莉・穆拉本（Billie Muraben）與我分享對設計領域的精闢見解。

在這整個創作計畫期間，我的朋友們始終用樂趣、笑話、放鬆的機會灌溉著我，如果不是你們，我想這一大半與封城重疊的寫作日子會荒涼孤寂許多。感謝艾瑪・華倫（Emma Warren），能與你同時經歷寫一本書的過程是我莫大的榮幸。謝謝你犀利的洞見、輕鬆的玩笑和每次都懂我在說什麼。

感謝每一個在群組對話裡留言給我的人。克拉拉（Clara）、辛杜佳（Sindhuja）、波魯（Bolu），謝謝你們的詼諧風趣和對我不變的信心。我要特別感謝科比（Kirby）和布莉姬（Bridget）提醒我謹慎謙虛，重複檢查年月日十遍，用貼圖、垃圾話、語音訊息和愛陪伴我寫到最後一筆。

我想向我過去和現在的所有室友致上誠摯的謝意，你們穿梭在這些書頁裡。愛麗絲、法碧、蕾倫和愛麗絲．W（Alice W.），你們的大笑、愛和友情支撐我走過二十幾歲的地獄時期（和光輝時刻）。克里斯，謝謝你理智的腦袋和慷慨善良的心，以及在這大家都不打電話的時代願意打給我的許多通電話（！）。

謝謝我的姻親希昂（Sian）和林克（Linc）與我共勉，和我分享了睿智的想法，提醒我還有很多事等著我們去做，但抗爭終究是值得的。

感謝我的母親，你總是為我、為我們造出我們稱作家的地方，我愛你。你教了我在這世界上找到喜悅的方法，謝謝你為我布置的每一間臥房。謝謝我的弟弟，還有克蘿伊（Chloe）、席歐（Theo）和泰迪（Teddy），你們給我的支持、笑容和鼓勵，我從來不曾忘記。謝謝我的爸爸，我直到今天都敬佩著你，是你教我怎麼去看一棟建築，真正看見它的模樣。

謝謝我的小妹娜歐蜜（Naomi），這本書是寫給你的，希望它能補上你個人史中缺漏的幾頁。無論搬到哪，我的家總是在你來以後才完整，你的耐心與親切給我靈感，提醒我快樂和積極行動的空間始終都在。我太愛你了！你是我的開心果，如果我能對漫漫前路樂觀，那都是因為有你在。

羅伯（Rob），謝謝你和我一起造家。全世界沒有一個我更夢寐以求的陪寫員。少了你的聲援，我真不曉得這本書會寫到哪一天。謝謝你讓我看見愛搖撼人心的真正實力，以及我們能如何用它來構築，以及盼望，一個更好的世界。

感謝不斷以熱切的步伐和令人敬佩的工作啟迪我的諸多組織，你們理解只有透過一起堆築，我們才能更接近天空：倫敦租客聯盟、INQUEST（追查國家暴力事件真相的英國慈善組織）、考文垂庇護所與難民行動聯盟（CARAG）、南華克與蘭貝斯居住行動、不砍預算姊妹會（Sisters Uncut，抗議英國政府刪減家暴援助預算而成立）和其他許許多多團體。

注釋

貝里斯福路：追溯家的運動史

1 'Virtual CSSA: Of Matchbooks and Gold Jewellery', University College London, 29 April 2021, https://www.ucl.ac.uk/institute-of-advanced-studies/events/2021/apr/virtual-cssa-matchbooks-and-gold-jewellery (accessed 2 September 2022).

2 *Race Today*. July-August, 1976, Volume 8, from the archive of the George Padmore Institute

3 Ibid.

綠人巷：面對國家的忽視

1 Jessica Elgot, 'Council homes sold off almost three times as fast as new ones are built', *Guardian*, 28 June 2017, https://www.theguardian.com/society/2017/jun/28/council-homes-sold-off-almost-three-times-as-fast-as-new-ones-are-built (accessed 9 September 2022).

2 Reshima Sharma, 'Briefing: The Social Housing Deficit', Shelter, October 2021, https://england.shelter.org.uk/professional_resources/ policy_and_research/policy_l ibrar y/br ief ing_the_social_housing_deficit (accessed 5 September 2022).

3 Ibid.

4 Mark Townsend, 'Grenfell families want inquiry to look at role of "race and class" in tragedy', *Observer*, 26 July 2020, https://www.theguardian.com/uk-news/2020/jul/26/grenfell-families-want-inquiry-to-look-at-role-of-race-and-class-in-tragedy (accessed 5 September 2022).

5 'Green Man Lane', Ealing Council, https://www.ealing.gov.uk/info/201104/housing_regeneration/373/green_man_lane (accessed 14 September 2022).

6 'Green Man Lane, Ealing', Rydon, https://www.rydon.co.uk/green-man-lane (accessed 14 September 2022).

葉汀街：對抗門外的不安

1 Shanti Das, '"Pay up, or it trebles": bailiffs accused of strong-arm tactics in UK', *Observer*, 10 April 2022, https://www.theguardian.com/money/2022/apr/10/uk-councils-turn-to-bailiffs-to-collect-tolls (accessed 5 September 2022).

2 Ibid.

3 Ibid.

4 'Doorbell Camera Market Size, Share & Trends Analysis Report by Product (Wired, Wireless), by Distribution Channel (Online, Offline), by Region, and Segment Forecasts, 2019–2025', Grand View Research, https://www.grandviewresearch.com/industry-analysis/doorbell-camera-market (accessed 5 September 2022).

5 Rani Molla, 'Amazon Ring sales nearly tripled in December despite hacks', *Vox*, 21 January 2020, https://www.vox.com/recode/2020/1/21/21070402/amazon-ring-sales-jumpshot-data (accessed 14 September 2022).

6 Megan Wollerton, 'Neighborhood security cameras sacrifice privacy

to solve crimes', *CNET*, 27 March 2018, https://www.cnet.com/home/smart-home/neighborhood-security-cameras-sacrifice-privacy-to-solve-crimes/ (accessed 14 September 2022).

7 Duncan Hodges, 'Mapping smart home vulnerabilities to cyber-enabled crime', Centre for Research and Evidence on Security Threats, 17 February 2021, https://crestresearch.ac.uk/comment/mapping-smart-home-vulnerabilities-to-cyber-enabled-crime (accessed 5 September 2022).

8 Chris Gilliard and David Golumbia, 'Luxury Surveillance', *Real Life*, 6 July 2021, https://reallifemag.com/luxury-surveillance (accessed 5 September 2022).

9 Warren Lewis, 'Millions of Brits fear their neighbours' exterior décor is driving down the value of their property', *Property Reporter*, 13 December 2017, https://www.propertyreporter.co.uk/property/illions-of-brits-fear-their-neighbours-exterior-decor-is-driving-down-the-value-of-their-property.htm l (accessed 5 September 2022).

10 Patrisse Cullors, *An Abolitionist's Handbook: 12 Steps to Changing Yourself and the World* (New York: St Martin's Press, 2021) page 12.

梅佛小屋：呼吸綠地的空氣

1 Rob Evans, 'Half of England is owned by less than 1% of the population', *Guardian*, 17 April 2019, https://www.theguardian.com/money/2019/apr/17/who-owns-england-thousand-secret-landowners-author (accessed 5 September 2022).

2 'English Housing Survey 2018–19: Second Homes', https://assets.publishing.service.gov.uk/government/uploads/system/uploads/attachment_data/file/898190/2020_EHS_second_homes_fact-sheet.pdf (accessed 14 September 2022).

3 James Tapper and Suzanne Bearne, 'Staycation boom forces tenants out of seaside resort homes', *Observer*, 30 May 2021, https://www.theguardian.com/business/2021/may/30/staycation-boom-forces-tenants-out-of-seaside-resort-homes (accessed 14 September 2022).

4 Liam Geraghty, 'Almost 230,000 households are experiencing homelessness this Christmas', *Big Issue*, 23 December 2001, https://www.bigissue.com/news/housing/almost-230000-households-are-experiencing-the-worst-forms-of-homelessness-this-christmas (accessed 5 September 2022).

5 James Fox, *The World According to Colour: A Cultural History* (London: Allen Lane, 2021) page 198.

6 Francisca Rockey, 'The death of Ella Adoo-Kissi-Debrah: Why are black people more likely to be exposed to toxic air?', *Euronews*, 4 January 2021, https://www.euronews.com/green/2021/01/04/the-death-of-ella-adoo-kissi-debrah-why-are-black-people-more-likely-to-be-exposed-to-toxi (accessed 14 September 2022); Adam Vaughan, 'London's black communities disproportionately exposed to air pollution-study', *Guardian*, 10 October 2016, https://www.theguardian.com/environment/2016/oct/10/londons-black-communities-disproportionately-exposed-to-air-pollution-study (accessed 6 September 2022).

7 Faima Bakar, '"I can't breathe": how racism impacts air quality and endangers life', *Metro*, 25 March 2021, https://metro.co.uk/2021/03/25/how-racism-shows-up-in-the-air-in-parks on roads and housing-14093213/(accessed 14 September 2022).

8 Jonathan Lambert, 'Study finds racial gap between who causes air pollution and who breathes it', NPR, 11 March 2019, https://www.npr.org/sections/health-shots/2019/03/11/702348935/study-finds-racial-gap-between-who-causes-air-pollution-and-who-breathes-it (accessed 6

September 2022).

9 George Weigel, 'More herbs, more indoors: millennials shape gardening trends for 2017', *PennLive*, 29 December 2016, https://www.pennlive.com/gardening/2016/12/garden_trends_of_2017.html (accessed 6 September 2022).

10 'Houseplant Statistics in 2022 (incl. Covid & Millennials), Garden Pals, 9 May 2022, https://gardenpals.com/houseplant-statistics/(accessed 6 November 22).

11 Dan Hancox and Dr Kasia Tee, 'Houseplants or Revolution?', *Cursed Objects* podcast, 6 April 2021.

12 Frances E. Kuo and William C. Sullivan, 'Environment and Crime in the Inner City: Does Vegetation Reduce Crime?', *Environment and Behavior* 33:3 (2001): 343–67.

13 'Statistical Digest of Rural England: Population', Department for Environment, Food and Rural Affairs, 28 October 2021, https://assets.publishing.service.gov.uk/government/uploads/system/uploads/attachment_data/file/1028819/Rural_population_ _ Oct_2021.pdf (accessed 6 September 2022).

14 See Alessio Russo and Giuseppe T. Cirella, 'Modern Compact Cities: How Much Greenery Do We Need?', *International Journal of Environmental Research and Public Health* 15 (2018): 2180.

戴維斯汽車：住進不宜居的家

1 Carol Ann Quarini, 'The Domestic Veil: Exploring the Net Curtain through the Uncanny and the Gothic', PhD thesis, University of Brighton, 2015, available at https://cris.brighton.ac.uk/ws/portal-files/portal/4756821/Carol+Quarini+PhD+thesis+CD+version.pdf (accessed 6 September 2022).

2 Tom de Castella, 'Why can't the UK build 240,000 homes a year?', BBC News, 13 January 2015, https://www.bbc.co.uk/news/magazine-30776306 (accessed 6 September 2022).

3 'New housing design in England overwhelmingly "mediocre" or "poor"', UCL News, 21 January 2020, https://www.ucl.ac.uk/news/2020/jan/new-housing-design-england-overwhelmingly-mediocre-or-poor (accessed 7 September 2022).

4 Kevin Gulliver, *Forty Years of Struggle: A Window on Race and Housing, Disadvantage and Exclusion*, Human City Institute, https://humancityinstitute.files.wordpress.com/2017/01/forty-years-of-struggle.pdf (accessed 14 September 2022).

5 '"Nightmare" rental shortage for disabled people, EHRC finds', BBC News, 11 May 2018, https://www.bbc.co.uk/news/business-44061522 (accessed 7 September 2022).

6 'BRE report finds poor housing is costing NHS ￡1.4bn a year', BRE, 9 November 2021, https://bregroup.com/press-releases/bre-report-finds-poor-housing-is-costing-nhs-1-4bn-a-year (accessed 7 September 2022).

關於親切的二三事

1 'Fostering in England 2020 to 2021: Main Findings', Ofsted, 11 November 2021, https://www.gov.uk/government/statistics/fostering-in-england-1-april-2020-to-31-march-2021/fostering-in-england-2020-to-2021 main findings (accessed 7 September 2022).

米爾巷：理解福利的必要

1 'Universal Credit Statistics, 29 April 2013 to 8 July 2021', Department for Work and Pensions, 17 August 2021, https://www.gov.uk/government/statistics/universal-credit-statistics-29-april-2013-to-8-july-2021/

(accessed 7 September 2022).

2 Shané Schutte, 'UK offers some of the least generous benefits in Europe', Real Business, 18 February 2016, https://realbusiness.co.uk/uk-offers-some-of-the-least-generous-benefits-in-europe (accessed 7 September 2022).

3 Becky Hall, 'Is the UK the best welfare country in the world?', CashFloat blog, 2 August 2022, https://www.cashfloat.co.uk/blog/money-borrowing/best-welfare-country (accessed 7 September 2022).

薩里學舍：想像我們都一樣

1 William Whyte, 'Somewhere to Live: Why British Students Study Away from Home – and Why It Matters', Higher Education Policy Institute, November 2019, p.13, https://www.hepi.ac.uk/wp-content/uploads/2019/11/HEPI_Somewhere-to-live_Report-121-FINAL.pdf (accessed 7 September 2022).

2 Ibid., pp. 9–10.

3 Sarah Jones and Martin Blakey, 'Student Accommodation: The Facts', Higher Education Policy Institute, August 2020, p. 26, https://www.hepi.ac.uk/wp-content/uploads/2020/08/HEPI-Student-Accommodation-Report-FINAL.pdf (accessed 8 September 2022).

4 'Surrey House', Goldsmiths University of London, https://www.gold.ac.uk/accommodation/halls/surrey-house (accessed 8 September 2022).

5 Martin Heilweil, 'The Influence of Dormitory Architecture on Resident Behavior', *Environment and Behavior*, December 1973, pp. 377–412.

6 Leon Festinger, Stanley Schachter and Kurt Back, *Social Pressures in Informal Groups: A Study of Human Factors in Housing* (Ann Arbor: Research Center for Group Dynamics, Michigan University, 1950).

7 Joanne D. Worsley, Paula Harrison and Rhiannon Corcoran, 'The Role of Accommodation Environments in Student Mental Health and Wellbeing', *BMC Public Health* 21 (2021): 573, https://doi.org/10.1186/s12889-021-10602-5 (accessed 8 September 2022).

8 Sally Weale, 'More than half of students polled report mental health slump', *Guardian*, 9 December 2020, https://www.theguardian.com/education/2020/dec/09/more-than-half-of-students-polled-report-mental-health-slump (accessed 8 September 2022).

9 Worsley et al., 'The Role of Accommodation Environments in Student Mental Health and Wellbeing'.

10 'Gypsy, Roma and Traveller communities', Office for Students, 20 June 2022, https://www.officeforstudents.org.uk/advice-and-guidance/promoting-equal-opportunities/effective-practice/gypsy-roma-and-traveller-communities (accessed 8 September 2022).

11 'Children looked after in England (including adoption and care leavers) year ending 31 March 2015', Department for Education, 1 October 2015, https://assets.publishing.service.gov.uk/government/uploads/system/uploads/attachment_data /file/464756/SFR34_2015_Text.pdf (accessed 8 September 2022).

12 Sean Coughlan, 'Half of universities have fewer than 5% poor white students', BBC News, 14 February 2019, https://www.bbc.co.uk/news/education 47227157 (accessed 8 September 2022).

13 Wouter Zwysen and Simonetta Longhi, 'Labour Market Disadvantage of Ethnic Minority British Graduates: University Choice, Parental Background or Neighbourhood?', Institute for Social and Economic Research, January 2016, https://www.iser.essex.ac.uk/research/publications/working-papers/iser/2016-02.pdf (accessed 8 September

2022).

14 Richard Adams, 'British universities employ no black academics in top roles, figures show', *Guardian*, 19 January 2017, https://www.theguardian.com/education/2017/jan/19/british-universities-employ-no-black-academics-in-top-roles-figures-show (accessed 14 September 2022); 'Staff at higher education providers in the United Kingdom 2015/16', HESA, 19 January 2017, https://www.hesa.ac.uk/news/19-01-2017/sfr243-staff (accessed 8 September 2022).

15 Chaka L. Bachmann and Becca Gooch, 'LGBT in Britain: University Report', Stonewall, 2018, https://www.stonewall.org.uk/system/files/lgbt_in_britain_universities_report.pdf (accessed 8 September 2022).

16 'NUS: Student contributions to the UK economy at national, regional and local levels', NEF Consulting, 2013, https://www.nefconsulting.com/our-work/clients/nus-student-contributions-to-the-uk-economy-at-national-regional-and-local-levels/(accessed 8 September 2022).

亞默林街：潛入租屋的市場

1 'The 2008 recession 10 years on', Office for National Statistics, 30 April 2018, https://www.ons.gov.uk/economy/grossdomestic/productgdp/articles/the2008recession10yearson/2018-04-30 (accessed 8 September 2022).

2 'Expatistan's cost of living map of Europe', Expatistan, https://www.expatistan.com/cost-of-living/index/europe (accessed 8 September 2022).

3 'Average monthly rental cost of a furnished one-bedroom apartment in select European cities as of 1st quarter 2021 and 1st quarter 2022', Statista, 11 April 2022, https://www.statista.com/statistics/503274/average-rental-cost-apartment-europe (accessed 8 September 2022).

4 'English Housing Survey: Private Rented Sector, 2020–21', Department for Levelling Up, Housing & Communities, July 2022, https://assets.publishing.service.gov.uk/government/uploads/system/uploads/attachment_data/file/1088486/EHS_20-21_PRS_Report.pdf (accessed 8 September 2022).

5 Paul Whitney, 'Estate Agents Industry', Hallidays, 19 November 2021, https://www.hallidays.co.uk/views-and-insight/sector-report/estate-agents-industry (accessed 8 September 2022).

6 Stephen Worchel, Jerry Lee and Akanbi Adewole, 'Effects of Supply and Demand on Ratings of Object Value', *Journal of Personality and Social Psychology* 32:5 (1975): 906–14.

7 Darcel Rockett, 'Millennials want to buy homes so bad, 80% would purchase one without seeing it amid high-stakes COVID-19 market: survey', *Chicago Tribune*, 26 March 2021, https://www.chicagotribune.com/real-estate/ct-re-millennial-homebuying-trend-report-0317-20210326-lanzqfcelrhllblqk75nxlxnem-story.html (accessed 8 September 2022).

8 Lydia Stephens, 'People camped out over night at an estate agents just so they could be the first to put their names down for new housing estate', *WalesOnline*, 23 April 2021, https://www.walesonline.co.uk/lifestyle/welsh-homes/people-camped-out-over-night-20451131 (accessed 8 September 2022).

9 'UK house prices up 197% since the Millennium, 43% in the last decade alone', Benham & Reeves, 21 February 2020, https://www.benhams.com/press-release/landlords-investors/london-leads-uk-house-price-increases-over-the-last-decade (accessed 8 September 2022).

10 James Sillars, 'House prices hit record high and barriers to ownership

will become "more acute"', Sky News, 7 February 2022, https://news.sky.com/story/house-prices-hit-record-high-and-barriers-to-ownership-will-become-more-acute-12535323 (accessed 8 September 2022).

11 Richard Partington, 'Average UK first-time buyer is now older than 30, says Halifax', *Guardian*, 22 January 2022, https://www.theguardian.com/money/2022/jan/22/average-uk-first-time-buyer-is-now-older-than-30-says-halifax (accessed 8 September 2022).

皮普斯路：討回我們的健康

1 Dimosthenis A. Sarigiannis (ed.), 'Combined or Multiple Exposure to Health Stressors in Indoor Built Environments', World Health Organization, 2013, https://www.euro.who. int/__data/assets/pdf_file/0020/248600/Combined-or-multiple-exposure-to-health-stressors-in-indoor-built-environments.pdf (accessed 8 September 2022).

2 'Housing with damp problems', Gov.uk, 8 October 2020, https://www.ethnicity-facts-figures.service.gov.uk/housing/housing-conditions/housing-with-damp-problems/latest (accessed 8 September 2022).

3 'What are fungal spores?', University of Worcester, https://www.worcester.ac.uk/about/academic-schools/school-of-science-and-the-environment/science-and-the-environment-research/national-pollen-and-aerobiolog y-research-unit/What-are-fungal-spores.aspx (accessed 2 September 2022).

4 'So what?', ARCC, 17 April 2015, https://www.arcc-network.org.uk/wp-content/so-what/So-what-UCL-indoor-air-quality.pdf (accessed 9 September 2022).

5 Caribbean 13 per cent, Bangladeshi 10 per cent, Black African 9 per cent and Pakistani 8 per cent; White British 3 per cent ('Housing with damp problems', Gov.uk).

6 'Disparities in the Risk and Outcomes of Covid-19', Public Health England, August 2020, https://assets. publishing. service. gov. uk/government/uploads/system/uploads/attachment_data/file/908434/Disparities_in_the_risk_and_outcomes_of_COVID_August_2020_update.pdf (accessed 9 September 2022).

7 Emily Farra, 'You aren't tripping: fungi are taking over fash-ion', *Vogue*, 2 April 2021, https://www.vogue.com/article/fungi-mushrooms-fashion-inspiration-mycelium (accessed 9September 2022).

8 'Housing – legal aid deserts', Law Society, 7 June 2022, https://www.lawsociety.org.uk/campaigns/legal-aid-deserts/housing (accessed 9 September 2022).

奧斯巍路：迎接進擊的網路

1 Deborah Cicurel, 'Should you move in with someone just to save on rent?', *Evening Standard*, 10 June 2016, https://www.standard.co.uk/lifestyle/should-you-move-in-with-someone-just-to-save-on-rent-a3268631.html (accessed 9 September 2022).

2 'Generation rent: one million under-30s will be priced out of the housing market', *Telegraph*, 13 June 2012, https://www.telegraph.co.uk/finance/property/news/9328406/Generation-rent-one-million-under-30s-will-be-priced-out-of-the-housing-market.html (accessed 9 September 2022).

3 'Private rental market summary statistics in England: April 2020 to March 2021', Office for National Statistics, 16 June 2021, https://www.ons.gov.uk/peoplepopulationandcommunity/housing/bulletins/privaterentalmarketsummarystatisticsinengland/april-2020tomarch2021 (accessed 2 September 2022).

4 Becky Morton, 'Over-50s turn to house-shares to beat rising rents', BBC News, 21 August 2022, https://www.bbc.co.uk/news/business-62344571

(accessed 9 September 2022).

5 William Harnett Blanch, *Ye Parish of Camerwell: A Brief Account of the Parish of Camberwell, Its History and Antiquities* (London: E. W. Allen, 1875), p. 90.

6 Charlea Glanville, 'In defence of . . . living rooms', SpareRoom, 7 October 2019, https://blog.spareroom.co.uk/in-defence-of-living-rooms/ (accessed 12 September 2022).

7 Zoe Kleinman, 'Internet access: 1.5m UK homes still offline, Ofcom finds', BBC News, 28 April 2021, https://www.bbc.co.uk/news/technology-56906654 (accessed 12 September 2022).

8 May Bulman, 'Landlord who banned "coloured" people "because of curry smell" insists he's not racist and is happy to rent to "negroes"'. *Independent*, 30 March 2017, https://www.independent.co.uk/news/uk/home-news/landlord-who-banned-coloured-people-because-of-curry-smell-says-he-s-not-racist-a7657231.html (accessed 14 September 2022).

9 Benjamin Edelman, Michael Luca and Dan Svirsky, 'Racial Discrimination in the Sharing Economy: Evidence from a Field Experiment', *American Economic Journal: Applied Economics* 9:2 (2017): 1–22, available at https://www.benedelman.org/publications/airbnb-guest-discrimination-2016-09-16.pdf (accessed 12 September 2022).

10 Motoko Rich, 'SafeRent's math speeds up tenant evalu-ation process', *Wall Street Journal*, 2 August 2001, https://www.wsj.com/articles/SB996702441926667410 (accessed 12 September 2022).

11 'TransUnion independent landlord survey insights', TransUnion SmartMove, 7 August 2017, https://www.mysmartmove.com/SmartMove/blog/landlord-rental-market-survey-insights-infographic.page (accessed

12 September 2022).

12 Sanctions List Search, Office of Foreign Assets Control, https://sanctionssearch.ofac.treas.gov/Details.aspx?id=21070 (accessed 14 September 2022).

關於雜物的二三事

1 'Clutter image ratings', Hoarding Disorders UK, https://hoarding-disordersuk.org/research-and-resources/clutter-image-ratings/ (accessed 12 September 2022).

2 Fraser Simpson, 'The questionable retro lighting trend we never thought we'd see again is BACK . . .', *Ideal Home*, 4 December 2020, https://www.idealhome.co.uk/news/lava-lamp-trend-262547 (accessed 12 September 2022).

佩克漢萊公園：思索城鄉仕紳化

1 Rightmove, https://www.rightmove.co.uk/house-prices/details/england-79985507-9806305?s=68bf0e131eb6fa5772fec3c1c44ab1db-f9b3bd7fade67e493c6d4ead299838dc#/ (accessed 12 September 2022).

2 Prudence Ivey, 'Living and renting in Brixton: travel links, parking, schools, best streets–and the average cost of monthly rent', *Evening Standard*, 30 July 2019, https://www.stand ard.co.uk/homesandproper ty/renting/living-and-renting-in-brixton-travel-links-parking-schools-best-streets-and-the-average-cost-of-monthly-rent-a132291.html (accessed 14 September 2022).

3 '45% of private renters face rent hike', Generation Rent, 25 August 2022, https://www.generationrent.org/private_renters_face_45_rent_hike (accessed 12 September 2022).

4 Adam Almeida, *Pushed to the Margins: A Quantitative Analysis*

of Gentrification in London in the 2010s, Runnymede/Class, June 2021, https://assets.website-files.com/61488f992b58e687f1108c-7c/61d6fc536143d6219ea19fa4 _ Pushed-to-the-Margin s-Gentrification-Report-min.pdf (accessed 12 September 2022).

5 Robert Booth, 'Rural house prices in England and Wales rise twice as fast as in cities', *Guardian*, 20 June 2021, https://www.theguardian.com/society/2021/jun/20/rural-house-prices-in-england-and-wales-rise-twice-as-fast-as-in-cities (accessed 13 September 2022).

6 'The Devon villages fighting against second homes and pricing out locals', *Devon Live*, 6 June 2021, https://www.devonlive.com/news/devon-news/devon-villages-fighting-against-second-5487760 (accessed 14 September 2022).

7 Fiona Jackson, '"One local left" in village so stunning nearly all houses are millionaires' second homes', *Mirror*,4 June 2021, https://www.mirror.co.uk/news/uk-news/one-local-left-village-stunning-24254136 (accessed 13 September 2022).

8 Kevin Gulliver, *Forty Years of Struggle: A Window on Race and Housing, Disadvantage and Exclusion*, Human City Institute, https://humancityinstitute.files.wordpress.com/2017/01/forty-years-of-struggle.pdf (accessed 14 September 2022).

9 'Statutory Homelessness Annual Report, 2019–20, England', Ministry of Housing, Communities and Local Government, 1 October 2020, https://assets.publishing.service.gov.uk/government/uploads/system/uploads/attachment_data/file/923123/Annual_Statutory_Homelessness_Release_2019-20.pdf (accessed 13 September 2022).

10 'Gentrification in ethnically-mixed, disadvantaged urban areas driven by middle-class ethnic minority renters', 22 May 2020, https://www.lse.

ac.uk/News/Latest-news-from-LSE/2020/e-May-20/Gentrification-in-ethnically-mixed-disadvantaged-urban-areas-driven-by-middle-class-ethnic-minority-renters (accessed 6 November 2022).

11 'Race and class', Runnymede, https://www.runnymedetrust.org/partnership-projects/race-and-class (accessed 13 September 2022).

12 'What is home staging and will it help sell my house?', Rightmove, 2 October 2016, https://www.rightmove.co.uk/news/what-is-home-staging (accessed 13 September 2022).

13 Jacinda Santora, 'Key influencer marketing statistics you need to know for 2022', Influencer MarketingHub, 3 August 2022, https://inf luencermarketinghub.com/inf luencer-marketing-statistics (accessed 13 September 2022).

14 'Diversity in Interior Design Survey', British Institute of Interior Design, https://biid.org.uk/sites/default/files/Final%20British%20Institute%20of%20Interior%20Design%20diversity%20report_0.pdf (accessed 13 September 2022).

15 'The Heygate diaspora', 35% Campaign, https://www.35percent.org/heygatepages/diaspora (accessed 13 September 2022).

16 Samir Qouta, Raija-Leena Punamäki and Eyad El Sarraj, 'House Demolition and Mental Health: Victims and Witnesses', *Journal of Social Distress and the Homeless* 7:4 (1998): 279–88.

17 Margaret Stroebe, Henk Schut and Maaike H. Nauta, 'Is Homesickness a "Mini-Grief"? Development of a Dual-Process Model', *Clinical Psychological Science* 4:2 (2016): 344–58.

結論

1 Omar Khan, *The Colour of Money: How Racial Inequalities Obstruct a*

Fair and Resilient Economy, Runnymede, April 2020, p.8, https://assets.website-files.com/61488f992b58e687f1108c7c/61bcc1c736554228b543c603_The%20Colour%20of%20Money%20Report.pdf (accessed 13 September 2022).

臉譜書房 FS0186

我的囚租人生：

租客面試、畸形格局、房東消失……25年租屋經驗如何影響歸屬感，以及對居住文化與家的想像

All The Houses I've Ever Lived In: Finding Home in a System that Fails Us

作　　者　吉蘭・葉慈（Kieran Yates）
譯　　者　李忞
責任編輯　朱仕倫
行　　銷　陳彩玉、林詩玟
業　　務　李再星、李振東、林佩瑜
封面設計　傅文豪

副總編輯　陳雨柔
編輯總監　劉麗真
事業群總經理　謝至平
發 行 人　何飛鵬
出　　版　臉譜出版
台北市南港區昆陽街16號4樓
電話：886-2-2500-0888 傳真：886-2-2500-1951
發　　行　英屬蓋曼群島商家庭傳媒股份有限公司城邦分公司
台北市南港區昆陽街16號8樓
客服專線：02-25007718；02-25007719
24小時傳真專線：02-25001990；02-25001991
服務時間：週一至週五上午09:30-12:00；下午13:30-17:00
劃撥帳號：19863813 戶名：書虫股份有限公司
讀者服務信箱：service@readingclub.com.tw
城邦網址：http://www.cite.com.tw
香港發行所　城邦（香港）出版集團有限公司
香港九龍土瓜灣土瓜灣道86號順聯工業大廈6樓A室
電話：852-25086231　傳真：852-25789337
電子信箱：hkcite@biznetvigator.com
新馬發行所　城邦（馬新）出版集團
Cite（M）Sdn. Bhd.（458372U）
41, Jalan Radin Anum, Bandar Baru Seri Petaling,
57000 Kuala Lumpur, Malaysia.
電話：+6(03)-90563833　傳真：+6(03)-90576622
電子信箱：services@cite.my

一版一刷　2024年10月

城邦讀書花園
www.cite.com.tw

ISBN　978-626-315-542-8（紙本書）
EISBN　978-626-315-541-1（EPUB）

定價：NT$460

圖書館出版品預行編目資料

我的囚租人生：租客面試、畸形格局、房東消失……25年租屋經驗如何影響歸屬感, 以及對居住文化與家的想像／吉蘭・葉慈（Kieran Yates）作 ；李忞譯. -- 一版. -- 臺北市：臉譜出版：英屬蓋曼群島商家庭傳媒股份有限公司城邦分公司發行，2024.10
面；　公分. --（臉譜書房；FS0186）
譯自：All The Houses I've Ever Lived In: Finding Home in a System that Fails Us
ISBN 978-626-315-542-8（平裝）
1. CST：租屋　2. CST：住宅問題　3. CST：住宅政策　4. CST: 英國
542.6941　　113011244